U0097502

古典文獻研究輯刊

三九編

潘美月・杜潔祥 主編

第29冊

《胡廣集》點校（下）

顧寶林 著

國家圖書館出版品預行編目資料

《胡廣集》點校（下）／顧寶林 著 -- 初版 -- 新北市：花木蘭文化事業有限公司，2024〔民113〕
目 18+208 面；19×26 公分
（古典文獻研究輯刊 三九編；第29冊）
ISBN 978-626-344-949-7（精裝）
1.CST：(明) 胡廣 2.CST：明代文學 3.CST：研究考訂
4.CST：傳記
011.08　　113009818

ISBN-978-626-344-949-7
9 786263 449497

古典文獻研究輯刊
三九編　第二九冊　　ISBN：978-626-344-949-7

《胡廣集》點校（下）

作　　者　顧寶林
主　　編　潘美月、杜潔祥
總 編 輯　杜潔祥
副總編輯　楊嘉樂
編輯主任　許郁翎
編　　輯　潘玟靜、蔡正宣　美術編輯　陳逸婷
出　　版　花木蘭文化事業有限公司
發 行 人　高小娟
聯絡地址　235 新北市中和區中安街七二號十三樓
　　　　　電話：02-2923-1455／傳真：02-2923-1452
網　　址　http://www.huamulan.tw 信箱 service@huamulans.com
印　　刷　普羅文化出版廣告事業
初　　版　2024 年 9 月
定　　價　三九編 65 冊（精裝）新台幣 175,000 元

《胡廣集》點校（下）

顧寶林 著

目次

下冊

卷十二・序 …… 193
贈湯司馬訓序 …… 193
贈郭正己序 …… 193
蕭氏族譜序 …… 194
溪山清趣圖序 …… 195
鍾氏族譜序 …… 195
贈劉氏甥振歸永豐序 …… 196
草堂李先生挽詩序 …… 197
帶源王氏族譜序 …… 197
劉蘭所家世序 …… 198
贈安吉尹蕭雲高序 …… 199
孝友堂詩敘 …… 199
石室山人挽詩序 …… 200
劉朝紳文集序 …… 200
贈魏太守之四明序 …… 201
絜矩齋文集序 …… 202
望雲思親圖詩序 …… 203
泰和楊氏族譜序 …… 203
安成前溪劉氏族譜序 …… 204
贈李縣丞序 …… 204
贈石彥誠之徐聞令序 …… 205
贈劉迪哲序 …… 206
贈劉孟獻序 …… 206
安成王氏族譜序 …… 207
黃氏族譜序 …… 208
贈林參政序 …… 208
端員外交遊翰墨序 …… 209
龐氏族譜後序 …… 209
劉道章先生挽詩序 …… 210
上邳劉氏族譜序 …… 211

送劉孝彰序 …… 211
送王瓊州序 …… 212
贈胡能定知侯官縣序 …… 212
贈胡遂安序 …… 213
彭敘古挽詩序 …… 214
贈給事中周讓重使古刺序 …… 214
夏派劉氏族譜序 …… 215
贈鄒太守之紹興序 …… 216
胡氏族譜序 …… 217
湯如川挽詩序 …… 217
高氏族譜序 …… 218
贈進士曾生還鄉序 …… 219
湖田胡氏族譜序 …… 220
贈楊廷振先生南歸序 …… 220
贈王榮歸閩序 …… 221
贈劉太守之懷慶序 …… 221
鍾啟晦文集序 …… 222
周易備觀序 …… 222
北京八景圖詩序 …… 223
集句詩序 …… 224
送彭子斐訓毘陵序 …… 224
天台趙氏族譜序 …… 225
秦氏家譜序 …… 226
再賦八景詩序 …… 227
卷十三・碑誌銘 …… 229
周處士墓誌銘 …… 229
故浙江行省檢校許公墓誌銘 …… 230
學古先生墓誌銘 …… 231
明故徵士楊公墓誌銘 …… 232
孺人郭氏墓誌銘 …… 234
楊處士墓誌銘 …… 234
玄君孔氏墓誌銘 …… 235

劉仲海墓誌銘……………………………………236
幼道許君墓誌銘…………………………………237
解原昌墓誌銘……………………………………238
李似淵墓誌銘……………………………………239
吳母黃氏孺人墓誌銘……………………………240
故處士蕭君樂存墓誌銘…………………………240
李一誠墓誌銘……………………………………241
翰林修撰彭汝器墓誌銘…………………………242
明故歸德府君夫人高氏墓誌銘…………………243
漢府右長史錢公墓誌銘…………………………244
許生墓誌銘………………………………………245
翰林檢討蘇公墓誌銘……………………………245
周府君墓誌銘……………………………………247
孺人曾氏墓誌銘…………………………………247
故翰林檢討廖公墓誌銘…………………………248
羅處士墓誌銘……………………………………250
夏母蕭氏孺人墓誌銘……………………………251
故奉議大夫浙江提刑按察僉事劉公墓誌銘……252
翰林侍讀學士奉直大夫王公墓誌銘……………253
吳處士墓誌銘……………………………………253
溪閒處士墓誌銘…………………………………254
程氏大夫人墓誌…………………………………256
劉生公肅墓誌銘…………………………………256
靜軒陳處士墓誌銘………………………………257
羅公蒙叟墓誌銘…………………………………258
陳雅言先生墓誌銘………………………………259
宜人王氏墓誌銘…………………………………260
熊府君墓誌銘……………………………………261
卷十四・墓表、狀、傳、哀辭、祭文…………263
處士梁公墓表……………………………………263
翰林庶吉士陳君孟潔墓表………………………264
孺人鄒氏墓表……………………………………265

翰林侍讀胡若思先太孺人墓表 …………………… 266
先曾祖鼎峰先生墓表…………………………… 266
先太父貫齋先生墓表…………………………… 268
先考中憲大夫延平府君贈翰林學士奉政大夫墓表 · 269
翰林庶吉士王詢謨墓表………………………… 272
處士周國賓墓表 ……………………………… 273
處士墓表………………………………………… 273
李原通墓表 …………………………………… 274
胡時永墓表 …………………………………… 275
石處士墓表 …………………………………… 275
元故提舉徐公海峰墓表………………………… 276
中書舍人王孟端墓表…………………………… 277
故登仕郎兼修國史開封府儒學教授吳先生行狀 … 278
歐陽師尹傳 …………………………………… 280
沖虛子傳………………………………………… 281
方山陳公子賢哀辭並序………………………… 282
周處士哀辭 …………………………………… 282
弔蕭處士辭 …………………………………… 283
思訓堂辭　有序 ……………………………… 283
焚黃祝文………………………………………… 284
祭翰林侍讀學士王公文………………………… 284
祭翰林庶吉士陳孟潔文………………………… 284
祭姊夫劉子仍文 ……………………………… 285
祭王孟端中書文 ……………………………… 285
卷十五 · 銘贊 ………………………………… 287
靜庵銘…………………………………………… 287
謙牧齋銘………………………………………… 287
槐陰堂銘　有序 ……………………………… 288
羅養蒙畫像贊 ………………………………… 288
蕭主事畫像贊 ………………………………… 288
貞隱先生畫像贊 ……………………………… 289
袁太常畫像贊 ………………………………… 289

劉朝縉畫像贊 …… 289
賓谷先生畫像贊 …… 289
石處士畫像贊 …… 289
石進士母畫像贊 …… 289
趙木菴畫像贊 …… 290
董長史畫像贊 …… 290
章處士畫像贊 …… 290
張宇清真人畫像贊 …… 290
鏡方彭竹所真贊 …… 290
卷十六・書 …… 291
與楊諭德 …… 291
與黃學士 …… 292
與張檢討 …… 293
與周編修 …… 293
與解檢討 …… 293
與陳翰林 …… 293
與季敏 …… 294
答王學士 …… 294
與黃叔昭 …… 294
書與兄方大 …… 294
與伯兄 …… 295
與王所存外兄 …… 295
與楊諭德手書 …… 295
與楊諭德 …… 296
卷十七・題跋 …… 297
老拙解 …… 297
題酣宴圖 …… 297
書碩畫後 …… 298
題諸賢臨後帖 …… 298
題化度寺碑後 …… 299
書劉仲修書揭文安公詩後 …… 299
書劉氏族譜序 …… 299

書貞白生傳後 …… 299
書時苗留犢卷 …… 300
跋朱編修贈言 …… 300
書徐茂建傳 …… 300
書前進士鄒奕詩後 …… 301
書許益也所書學箴後 …… 301
題楊侍制墓碑後 …… 301
書胡直翁墓表後 …… 302
題劉子欽所藏六貼 …… 302
題先賢遺像 …… 303
書嚴壽堂卷後 …… 303
書韓復陽墓誌後 …… 303
書墨莊卷後 …… 304
書柴望傳後 …… 304
書高閒雲集後 …… 305
書陳縣尹墓名後 …… 305
書楊待制墓銘後 …… 305
跋歐陽文忠公官告後 …… 306
書金守正先生詩後 …… 306
書劉仲修手帖後 …… 307
書宋黃袞官告後 …… 307
書竹林七賢圖後 …… 307
書境方蕭處士墓銘後 …… 308
書金壁孫氏族譜序 …… 309
書桑園周氏族譜 …… 309
跋時敏齋詩卷 …… 309
讀耽犁生傳 …… 310
書康氏族譜後 …… 310
卷十八・題跋 …… 313
書吳處士伯岡墓銘後 …… 313
書葛曾二公墓銘後 …… 313
書劉處士墓表後 …… 314

書素庵後……………………………………… 314
書遼府翰墨後 ………………………………… 314
書重修宗忠簡公墓碑後……………………… 314
書巎子山所書捕蛇者說……………………… 315
書韓布字說後 ………………………………… 315
書東皋卷後…………………………………… 316
題朱文公約遊金斗詩墨蹟…………………… 316
書誠意堂卷後 ………………………………… 316
題趙文敏公所書晝錦堂記…………………… 317
題文敏公書嵇康絕交書……………………… 317
書文丞相傳後 ………………………………… 317
書袁鏞傳後…………………………………… 318
題許氏戒子詩後 ……………………………… 318
書丞相周益國文忠公題湯氏別業詩序…………… 318
書淝水報捷圖後 ……………………………… 319
永樂元年順天府鄉試策題…………………… 320
永樂九年應天府鄉試策題…………………… 321
卷十九・雜著 ………………………………… 323
牛李維州事…………………………………… 323
唐憲宗讀國史 ………………………………… 325
周禮考疑……………………………………… 326
季布止伐匈奴 ………………………………… 327
季布不死……………………………………… 327
魏豹呂后之言 ………………………………… 327
申屠嘉………………………………………… 328
心大心小……………………………………… 328
燕書…………………………………………… 328
劉給事………………………………………… 328
白著…………………………………………… 329
四凶…………………………………………… 329
李杜酬答……………………………………… 329
賈陸言仁義 …………………………………… 330

陳平用陸賈之謀 …… 330
李廣好殺 …… 330
張湯杜周有後 …… 331
張騫 …… 331
漢重乘車 …… 331
公孫弘節儉 …… 332
翟義李敬業 …… 332
東坡祖黃先生說 …… 332
龔遂實對 …… 333
三王生 …… 334
啄啄不同 …… 335
漢書記事不同 …… 335
駝封 …… 336
易卦 …… 336
張闢彊 …… 337
記李白帖 …… 337
記古詩 …… 337
記鸜鵒布穀 …… 338
記漢高王莽 …… 338
通鑒提綱 …… 338
唐太宗征高麗 …… 338
橫渠所言 …… 339
義禮難信 …… 339
李若水何㮚 …… 340
天曆甲辰之符 …… 340
江上漁父京口舟人 …… 340
鄭子皮 …… 341
蕭何聽計 …… 341
子產對問疾 …… 342
韓信為將 …… 343
記高昌碑 …… 343
記徐元張旺史整 …… 347

灌嬰井 …… 347
召平 …… 348
序戲 …… 348
作文引援 …… 349
侯文之言 …… 349
溫嶠高歡 …… 350
記姚棲筠 …… 350
讀朱子語錄 …… 351
記螢火丸 …… 352
記雀餳 …… 353
記禾絹 …… 353
卷二十・扈從詩 …… 355
春日扈從幸北京 …… 355
過滁州 …… 355
夜發紅心驛 …… 355
陪祀皇陵 …… 355
過鳳陽 …… 356
靈壁道中 …… 356
過隋堤 …… 356
到宿州入城見徐氏姊 …… 356
出宿州 …… 356
過徐州 …… 356
沛縣道中 …… 356
過滕縣 …… 356
過鄒縣 …… 357
過濟寧 …… 357
至汶上暮召至便殿賜坐上論治道夜分乃罷 …… 357
三月朔早發東平上望祭泰山 …… 357
銅城驛 …… 357
茌平 …… 357
過高唐州 …… 357
發恩縣 …… 357

德州隨駕觀獵 …… 357
過景州 …… 358
阜城即事 …… 358
過滹沱河 …… 358
同金諭德遊河間城 …… 358
過任邱 …… 358
過雄縣 …… 358
過白溝河 …… 358
過涿州 …… 358
度盧溝橋 …… 359
永樂癸巳再扈從北京首出都城 …… 359
登清流關望琅琊峰 …… 359
發紅心驛過鹿塘嶺望風滁州 …… 359
馬上 …… 359
渡淮 …… 359
固鎮遇雨 …… 359
過隋堤 …… 360
宿州見徐氏姊 …… 360
雨中過徐州 …… 360
利國監逢沛縣教諭劉鐔 …… 360
滕縣隨獵觀犬齧虎 …… 360
鄒嶧山 …… 360
謁亞聖公廟就拜孟母祠 …… 361
濟寧道中 …… 361
汶上遇東平太守楊季琛 …… 361
登東平 …… 361
過冬阿 …… 361
銅城 …… 361
茌平 …… 362
高塘城 …… 362
採桑女 …… 362
過高唐州與幼孜入榆林 …… 362

早發恩縣……363
過德州超然有懷……363
德州遇鄉人……363
別平原將至景州有作……363
景州逢劉仲戩……363
發阜城道間寫懷……363
過滹沱河……364
獻縣逢故人……364
過河間柬一二同志……364
經過鄚城將至任邱……364
過莫州……364
過雄縣……364
獵後蒙恩賜鹿……365
度白溝河……365
新城縣……365
過樓桑經先主廟……365
過涿州訪軒轅邱偶然作……365
良鄉遇家僮來候……366
到北京……366
春日扈從北征初發北京……366
過居庸關……366
過懷來……366
雞鳴山……366
過宣府……366
營中晚望……367
途中逢清明……367
過宣平……367
度德勝關……367
過墅狐嶺……367
興和偶作……367
興和得老母家書……367
直行帳蒙恩賜食黃羊……368

出塞寄玉堂諸友 …… 368
興和駐兵 …… 368
塞垣即事 …… 368
營門暮立 …… 368
過鳳凰山 …… 368
侍從閱武鳴鑾戍 …… 368
侍從登凌霄峰望大漠 …… 369
駐營值雪喜暖 …… 369
馬上作 …… 369
關山月 …… 369
駐兵凌霄峰 …… 369
塞外寄胡祭酒兼柬玉堂諸公 …… 369
塞外早行 …… 369
早行同金諭德迷道入山中 …… 370
與楊庶子金諭德塞外尋五雲關歸大營 …… 370
駐師環瓊圃 …… 370
過壓虜川 …… 371
次金剛阜 …… 371
大風帳中作 …… 371
早行度小甘泉 …… 371
過沙磧 …… 371
立夏前一日風霜甚寒 …… 371
次大甘泉 …… 371
至清水源 …… 371
感興 …… 372
長城曲 …… 372
馬上口號 …… 372
塞垣即事 …… 372
次屯雲谷望玉雪岡 …… 372
發玉雪岡 …… 372
馬上望賽罕山 …… 373
玄石坡見山桃花二首 …… 373

承旨書玄石坡立馬峰六大字勒於石並書御製
　玄石坡銘及紀行石刻 …… 373
玄石坡乏水地忽出泉足飲人馬敕賜名曰天賜泉 …… 373
鳴轂鎮早發 …… 373
營中早朝 …… 373
次歸化甸 …… 373
征途遇大風 …… 373
次楊林戍 …… 374
至擒胡山廣承旨往營外十五里山峰書石勒銘 …… 374
香泉戍 …… 374
早發廣武鎮陪駕登靈顯翠秀峰 …… 374
和金諭德 …… 374
登高平陸望懷遠塞 …… 374
捷勝岡 …… 374
清冷泊 …… 375
登雙秀峰望威虜鎮 …… 375
陪駕登紫霞峰望玄雲谷 …… 375
發古梵場 …… 375
晚宿長清塞 …… 375
發順安鎮望白雲山 …… 375
臚朐河 …… 375
臚朐河逢端午下馬小睡夢見仲熙侍講 …… 376
別馬歎 …… 376
度臚朐河 …… 376
廣與勉仁扈從逐虜西行幼孜承旨留大營馬上
　送別 …… 376
次平虜塞懷幼孜 …… 376
追虜至斡難河 …… 377
紀夢 …… 377
自玄冥河回次殺胡城喜見幼孜 …… 377
征途值雨 …… 377
回度飲馬河 …… 377

經舊戰場……378
復度臚朐河……378
玄冥池……378
塞外對月……378
玉帶河……378
雄武鎮……378
青楊戍……378
蒼松峽……378
過黑松林……379
逐胡寇至靜虜鎮大戰敗之……379
營中夜值同金諭德……379
過長秀川……379
過蔚藍山……379
次紫雲谷……379
度紫薇崗……380
次青華原……380
次秀水溪……380
淙流峽……380
錦雲峰望應昌……380
過通川甸……380
次金沙苑……381
武平鎮得羅修撰寄書……381
至開平……381
開平經元宮故址……381
過李陵臺……381
登西涼亭故基……381
龍門……382
過雲門……382
度燕然關逢金尚書……382
過長安嶺……382
歸至懷來……382
入居庸關……382

次龍虎臺 …… 383
歸至北京 …… 383
永樂甲午扈從征北虜初出北京 …… 383
出居庸關過飛狐口 …… 383
屯保安州 …… 383
經故花園 …… 384
過宣府見解十三文夫 …… 384
三月二十五日過野狐嶺 …… 384
出興和 …… 384
出塞偶然作 …… 384
過長城 …… 384
飲馬長城窟 …… 384
營中感疾偶成 …… 385
次凌霄峰遇風雨是夕僕不得餐馬不得芻 …… 385
重經清水源 …… 385
重過玄石坡登立馬峰 …… 385
重過擒胡山 …… 385
重經廣武鎮遇雪慨然有賦 …… 385
重過懷遠塞 …… 386
發玉帶川馬上口號與楊庶子金諭德 …… 386
發至喜川 …… 386
至飲馬河駐師數日始獲虜人訊知聲息 …… 386
發飲馬北是日凡五度河至河南築城屯糧午次三峰山下營 …… 387
別飲馬河取捷徑入崇山塢夜宿無水 …… 387
入長山峽馬上與楊庶子金諭德言志 …… 387
出長三峽至雙泉海 …… 387
入蒼崖峽 …… 388
六月七日遇虜於忽蘭忽失溫與戰敗之名其地曰殺胡鎮 …… 388
回師出三山峽 …… 388
發雙泉海至平山鎮 …… 388

度山至飲馬河清源峽…………………………… 388
飲馬河聞布穀 ………………………………… 389
發清楊□望三峰山 …………………………… 389
回至平胡城…………………………………… 389
度飲馬河駐營河北 …………………………… 389
駐飲馬河北移師東行………………………… 389
渡飲馬河東行離河南行入山………………… 389
回次青山夾遇雨 ……………………………… 390
次蒙山海……………………………………… 390
次野馬泉……………………………………… 390
回次環秀岡 …………………………………… 390
次至喜川晚再行十里下營…………………… 390
遇黑山峪……………………………………… 390
六月晦日晨發翠幕甸晚至富平鎮 ………… 391
將至玉帶川道旁小卒數曹皆能識予遂賦一絕…… 391
將至懷遠塞路遇老將話舊…………………… 391
次廣武鎮……………………………………… 391
經香泉戍……………………………………… 391
七月五日至擒胡山頒誥……………………… 391
營中夜坐偶成 ………………………………… 391
塞下秋夕……………………………………… 391
將至清風壑途中遇雨………………………… 391
鳴轂鎮午憩偶成 ……………………………… 391
暮至玄石坡書懷 ……………………………… 392
過玉雪岡……………………………………… 392
次屯雲谷無水 ………………………………… 392
次清水源下營 ………………………………… 392
營中偶成……………………………………… 392
歸次大甘泉 …………………………………… 392
次小甘泉……………………………………… 392
經鴛鴦泊……………………………………… 392
次錦雲磧蒙恩賜食燒羊……………………… 392

早發錦雲磧途中喪馬……………………………… 392
龍沙甸即事………………………………………… 393
歸次殺虜欣然有作 ……………………………… 393
駐興和……………………………………………… 393
度野狐嶺入德勝關 ……………………………… 393
次萬全晚大雷雨晨發喜晴……………………… 393
歸次宣府遇大雨早行泥潦中午晴次泥河………… 393
次雞鳴山賜酒殽桃李……………………………… 394
次懷來……………………………………………… 394
入居庸關遇雨出關逢家僮來候 ………………… 394
夜宿田家…………………………………………… 394
廿九日早至沙河歇馬田家……………………… 394
至清河寺望北京城 ……………………………… 394
入城………………………………………………… 394
到家………………………………………………… 394
佚名………………………………………………… 395
附：《四庫全書提要・胡文穆集提要》 …………… 397
參考文獻 …………………………………………… 399

卷十二・序

贈湯司馬訓序

湯禮文儀以薦來北京，授宣城訓道，徵予言為贈。予惟訓道以官則卑，以教則重，有師道之責，學至於為人師，其責重矣。為訓道者，苟知其所重，則必不敢自輕，必將謹其為師之道。夫師者，模範於人者也。以一人而模範於一齋，以一齋而取法於一人，行已操執，必循乎軌轍；進退周旋，必合夫矩度，所以昭德揭義，使人觀感聽服而成化。雖云一齋之小，而繫乎人材、養育之效為甚大，何則？夫生員由鄉學而貢大學，亦有即登科第、躋膴仕、馳令名者，要皆平昔師友，講習學問，有以培植其根本，非驟進而遽至也。其為人之賢否，一皆由於教迪之功何如耳。由是知訓道之教，於學校人材為最切，不可以凡近觀之也。

今文儀任訓道處師之責，其知所以自視之重，則必不為苟且之教。當博學洽聞，以充於己，推其所有，以及於人，謙卑以自牧，和順以接物，相率以仁義之歸，而不為尋常因循之習，則人材孰有不成？教道孰有不至哉？若曰已之所任者小，無繫於大，非但人材無所成就，於己之工夫，亦復茫然矣。

文儀年富力強，資質溫謹，可以造道。予之所望之者，非特所此，尚欲其勉進於聖賢道德之懿。若惟安於是，而不加於自勵，此則非予之所望也。文儀曰：「敢不拜教」。遂書以為贈。

贈郭正己序

洪武庚午秋，正己與予同遊南越，眺蒼梧、鬱林之奇，訪羅浮、勾漏之勝，尋尉佗、伏波之故跡，遐思遠覽，慷慨於海煙荒漠之中，相與豪吟劇論，極才情所至。時正己年未三十，予才及冠。二人者，年甚少，意甚相得，雖嶺外風土異宜，能確然自持，不為常情所易。夜則相與篝燈讀書，或踰中宵乃寐，或達旦始休。人皆嫉予二人之異己，恒指笑於市，亦莫之顧。間有疑予二人者，亦莫與辯。如是者數月，如正己先歸，予尚留滯。予去，正己怳然若失左右手。明年，予方歸復入閩，而正己亦他遊矣。又明年，予歸自閩。後一年，與正己得一再握手於鄉邑，自茲遂相別，於今幾二十年。

今春，正己忽來京師，訪予於玉堂之署，視其鬢鬢已皤然，予覺視亦茫茫矣。予憶與正己別時俱少壯，而今皆若是，慨人生之幾何，而衰老漸及之。遂質問正己別後之所得，正己告予曰：「自向者之別，幾載度嶺海，涉鯨波，復入洞庭，泛沅湘，盤旋於荊楚之間；入瞿塘，上三峽，歷覽巴蜀，探青城、峨眉之神秀，求司馬相如、楊雄、杜少陵之遺跡。」

噫！若正己之與予別雖久，而其遊覽之所得，則有倍蓰於予者矣。雖其蒼然者見於外，而其充然於中者，有莫得而知也，豈得不為之歎羨哉！雖然，予深有望於正己也，正己其能不靳以所得而教余者乎？正己其無使予之寡聞也。且正己又將與予別，第未知相見復在何時，冀後日之會，正己之得又必多於今日矣。正已往哉！予益重有所望也。正己姓郭氏，善詩能琴，喜交遊。予邑人。

蕭氏族譜序

泰和南溪蕭鵬翔，以其家譜介其甥鍾啟晦，來請予為序，且曰譜其兄鵬舉之所修也，嘗欲求執事序於首，未遂而沒。予與鵬舉交，鵬舉篤信君子也。居官以廉介自持，攻苦淡泊，人不能堪，而處之裕如。鵬舉尤好義，嘗與其季父讓死於公庭，當時聞者、見者，莫不歎異人，為之著《駢義傳》。今鵬舉已矣，而鵬翔復能成其兄之志，又以序屬予，余不得辭。

按：蕭氏始由金陵徙長沙，又自長沙徙永新，又自永新徙泰和，至南溪，復三徙矣。其詳具見譜牒。江鄉故家，自元季兵亂，零落者十常五六，求如南溪之久而不替，甚不多見。且又有如鵬舉兄弟，競爽一時，故能益大其家聲，其賢於人遠甚。今之為故家子弟，不思前人世澤之美，以培以植，乃有匿慝椎剽，以隤其家聲，其視蕭氏，能無愧乎？然則蕭氏之重其族譜，蓋知所本也。重其譜而不敢以輕，所以著前人之美，為後人之勸，且以昭其繼承之序，使久而不紊，以廣其孝悌之心，豈不為世道之一助云。予故著鵬舉行誼之概，以為之序，使其家有所取法，知家聲之不替者，由夫賢者，有以維持之，庶幾敬承而不敢以忽也。

溪山清趣圖序

樵在山，漁在水，終日處山水之間，而不知山水之趣，故恒不以為樂。居山水之間，而深得夫山水之趣而樂之者，惟賢士大夫乎！嘗觀古之賢士大夫，棲遲於山水之間，其跡與樵漁固無甚異，然而放情適興，以樂其樂，陶寫性靈，暢為吟詠，探幽鉤微，鼓動萬物之表，發抒造化之績。凡一丘一壑，煙雲草木，蟲魚鳥獸，與夫朝暮晦冥之變態，四時寒暑之更代，無非為吾之資。一物之流形，與吾心之妙用，相為流通，夫何有所牽繫而役使之哉？惟其如是，故能得其趣而樂其樂，有以異於眾人者也。

予邑黃仲裴，蓋得古人之趣者。仲裴居山中，據溪山之勝，恣情於吟詠，優游涵泳，俯仰於古，有所感寓，於一詩乎發之。雄詞藻思，摹狀萬物，各極其情態。追蹤於建安之後，馳騁於大曆諸才子之間。雖居溪山之中，而超乎形跡之外，實異夫尋常拘拘以役其心志者之為。間得古畫一幅，翠壁青嶂，雲嵐晻薆，林屋幽邃，舟人行旅之往來，煙汀霧渚之掩映，曲盡夫溪山之趣，境與神會，遂名之曰溪山清趣。士大夫為之賦詠，徵予言為序。

余觀仲裴居太平無事之時，徜徉於林壑之間，深得夫山水之趣以為樂，而區區之言，又烏足以盡仲裴之所至哉？欲盡仲裴之所至者，當索無言之言與溪山之外也，必有能賦者為道之。

鍾氏族譜序

泰和鍾啟晦，持其家譜徵予為序。余讀啟晦自序，知其譜嘗阨於水，乃日夜構求補葺，以復其舊。啟晦用心，可謂勤矣。

按譜，鍾氏係出唐越國公紹京之後。公以平韋氏難，夜拜中書侍郎，參知機務。明日進中書令、越國公。後因上疏讓官，睿宗用薛稷謀，進戶部尚書，出為彭州刺史。昔我先人守彭州時，嘗記紹京刺彭州數事，史傳略而不載，豈有所遺耶？今觀其譜，見鍾氏子孫之盛，蓋其積累之厚，有由來矣。啟晦自其八世祖、朝奉大夫文正徙居泰和，世世讀書入仕，故鍾氏為泰和名族。

今啟晦又以文學，拜趙王府伴讀，謙勤小心，論議正直。觀其外，則瞿然一儒生；求其內，則確然自守，有非世俗所能移者，允稱其為鍾氏之子孫也。

況其子弟族人，又皆能世守其業，是則鍾氏之澤，流而未有艾，其家譜誠不可無也。

近世宗法不明，譜牒多弊，往往有崛興之家，妄買譜牒，以偽亂真者有矣。頹波泛濫，蕩而莫止。士大夫之家，受譜牒而為文者，動積几案，曾不考證其源流，輒採摭典故數語於上，謂之曰族譜序者，此誠有可恨也。予每惡此，有來求文者，固拒之，庶幾少矯其弊。顧以一喙而欲勝眾口，亦難矣哉！獨於鍾氏之譜，序之而不辭者，蓋與啟晦同鄉郡，且相知有素，故樂然而書之，使鍾氏子孫讀予文者，知重其譜，而不敢以輕售於人。此蓋予之言，亦啟晦先人之志也。

贈劉氏甥振歸永豐序

予甥劉振別予九年，今冬承其父母之命，來省予於京師，出所作經義數十篇求正。余讀之，皆有合於經旨而無相背者。予承乏禁林，荷聖天子恩眷之厚，夙夜憂畏，弗敢怠豫，庶求寡過，以副聖天子寵任之隆。晨入朝，昏暮始歸。歸則親戚滿座，相與序契濶而道舊故，且弗能浹洽，矧暇與振論文哉？雖於振一詢其父母兄長之外，他事未悉及，振亦知予之無隙，而亦絕口不敢言。居月餘，告余將歸。余懼其無以復其父母之命，言於其兄弟朋友，乃為序以贈之。曰：

夫學者，不以能文為工，而以窮理為尚；不以已知為得，而必以實踐為至。研幾於精微之蘊，要致於道德之歸。豪傑之士，有志於古之聖賢者，不居於一得之小成，而必求造道之極致。故言出而可以垂世立教，王公不能與爭名，四海仰之以為法。夫亦豈嘗有意於為文哉？孔子曰：「有德者，必有言。」夫言者，德之華，充於內而自形於外，苟內有所不足，則其光華亦不外見。譬之泰山喬嶽，出雲煙而吐風雨，藏虎豹而蟄龍蛇，草木生之而貨財殖焉。若是者，其蓄之厚也。譬之滄海，納百川而不見其盈，浴日月而不見其際；波濤浩瀚，晦明變化於倏忽之間，茫乎渺乎，莫知其極。若是者，其積之深也。若夫一簣之垤，蹄涔之流，豈足以擬太山之與滄海哉？孔子、孟軻之道，太山滄海也；眾人之學，蹄涔潰垤也。故曰百川學海而至於海，至於海，斯亦海也；眾人學聖人也，而至於聖人，至於聖人，斯亦聖人也。今語人以此狂者，必嘐嘐然曰：「古之人，古之人，蓋有所不足學者也。」委靡崔積者，則亦曰：「古之人，古之人，豈何敢企望焉？」是二者俱不得乎中道，求其能入聖賢閫奧者寡焉。夫聖賢之道，載諸六經，皎然如日星，坦然如大道，有目者皆可見焉，有力者皆可行焉，特昏愚者不見不行耳。荀卿子曰：「始乎為士，終乎為聖人。」真積力久，學至乎歿世而後止。昔者廉溪周子，生聖人千數百載之後，卓然以振起斯文為己任。其教學者曰：「志伊尹之所志，學顺淵之所學。」闡圖立言，開覺後世，其功大矣。周子續聖人之傳者，其言豈誇我乎？有志之士，於此而奮興，上探聖人千數百載之蘊，於開物成務之學，豈無所得於其心哉？否則圜冠句屨，衣絲食黍而已矣。

余自早歲雖常有志於是，執德不弘，狥於苟得，智不足以辯惑，勇不能以力行，上下於科舉之學。然既得之，而於所本者，蓋淺矣。故進不足以致君澤民，退不能以修辭立德。顧歲月如馳，補過不贈，雖悔何及？姑以予之所甚病者告振，俾知所儆。然山林之日長，其尚思繹。余言，毋亦蹈與之悔也。夫善射者，百中一失，不足以言善射；善御者，千里一蹶，不足以言善御；學者一類不通，不足以言善學。振乎，爾勉之哉！歸而求之有餘師。

草堂李先生挽詩序

草堂李先生歿幾二十年，士君子哀而惜之者，猶一日。得挽詩凡若干首，先生長子孟昭匯次為一卷，徵予言為序。顧予之淺薄，豈足以表揚先生之潛德哉！然為童子時，嘗從先生仲子游，已熟聞先生文行之懿，起敬慕而不可以企及焉者。矧今孟昭有命，其何敢以固陋辭。

先生家郡城西，世為詩書之胄。其學根據於六經，其文章溫厚和平，氣充而理暢。其居處動靜之間，必由於矩矱而不苟。其才悉有餘，而所守益慤。故兩佐劇縣，有善惠及民，聲譽著聞，其民至今思之。晚退休於鄉，恬然身娛，杜門著述，博覽該貫，不留心於世慮。故享有壽齡，倏然終於牖下。

於乎！先生之得於天下者，可謂厚矣。古之君子，有一行之長，或得於此而違於彼，然猶足以成名於當時。雖公卿之貴，桓袞之榮，不能以尚。況先生兼人之長而有之，其與古之君子，卓然而相高，考其德行，文章之美，或者猶有所不逮焉。先生其可謂盛矣！予固書所深知於先生者以為序，蓋凡知先生者，無俟予言，用以告於不知先生者。先生諱鼎，字克貞，草堂，蓋學者之所稱云。

帶源王氏族譜序

邑之南芙蓉之東，嵩華之麓，其地曰帶源。兩山疊夾，盤亙如城，一溪中流，清寒瑩潔，可鑒可濯。王氏世居之，列屋於溪之兩傍，雲峰煙巒，蔚然靚秀，修篁茂樹，左右蔽陰，絃歌之聲，旦暮不絕。望之谺然而渓，廓然而有容，淡然塵雜之俱亡也。

王氏為衣冠望族，雖歷變更之，而其業不廢□盛。或者以其山川之氣，會結深厚，故其發舒之久遠。余獨以為不然。王氏世儒家，日親詩書禮樂之教，長以訓其幼，幼以承其長。蓋自為童子時，已不習外事，薰灼漸漬，以成其德，其來也遠矣。況其里舊建夫子廟，歲時朔望，長幼祭拜，序登降揖遜之儀於其中，熙熙然鄒魯之鄉，視他為莫及。故其宗族之盛，人才之多，代有顯融，由其風俗之厚，詩書之教使然也。

進士王君樂孟，以其家譜徵予言為序。嘗觀族譜之作，君子所以重本源而厚禮儀，成教化而美風俗，尊尊而卑卑，明其親疏之本，序其昭穆之倫，雖百世之遠而不失也。若夫譜之不作，未及數十年之久，而錯舛謬亂，尊卑倒置，而恬然安之，莫知愧赧，此可為世俗大息也。宜乎！樂孟拳拳於是，非徒可以淑人心、厚風俗，其所以重本源、篤倫誼，而望於後世者至矣。夫以王氏詩書積累之厚，循其禮義之教，其綿綿而來者，無有紀極，尚思所以篤其道而不廢，是予所以重有望於王氏之來者。至於序其世系之詳，而予友解公備矣。予故書王氏之所以至遠之由者，廁於其後。吁！苟知重其本者，觀是譜必有感發於予言。

劉蘭所家世序

久見解君大紳為劉子蘭所序，竊想其志潔行芳，而歎梅南公之有克家子也。方今氣運昌明，猷為聿奮，懷瑾握瑜之材，莫不云蒸霞蔚，映日月而輝山川。士逢嘉會，洵茅拔匯徵矣。

蘭所以明經赴選，謁予而見之，丰姿皎皎，儼睹家矩，益信梅南之規範，其未有艾乎。欵接既深，道及家世本末，不勝唏噓。因知蘭所之支派分衍樟溪，係出億田，由來巨族也。稽億田文物，自趙宋康定以前，堪為屈指不朽。其曰顯、曰琮而下，科第聯標、榮溢青簡者，累如貫珠；即薦拔膺組、譽問昭灼者，亦代起有人。越慶曆間，虎榜衰息，聲名沈晦，惟身通仕籍，尚未盡歇也。是時，袁州司戶有若起岩，位卑稱職，官無曠而終老，殆與本支起，潛綰同散秩，均抑於道州司戶，而有光於先世之廣西提刑邦鳳公者也。日積益微，最後而踵跡者，則杭州千戶諱悟焉。已耳，歷南渡，遭元季，乃得梅南之休風，分衍其緒於易地，再傳蘭所繼徽，用以遡水源木本，經時變而思勿替，庶幾億田遺澤，何患乎？莫為之後，雖盛弗傳哉？

《易》曰：「積善之家，必有餘慶。」《書》曰：「視乃列祖，無時豫怠。」《詩》曰：「不衍不忘，率由舊章。」為人子孫者，克紹先訓，而愈以昌大之，則蘭所因解君之說，丕承焉，篤敘焉，自足以披其香，而薰襲乎邦國之遠，又何必嗟勢數之阨，抑慮貽墜於家聲，而自隘其分量也矣。是為序。

贈安吉尹蕭雲高序

士之仕也，不求有以異於人，而其所為，人有所不能及，則自然有以不同於人也。夫日用之道，至切於人者，有能行與不能行者，而人之賢否於此焉分矣。今夫為仕者，舉知曰廉公而已矣，勤恕而已矣，求能盡其道，蓋百不一二焉。非斯之難能，特有所不為，故能行者，所以異於不能行者也。

新淦蕭雲高氏，尹吳興之安吉，以廉公勤恕自守，上官稱其賢，下民懷其惠，是蓋特然有所為而異於人者也。今兩考課於天官，治績為最，將復歸於安吉。諭德金君幼孜，淳鄉里之好，合交遊賦詩贈之，徵余言為序。

余思為令者，舉能行其所當行，故人安得而異之。漢文之世，循吏無稱，而吏皆循良。後世得以一二數，是故有可慨焉者矣。夫道之在天下公，人心之所同，推篤行而不已，則無不可。至雲高能行其所當行，則非但有以異於尋常之苟於為政者，而亦可以進於古之道也。夫期之以所能行，不強之以所難，則從之易而信之篤，有不同於君子者，予不信也。予故以雲高之所能行者，勖其所未至，且以規夫今之為令者，亦以見余之望於今之為仕者厚矣。於是為序。

孝友堂詩敘

天下有至當不易之理，雖堯舜不能加毫末於其間。用之於身而身修，施之於家而家齊，推之於國而國治，達之於天下而天下平，放之於四海，而無不准。是道也，非有甚高難行之事，大要不越乎人道之常，所謂孝友而已矣。《書》言：「惟孝友于兄弟，克施有政。」人能盡孝友之道，謂曰非知為政，有不信也。

邑之東門徐氏，詩書故族。其先世以好義稱於鄉，且為政有聲於時。今叔通、徐氏，賢子孫也。奉其二親，克盡於孝，群季一門，怡然輯睦。歲時奉觴稱壽，以娛樂其親之心，有古孝子之風，為鄉邦之所稱羡，君子有所取爾。乃以「孝友」名其堂，而學士解公為之記，士大夫為賦詠之。集詩凡若干首，叔通徵予言為序。

余惟孝友者，雖人道之常，然能盡其道而無所違者，蓋鮮矣。故自古以是為美。昔睹詩人之美張仲，而稱其孝友。張仲，賢者也，豈但曰孝友而已哉？惟其孝友，則足以蓋其餘。若夫世之人，苟於孝友而無所稱，雖其才之美，則亦不足觀矣。叔通以是見稱於君子者，夫豈易哉？惟能知其所難，而益知所勉，則今之詩可以繼歌於張仲之後，其孰曰不然？遂書此以為序。

石室山人挽詩序

山人姓朱氏，諱震遠，字凝道，徽之婺源人也。常居梅源山中，山有石室，可庇風雨，日偃休其間，故自號曰石室山人。山人幼孤，七歲失所怙，執喪哀毀，有若成人。鄉黨宗族咸奇之，曰：「是子不群，毋使廢學。」為致束脩，俾從師，即力學不倦。稍長，於經史靡不究心。時母黃孀居，左右奉養，克盡誠孝，母樂而忘戚。母忽構疾，籲天願減己年，以增益母壽。母病，果差，逾七年而終。不得善地以葬，日夜憂恚無已。一夕，忽夢人指以葬所，適有以其地來售，遂買以葬。人謂山人孝感所致云。

余觀山人，天性至孝，故能感動於人，感動於神明者也。夫為善無不報，而孝子之門，和氣充溢，故有產五色之芝，生連理之木，來靈異之鵲者。今山人享有遐齡，子孫滿庭，繩繩蟄蟄，而考終正命，德延於世，豈非有以獲報於天者乎？

今其季子原貞，擢進士，為侍從之官，由邢科給事中，尋升吏科都給事中，今升為詹事府丞，揚歷顯要，未見其止。雖原貞才學有以自致，是皆山人餘慶之所鍾也，豈不大於芝草駢枝之應乎？原貞集挽詩一卷，泣請予為序。余嘉原貞之能顯揚其親者，是又能繼其孝也，遂不辭而書之。

劉朝紳文集序

予僚友翰林編修、永嘉劉現朝紳亡之三年，其兄覲集其所著詩及記序雜文，凡若干首，攜來京師，予始得而讀之，泫然下淚，惜朝紳之不可見矣。所可見者，惟詩文耳，讀之如見吾朝紳也。

朝紳負魁壘之才，博辨之學，始占一命，未究所施，而止於此，悲夫！予輩以蹇淺之才，遇聖天子太平盛治，優崇文學，宣讀左右，日瞻穆清，而朝紳不得與其命也夫。

初，余來京師，與朝紳相見南宮，聽其言論，獨出稠人中，識其不凡，喜得益友。予少竊有意學為古文，不喜為時文，擿裂之。翌年二十餘，遊鄉校，不能同時流所好，往往言出而為人所非笑，予亦悵悵莫顧。自是忝於朝紳同寅，每相與議論，歡然相得。朝紳謙恭氣和，其為文溫粹爾雅，蓋深慕於古之作者，故志與予同，言與余合也。獨恨交遲而去速，不得以久聆其議論，非朝紳之不幸，而為交朋者之不幸也。朝紳居京師時，妻子先病死，與一子纍然獨處。既而亦臥病，形體骨力，乃謁告歸治。予謂朝紳之去，將愈疾，而來別，亦不甚為難。不謂其歸而竟不起，苟知其去為永別！余與朝紳握手之痛，宜何如哉！

於乎！朝紳不可見已，其所就若此，蓋不類於夭者，而造物者之於斯人，果何為耶？予觀古之公卿大夫，居富貴聲華，烜赫於一時，及其沒而名無足以稱於世。若夫窮居陋巷之士，其言足傳，而其名遂不泯。朝紳之言，自足以致久遠，雖沒而不朽，其繫於窮達壽夭者，蓋不必論。予故曰非朝紳之不幸也。三復其詩文，不能少置，遂書。予之獲交於朝紳，而與其所以相得者為之序，且以致予之思云。

贈魏太守之四明序

士之負魁傑卓犖之才者，不惟於其達，而後見之於沈晦抑鬱之時，有以見其然矣。蓋士修於家，充其學，養其氣，具其體，而施之於用者，沛然而無所不可。故觀人者，恒求之於未然，而必有以知其將然也。於其未達，而識其賢矣，則其既達，而措諸事為者，寧有不賢哉？此予於四明太守魏君本敬，蓋亦若是觀之矣。

予年二十餘遊閩中，寓於延平李先生之鄉。而予先君子亦嘗守其郡，愛其山川明秀，謂必有魁傑卓犖之士生乎其間而願見之。始於本敬交，見其敦茂愨實，氣和而言溫。既交如是，久亦如是，終始一致，未嘗見其有厭倦之色。予竊喜曰，是所願見者，蓋其人焉。自是與余相處者久之，同寢一室，連榻而語，須臾不相捨去。暇則登山臨水，酌酒賦詩。凡老氏之宮、釋子之宅，有可樂者，輒要予遊延平，俯雙溪之上。而郡齋亢爽，高出闤闠，後有極高明閣，面城者，諸峰。靜夜月明，本敬與予坐其間，縱談劇論，嘯歌吟詠，或焚香鼓琴，伸紙揮翰，極才情所至，傾倒歡洽，四顧闃然，惟予二人，獨得其趣。當是時，予已心期本敬為遠大之器。自是予東歸，不與本敬相聞者七年。既聞其充貢，入太學；已而聞擢天台同知，佐郡有聲；已而拜番禺太守，又有聲於此。

予之期本敬者，信有徵矣。由番禺以內艱歸，今起復來京師，有四明太守之命。其鄉友中書舍人吳君文質，合交遊賦詩餞之，以為知本敬者，莫余若也。徵言為序。

予惟四明為浙大郡，而太守為郡之望。以本敬之才之學，而為望於大郡，將必又有聲而番禺也。夫自古親民吏，惟守令為然。有惠利及民，民必愛之。去之日，有餘思遺頌，甚至不已而奉嘗之者。其他雖貴為公卿，有德及民，而民不知，蓋其勢與民相遠故也。是以黃霸為相，而功名減於治郡。聖天子俯念元元，慎選守令，凡千里之郡，百里之邑，舉得其人，而民豈有不蒙至治之澤者乎？本敬於撫字之道，精績而熟究之矣，固無俟於予言。然予猶有祝於本敬者，生民治道，尤宜盡心，而不可以忽也。《詩》曰：「豈弟君子，民之父母。」太史公曰：「法令所以導民也，刑罰所以禁奸也。」奉職循理，亦可以為治，何必威嚴哉？斯皆為政之要。予知本敬之深，故相期於古之道於遠且大者，將有以望之，蓋不啻若此而已爾。

絜矩齋文集序

《絜矩齋集》者，清江聶鉉器之先生之文也。先生明春秋學，國初登進士第，授廣宗丞，三入太學為助教，三入翰林為待制、為編修、為典籍。晚賜優老，遂有廬陵文學之命。時余先叔祖子貞先生亦訓迪廬陵。余為童子時，嘗往來學中，拜先生於進士第一之堂。先生進余前，勉就學。予始得先生《洪武聖德詩》、《南京賦》誦之。詩類元和，賦似兩都，蓋已知先生之文矣。當是時，從先生遊者，今右春坊右諭德兼翰林侍講金君幼孜、蕭君迪恭兄弟、彭君子斐，皆一時才俊。予得拜先生，因桓與諸君子交遊。先生喜飲酒，常飲巨觥，舉醽酌以飲予，予飲不能盡，先生令予盡，盡則先生抵掌大歡，謂予曰：「讀書為文章，正如飲酒。」雖一時之言，要之有理。實先生愛予，故引喻以見教也。後余遊南粵，去二年而歸。歸欲復求教於先生，而先生已違世矣。常思先生高懷雅度，不可復作，輒為愴然。

今年冬，先生季子季順來京師，介金君以先生詩文一帙，求予為序。予嘗侍教於先生，先生之愛予誘掖獎勸者，亦云至，余故可無言乎？先生樂易和平，故發為文章，溫厚恬雅，而無險奇峭厲之語。開卷三復，如對先生而聆其高論。雖然，於豈敢評先生之文哉？而先生之文亦無待於余言，特以季順之意有可尚，金君之命不可辭，而亦予之情有所不能已，故僭書此於卷端云。

望雲思親圖詩序

分寧彭君勝玉，官為兩淮鹽運司同知。其母年八十餘，欲迎養不得，日翹首南望，不勝懷思。交遊有憐其志者，作《望雲圖》以遺之，蓋取諸狄梁公之言也。士大夫為之賦詠，得詩凡若干首，介予友石君彥誠徵余言為序。

予惟人之得祿，上以養父母，下以畜妻子，有餘則以及其鄉黨朋友，此仕之道也。亦有得祿而親不逮養，或者親老雖欲就養，而道途之憾頓，反有以勞之。人子之情，固欲其親之安，勞則豈其所欲哉？雖古之人，其將難之。彭君之母已八十餘，欲迎養則有重湖大江之險，寧不敢以勞而易其安？歲時甘旨之奉，雖常致，然不足以勝其睽違之思，此《望雲圖》以作也。夫人子之於其親，親愛惻怛之情，本乎其中，固非有待於外，然睹物興懷，觸於外而感於中，自有所不能已。昔者詩人陟岵思父，陟屺思母，岵屺何與於父母也？特其所感者如此。梁公所見，其情不殊，而彭君之所思者，同一瞻悵，宜其有取於公之言也。公以忠孝名節，為一代柱石之臣。所謂取日虞淵，洗光咸池，潛授五龍，夾之以飛，於公其有焉。是以後之君子，吾聞而樂慕之。苟使公之不賢，雖其言有足取，而天下後世，蓋將唾叱之不暇，焉能愛慕若是哉？此可見天理人情之至，不容強者。彭君之志，蓋有足尚矣。君由戶部主事升遷於是職，君能孝以事親，則必能忠以事君。異時忠孝之名，卓卓有聞於天下，然後無忝於梁公之言，無負於友朋之望，斯不亦善乎？余之情有同於彭君者，故書此，相為勉焉。

泰和楊氏族譜序

《楊氏族譜》斷自南唐虞部侍郎輅者，著其所遷之始也。自輅之六世允素而下，特加詳者，所以著泰和之始也。非詳於泰和而略於其他者也，他蓋自有譜也。天下楊氏皆祖漢太尉震，後世明經博學，篤志為儒，厲忠義之操，秉抗直之節，守清白之訓，耀名教而昭史籍，無忝於太尉者，為吉水泰和為然。雖曰太尉，累業載德，尚有餘慶，實亦廬陵之土風氣習有由來也歟！此廬陵之所以有光於天下，而楊氏又有光於廬陵也。此世譜之所以必作，名家之所以慎重者，其在於斯。

今左春秋坊左諭德、翰林侍講楊君士奇，泰和之裔也，以其家譜告廣曰，其家舊譜刻本毀於兵，其世父與芳翁，辛勤廿有餘年，考求亡逸，僅克成之，非翁則是譜幾墜。翁年九十餘，其耳目之所聞見者，皆有足徵。乃畫為圖，以一本寄士奇，士奇又參以己之所知，補其缺略。既序其首，覆命廣為之序，蓋欲以白翁之志，忠厚之至也。

廣嘗觀士大夫之家，不可一日而無譜。無譜則宗子之法壞，宗子之法壞則序乖而族亂，未及百年而感慨繫之。此與芳翁之有見乎此而拳拳焉，以其譜，而士奇又拳拳焉，以成翁之志，其所以有幸於楊氏者大矣。則楊氏之長幼尊卑，親疏遠近■■■■■■■■■■■■■■■■■〔註1〕而不有塗人之視。■■■■■■■■■■■〔註2〕積善之家，必有餘慶。楊氏之子孫益修厥德，以濟其世，美其思，所以有光於泰和，有光於廬陵，有光於太尉，庶幾無負於與芳、士奇修譜之志。謹書此為序。

安成前溪劉氏族譜序

安成前溪劉氏，修其家譜將成，來京師征予言為序。予辭之再三，而其請益勤，乃為之言曰：

夫譜者，所以明其族類之所自出，世久而族蕃，不有族以著之，則尊卑昭穆之分乖，乖則疏，疏則相視為塗人，此勢有必至焉爾。古之君子有見乎此，所以慎重而不敢以忽，故必修明其家譜，無擇於親疏遠邇，惟一於至公。知始者，本於一人之身，故不有塗人之視，而少長卑尊之分，禮讓揖遜之容，輯睦於一族之間，相親相愛，相賙相恤，無凌競虐厲之聲，則族譜之作，誠大有裨於世教。近世譜諜不明，古道遼敻，以親疏遠邇而有間，或偏於一己之私，忘其本源之所自，雖聚處於一堂之間，有如吳之視越，借有譜亦何補哉？此予深有慨於斯也。

然則劉氏之所修，其族譜誠能知所重矣，抑能免於予之所病者否乎？苟無予之所病，則人孰不曰，劉氏能復古之道，至公而無私，不亦可為世道勸？不然徒取以為誇詡，事名而亡實，亦末矣。遂書以為序。

贈李縣丞序

聖天子稽古明道，興崇文治。即位之初，首召天下文學之臣，編纂古今載籍，包舉天地，囊括萬匯，為古今所無之盛典。凡士之得致力於斯■■■■■■■■■〔註3〕幸莫大焉。

〔註1〕原文被塗抹遮蓋17字。

〔註2〕原文被塗抹遮蓋11字。

〔註3〕原文被塗抹遮蓋9字。

大理府太和縣丞■■■■■■■■■■■■■■■■〔註4〕事數年，勤敏如一日，論者咸指之。今踐事將歸大理，其友洗馬楊弘濟篤久要之誼，徵予言為序以贈之。

余惟士誦六經之言，修仁義之道，其志將以行於天下，故達者則可以行其道，而窮居隱晦者，無以自見，或寓於編摩纂述，以表其素志。今永思以官守有為政行道之地矣，而又蒙朝廷製作編纂之盛，固足以伸其為士之志。其於光華益加炫耀，非但得於此，而不得於彼之為慊也。今其往大理也，雖在南詔萬里外，然又遇聖天子德化洋溢六合，昔之雕題椎結之地，今皆化為冠裳禮義之區，往往至者，樂其俗而亡返，矧為其民之長貳者乎？予知永思之是行也，必不遏道途行役之難，將必展其宿志，大有以慰其民之所望也。

予愧識永思之後而交之未深，然因弘濟而知其為人；又嘗竊觀其所為，非苟求合於人者，是皆可尚已。於其行，遂書此為序。

贈石彥誠之徐聞令序

今之士學古之道，能確然不易其所守，外物舉無足以動其中者，予見石君彥誠其人已。彥誠與予交至久，其言行操履有過人者，人皆知之；有不能盡知者，惟予知之。聖天子修《永樂大典》，天下學士大夫多與選拔，彥誠亦在列。出入禁闈凡六七年，小心謹畏，趨事罔懈。屬編摩告成，授為雷州之徐聞令。將行，來與予別，且徵言為贈。

夫徐聞，遠在南海之濱，昔之風氣與中州異，其土卑濕，炎暑煩燠，颶風驟發，■■■■■■■■■■■■■■■■■〔註5〕毒霧砭肌■■■■■■■■■■■■■■■■■■〔註6〕雜處，鮮士大夫相接，故人至者皆不樂居之。今國家包舉六合，風氣宜通，昔之偏遠之地，咸蒙治化。徐聞為雷大邑，南連海外諸州，遠接諸番，山珍海錯，奇寶異物，非產於其地，則必道於其境。故其人多富實，尚詩書禮樂之教。蓋其薰蒸漸磨，變化移易，有非一日。凡祥厲之發、視吏之賢否何如耳。其風氣與中州無甚異，故其民號為易治。

今彥誠得徐聞，以敷展其才力。徐聞之民得令如彥誠，以宣布治教。予知益有以變其風俗，而開其窒否，非若但為歲月之計者而已。雖然，彥誠學古之道，其施於民與夫自處者，講明練達，有不待余之言。但所用之道，當審其先

〔註4〕原文被塗抹遮蓋16字。
〔註5〕原文被塗抹遮蓋17字。
〔註6〕原文被塗抹遮蓋18字。

後緩急之宜，求合於古而適於今，餘則非予所能知也。予知彥誠者，於其行，故序其所守以贈之。

贈劉迪哲序

學校，育才之地。人才之成否，由師道之立何如。師道不立，而育人才之成，惡可得哉？故為師者，非但以言語、訓詁、辭章、句讀而為教，所貴以道相傳。道在於身，具五常首行之懿，示規矩準繩之則，使人於此取法，尊其言而信其行，潛心默化於觀感之間，如時雨之澤物，沛然生發，莫之能禦。是以為教不勞，而成才亦易。今之師道不立鮮，況以身任之，往往為一切之教。故學者狃於聞見之近，淪於卑污苟且之習，而不能造乎高明遠大之域。甚或師不知其為弟子，弟子不知其為師，相與爾汝，戲狎反目，詆毀誚讓，若不相識。群居終日，■■■■■■■■■■■■■■■■〔註7〕塗，倀倀然■■■■■■■■■■■■■■■■■■〔註8〕，同流合污也者幾希，如此而欲望成才之效，難矣。故雖有環傑之才，亦必藉師友講論之益，方能有成。夫駿馬駃騠，逸足千里，苟無伯樂以為御，終弗能以致遠。有顏淵、子夏之聰明，不得孔子而為師，豈能升堂入室？是故道非師不明，非學不至。不學，雖有明師，亦無如之何已。竊謂得賢才易，得明師難，有明師，則不患無賢才。借使一鄉學得一明師，則一鄉學皆善士。推之郡學、太學，莫不皆然。盡良匠之圃多美材，良賈之區無賤貨，其理固如是也。

聖天子興崇文教，宵旰求賢，以隆治化，於學校尤加意焉。天下競有明師之擇，而余吉水以劉迪哲為薦，來試京師。迪哲故儒家，以專門之學擅名於鄉，為鄉學之士所信服。今歸而為之師，施於教者，要當以道。而淑人心，厚風俗，先其所急，以拯頹弊，卓然任其責，而不為常情所移，庶幾為師之道。矧予鄉多俊秀，尊德樂義，自強不息。迪哲宜有以倡率之，將必皆成茂碩之才，出為國家之用，則教與學之功，均有其效矣。檢討劉宗平、中書舍人劉謙合交遊賦詩，以贈其行，求予言為序，故以此告之。

贈劉孟獻序

居山林園池之娛，耕稼可以足歲計，無奔走愁戚之歎。交遊往還，有雞酒、魚鱉、蒲蕨、蔬筍、棗栗之味。猝然取具，不勞心力，叫譁衝突之聲，不

〔註7〕原文被塗抹遮蓋16字。
〔註8〕原文被塗抹遮蓋18字。

至其門。若此者，人之至樂也。然人不可必得，有得之而不以為樂者，是蓋不知其為難也。天之生人，■■■■■■■■■■■■■■■■■■〔註 9〕體膚或■■■■■■■■■■■■■■■■■■■〔註 10〕二耳，豈非甚難得哉！夫能知其以為難得，則必能保其樂而不失也。予鄉劉孟獻家金灘之上，予所謂樂者，其蓋有之。今以才被薦來京師，例得釋歸。諸君子賦詩贈之，求余言為序。

予以孟獻之歸，而又得以享其樂，當思其為難得，又當思所以保其樂也。出作入息，循理奉公，含哺鼓腹，為太平無事之天民，其樂豈不大哉！予他日或得竭告南歸，艤舟訪孟獻於金灘之上，相與擊鮮醉濃，解衣露坐於長松修竹之下，抵掌一笑，以賞孟獻此樂，以徵予之言也。

安成王氏族譜序

安成城南百丈王氏，相傳為唐江南西道觀察使、太原王公仲舒之後。按本《傳》，仲舒少孤，奉母夫人家江南，讀書著文，其譽藹郁，則其子孫之居江南，理或然也。然則安成之王為仲舒之後者，信有足徵。其後多有聞者，有諱曰擇，號樗翁者，謂上距觀察使才十世，補太學生，有詩名，見鄉先生劉龍雲集中。其從孫有曰三錫者，兄弟數人，俱以文學名。三錫與瀘溪先生往還，序宗譜。逮元時，有諱曰以達者，敦尚儒雅，急義好施，沒而李廉先生狀其行，申齋劉先生銘其墓，其行事皆鑿鑿可傳。至皇朝，有曰子志者，以軍功授昭信校尉，而王氏之顯融，蓋未見其止也。子志嘗慨其家譜燬於兵燹，懼久而失其宗法，乃與其從子孟南、孟鼎、邦憲，於其散逸，力考成之。於是其家譜世系、親疏、少長之序，朗然而不紊矣。邦憲■■〔註 11〕壽梓，介子友■■■■■■■■■■■■■■■〔註 12〕，論久遠盛大■■■■■■■■■■■■■■■■■〔註 13〕，則其發也悠遠。

公觀察江西時，■■■■〔註 14〕錢九千萬■■〔註 15〕利予民，軍息之無已。掌吏壞產，猶不釋，囚之。公至，脫械不問。人遭水旱，賦窘，減宴樂，

〔註 9〕原文被塗抹遮蓋 18 字。
〔註 10〕原文被塗抹遮蓋 19 字。
〔註 11〕原文被塗抹遮蓋 2 字。
〔註 12〕原文被塗抹遮蓋 15 字。
〔註 13〕原文被塗抹遮蓋 17 字。
〔註 14〕原文被塗抹遮蓋 4 字。
〔註 15〕原文被塗抹遮蓋 2 字。

絕他用，錢以丐貧民。其德之及民受其惠者，長子老孫蓋不能知也。

今其子孫食其餘澤，宜其久而不竭。世有倏興忽替，不知究其所由，而反見咎於天者，悖理之甚也。於乎！源之深者，濬之則益長；基之厚者，培之則益固。王氏之子孫觀是譜者，克念先德，勉修是紹，則可以無忝於前人。苟以為可恃而伐其所積，則其竭也可立而待。予故僭書此，序王氏之譜，使後之觀者知所勸，而不敢以忽也。

黃氏族譜序

黃濟亨氏以其家譜來北京，徵予言為序。余觀諸僚友為濟亨敘之者已詳備，豈庸贅辭？雖然，予尤有取於濟亨也。昔先儒謂作譜者，斷自其可知者始，濟亨之譜，亦斷自其五世祖而下，是蓋譜其所可知者，深有得先儒之旨，其與拜汾陽之墓者遠矣。

予與濟亨相距章江一水之間，自其乃祖乃父皆能識之，鄉稱為善人。其兄謙亨精郭景純之學，比以薦來朝，受知於公卿大夫，而濟亨又以醫術得名於江湖。兄弟子姓皆循循謹飭，黃氏之後將必有興者，以昌其族也。遂書此為之序。

贈林參政序

古之君子一言行，可以為天下後世法，天下後世有法之，而無異辭，■■■■■■■■■■■■■■■■■■〔註16〕之為事發■■■■■■■■■■■■■■■■■■〔註17〕不由於斯。今之學為古之士者，則其所以取法難，不能捨詩書六藝之言，以明道術。要其能真踐力行如古之人者，不能無所憾焉。此予之所以常興歎於茲。

三山林彥質，學古之士也，仕為戶部主事。余未登朝時，已聞其譽於其從父主簿可，則其言行固已著於予心。比來京師，未嘗與之獲一接言。觀其循然雅飭，不事表襮，則主簿之言，誠不虛也。由主事升員外郎，由員外郎升郎中，小心畏謹，事一無所缺失。聖天子俯念元元，擇人治理，復由郎中升四川左參政，皆其言行篤信，有以自致者也。其鄉友王孟揚，因其行請余言為贈。且予嘗得其內矣，豈欲以言而揚其外耶？夫參政，古方伯之貳，其倚任之重，非一郡縣之可比。居是職而不慎擇其人，則環數千里之地，政治之善否繫焉。

〔註16〕原文被塗抹遮蓋18字。
〔註17〕原文被塗抹遮蓋18字。

四川為西南鉅鎮，控制諸蠻夷，民物殷富，甲於天下。彥質領是寄於其間，可以攄其所學，以行其素志。凡政事之得失，得以損益焉；屬吏之賢否，得以黜陟焉。何者利之，可以興，弊之可以革焉。審其緩急輕重之宜，而時舉措之，一切合乎公論，而無好惡之偏，則人孰不樂得其惠哉！夫如是，然後可以成國家之治，亦不負於聖天子慎擇之意。苟惟鉤摭於法數之末，而失忠厚寬仁之本，是非學古之道。魯申公有言：「為治者不在多言，顧力行何如耳。」彥質於是，蓋知之明而行之熟，則無■■■■■〔註18〕予樂言■■■■■〔註19〕。

端員外交遊翰墨序

兵部武庫員外郎端木公孝思，集其平日所交遊翰墨成卷，朝夕對之，常若朋友之在目。雖其人死生、富貴、貧賤有不一，而公視之無二致，於此可以見公之忠厚也。公以文學馳譽當時，交遊天下之士，而人以文字往還，其初心豈意必傳？然公畢收而不遺者，顧情誼之相託，不在文字之間，蓋在於公之心。公之所存，豈世俗之可論哉？

夫人之交於富貴、死生、貧賤，鮮有不變者，觀翟公之書門可知。余於此每悵然太息，而有以見公之賢於古人也。使天下之人苟得見公之所為而探知公之心，其必有所興起，則公之是卷，其有裨於人也為不小矣。

予忝於公同朝，不以余為不肖，恒得討論於文字間，出示此卷，俾序其首。顧余淺陋，文不足傳，而諸公之翰墨與公之高誼，有不待予文而傳；或者予之文反因公所為，而得與諸公之翰墨並傳焉，此又余之幸也。

龐氏族譜後序

吉水馬田龐明序來告余曰：其族人文遠將修輯其家譜，學士解公已為序於前，敢求下執事一言以序其後。余觀解公之序，其家世歷履極為詳備，予奚容贅？嘗誦蘇老泉之言曰：「譜為親作也」。故知譜者，序其所自出，明其親疏之分，辨其昭穆之等，不使疏間親，卑踰尊。百世之下，子孫禪續，其勢有不能不疏，而其等差不致於紊亂。是則族譜之作，何可以後歟！

宜乎！龐氏之孜孜於此■■■■■■■〔註20〕處，推其■■■■■■■

〔註18〕原文被塗抹遮蓋5字。
〔註19〕原文被塗抹遮蓋5字。
〔註20〕原文被塗抹遮蓋7字。

■■■■■■■■■■■■〔註 21〕尊卑之分，■■■■■■■■■■■■■■■■■■■〔註 22〕非有譜以明之，則其頹流之弊，胡可以■■■■■■■〔註 23〕一定而不可踰禮之本也。人而捨尊卑之序，不由禮者也。人而不由禮，且不能行於一身一家，而況於一族也哉。

宜乎！龐氏之孜孜於此也。觀譜者知禮之不可以踰，則自無越等淩分之事，孝悌之心亦油然而興，則必相親、相睦、相周、相助，必不至於相視如途人焉。是則族譜之有益於世道，為不小矣。若惟倚之以為矜世眩俗，而不究其實，亦何有於作譜之義哉？明序聞予言而善之，請書為序。明序之先人曰文方，徙居金灘，今又為金灘龐氏云。

劉道章先生挽詩序

二解先生伯中、仲正，名重天下。嘗三領鄉薦，不得以行其所學，退築學舍於東山之陽，以研極深奧。四方之士授經問難者，接踵於門。聞先生之訓，真積力行，以循乎聖賢之途，非但為解釋疑惑而已。故出先生之門者，皆淳篤君子也，若道章劉先生是已。

先生天性敦慤。二先生授以《易》書，夜讀之，反覆思其奧義，盛暑不揮箑，隆寒不附火，至老忘倦。每處一室，蕭然無長物，左右惟圖書，吟詠諷誦之餘，陶然自得，一毫俗慮，不以經心，卒究於道德仁義之懿，充於內而盎於外。其言溫厚和平，不為町畦，故望而知其為有道之士也。夫自利祿之途開，人皆奔競於功名之場，先生獨恬然為。為己之學，豈非特然豪傑哉！蓋二解先生得范文正公之傳而授之先生，其源流有自矣。

數十年■■■■■■■■■■■■■■■■■■〔註 24〕先生憶居■■■■■■■■■■■■■■■■■■〔註 25〕址，乃二先生與門人講學之所，優悠■■■■■■■■〔註 26〕幽深亢爽，迴出塵表，顧望躊躇，不忍捨去。覽夫山光水□，而翹然動懷德之思，高歌激烈，白雲徐來，意者二三先生之靈，猶盤旋於茲乎？歌曰：

鬱陶乎予思，嗟先生兮何之？往來兮山阿水湄，飲醴泉兮茹紫芝。松風蘿

〔註 21〕原文被塗抹遮蓋 19 字。
〔註 22〕原文被塗抹遮蓋 19 字。
〔註 23〕原文被塗抹遮蓋 7 字。
〔註 24〕原文被塗抹遮蓋 18 字。
〔註 25〕原文被塗抹遮蓋 18 字。
〔註 26〕原文被塗抹遮蓋 8 字。

月兮相因依，卑為河嶽兮高壁奎。來莫從兮去莫追，先生不作兮吾誰與歸？

先生之孫宗平與予同官於翰林，以先生挽詩徵予為序，遂書此置篇端云。

上邳劉氏族譜序

余友劉孝彰，承其父兄之命，以其家譜來京師，徵予言為序。余家與劉氏世相契好，先君子延平府君與潯州大守敦復俱事太祖高皇帝，歷至顯要，交情篤密。孝彰與予又二十年莫逆，交雖不敏，豈可以辭？

予觀古之君子，必重其所自出，故尊尊親親，不敢以忽。尊尊親親，人道之大也。《傳》曰：「親親故尊祖，尊祖故敬宗，敬宗故收族，收族故宗廟嚴。」族之有譜，其以是歟？今之於譜者，或不求其義。昧其從來者，失尊尊之道；罔其所承者，失親親之心。合於族屬，而不見其實；施於孝悌，而虛襲其名。是則雖有譜，烏用之哉？

若劉氏之譜，尊其所尊，而親其所親。長幼昭穆之序，粲然以明；遠近戚疏之別，久而不紊。蓋其為士大夫家，守禮義而不廢，故能若此。夫江河之流，混混而不竭者，其源深也；日月之行，綿綿而不已者，其本裕也。今孝彰孜孜以修其家譜為務，蓋思濬其源而豐其本也。將見劉氏之族，歷久而不溷，其端愈達而不失其緒，厚人倫而美教化，豈不賴此譜乎？是為序。

送劉孝彰序

昔余居家時，與孝彰遊。其為人溫然而和，其為學勇進而不見其止，其行誼端方而不輕以隨。予心樂與交，故久而益親也。予家郡城東芙蓉山下、滄洲之間，山圓潔靚秀，百里之外，望之蒼翠如屏。其傍巉懸水數十仞，噴珠濺沫，炎夏臨之，不知有暑，涼襲衣袖，毛髮森豎。滄洲介乎中流，白沙豐草，幽林茂樹，可藉可陰，漁舟煙艇，出沒無際，皆可樂而可愛也。余與孝彰往來其間，或登山臨水，酌酒賦詩，搴芳菲而漱清流，目飛雲而狎漚鳥。當是時，自謂與孝彰恒有此樂，不計有睽違也。

余來京師數載，孝彰亦索然獨處，思予之所與常遊，且心相好也。一日直走二千里外，來與予相見，孝彰之所喜，余心之所慰，蓋歡然兩釋其離別之懷。予以諸子無師，遂以託孝彰。孝彰亦欣然樂居，淹留二載遽辭。予欲歸，重留之，人情有所不可，遂憮然而與之別。孝彰之去予也，予有所言，其誰語耶？予有所不足，其誰予告耶？孝彰其何使予獨處於此耶？予之情有所不能忘，而相與磨切者，深有望於孝彰也。孝彰歸矣，經夫容滄洲，寧不彷徨顧望，以思舊遊之樂者乎？視有可與余言者，而時惠我好音。

送王瓊州序

昔我先中憲公與鄉先生王君子啟，志同道同，復同領薦，同事太祖高皇帝。而入桂林，西經瞿塘三峽而入巴蜀，同舟以載。遇景輒賦詩，一倡一和，旦暮寢處不離，情好深篤，不啻若兄弟。二家子弟往還，若家人焉。

廣為童子時，見先生從子今瓊州太守伯貞來家，神爽英邁，博辨通敏，語傾一坐，雅知愛重。今距其時余三十年，不與瓊州相見，因其來獻課於朝，視之已蒼顏皓首，而廣亦及壯齡。追思疇昔，恍若夢寐，為之慨然。瓊州以老成宿學，為二千石吏，廣以譾才竊祿，幸與同事聖天子。其令子行儉亦同朝，是又一時之遇也。廣恨早失所怙，而先公之交遊，鮮有存者，賴瓊州時舉先公行事以教廣，使聞之而永藏於心者，瓊州之言也。今瓊州將歸，侍講楊公士奇、修撰梁公用之，皆賦詩為餞，俾廣序其簡首。

夫以瓊州之明達精練，識察治體，年既倍長而造道日先，聞見該洽而度量宏遠。其於為政，如騁騏驥，御王良而騤康衢，和鸞珺鳴而驅馳有節；如駕虛舟，乘順風而放中流，飄揚莫止，瞬息千里。顧以廣之蹇劣，望下風而趨後塵，何足與言哉！而亦不待於言，故特序其通家之舊，使後世之子孫觀而誦之者，庶幾不忘前人相與之義也。

贈胡能定知侯官縣序

凡為令，皆同也。處闢邑，則欣然一喜；居都會，則戚然不樂。豈不以都會薄，書政事之煩，俯仰周旋之數，而僻邑蓋無是也。而君子則不以此為欣戚，顧所行如何耳。夫令者，一邑之師，■■■■■■■■■■■■■■■■■■■〔註 27〕以苟幾凡■■■■■■■■■■■■■■■■■■■〔註 28〕力行也。何則？夫一都會有力□□，師臬司、郡守，是皆長而臨於上者，事之之道，當如子弟之於父兄。父兄有事，子弟不敢以辭其勞，鞠躬盡力，惟恐不逮。上之視之，亦當如父兄之於子弟。如此，則民見而傚之，亦猶己之事。上推及下之道，莫不皆然。而世之樂為苟且安適之計者，不務為此而為彼。苟無所事則已，設或有事，一遇監臨之者，則蒼黃無措，其不至於顛倒眩惑者幾希，況望其能有裨於事為者哉！

〔註 27〕原文被塗抹遮蓋 19 字。

〔註 28〕原文被塗抹遮蓋 19 字。

予友胡君能定，練達通敏，好學而文，人交薦其才，擢為閩之侯官令。侯官，閩大邑，處乎八郡之都會，往往號為煩劇難理，君獨欣然無戚容。蓋其所抱負者素定，又何一邑之煩勞所能動其中哉？譬之屠牛，但操刀以割，何憚乎髖髀，而目無全牛，行且𧢲然而奏刀矣。君將行，侍講金君幼孜，合朋友賦詩贈之，徵予言為序。

余聞參政永嘉楊公、汝寧房公之治閩，吏安其職，民懷其惠。二公忠厚人也，君有疑而請問之，知其必不吝而向告，亦必有以處君矣，於是乎序。

贈胡遂安序

聖天子俯念元元，勵精治化，日覽萬機，弗遑暇食。恒慮天下之大，民病慱施，屢下詔求賢，分布庶位，共理天工，敷宣政教。凡岩穴幽隱之士，及負才能而抑於末僚者，咸得薦擢，用人之道至矣。

予友胡君子澄，曩替象山幕，以廉能稱，由是被薦。比丁父艱，起復來京師，銓曹策其才學，得稠嚴州之遂■■■■■■■■■■■■■■■■■■■〔註 29〕一邑而■■■■■■■■■■■■■■■■■■■〔註 30〕而最□，非若郡守牧伯之漸遠於民者比也。苟用之非其才，而示民無其道，則一邑之治否繫焉。雖有賢郡守牧伯，卒亦末如之何也已。今之任，選擇之責，與夫為令者，舉知慎其事而不敢以忽，則民有不蒙其惠者鮮矣。大抵治官如治家，視民如子弟，當恐其有飢寒、疾痛，視之切己，誠心以求之，撫摸煦嫗，使遂其安養生息之道，去其蟊蠹，興其化條，要束於禮義之中，拊循於教令之下，恕以待之，信以使之，如是則用力寡而收效速，民不期治而自治。古之君子，率用是道，故澤之入人也深，德之及民也厚，而人尊之如父母，仰之如神明，雖百世之遠，思念之而不忘，愈久而愈愛戴之也。若夫小丈夫之所為，其涖民也惟恕，己之不尊，民之不畏，修飾邊幅如木偶人，巍然臨乎眾人之上，嗥譸之聲衍溢於趨承，誅責之餘，宿奸積弊，紛如蝟毛，視民之疾痛，恬然與己不相干。若此者，豈足以治民，適足以厲民，夫安得以語君子哉！

予少長於草野，每歎夫此，常思欲得一邑以自效。幸遇聖天子寵眷之深，俾承乏侍從。仰惟聖天子之德，如天地之大，日月之明，均陶於覆載照臨之下，顧以爝火涓埃，亦何裨於天地日月哉！方竊自愧，而吾子澄以賢能舉，最

〔註 29〕原文被塗抹遮蓋 19 字。
〔註 30〕原文被塗抹遮蓋 19 字。

為親民吏，可以行其道，成其志，視余之無以及民，蓋相遠矣。然子澄與予學同、業志同、道同。予雖無以及民，而子澄為政，施其素所蘊者，以惠利於民，則予亦與有光■■■■■■■■■■■■■■■■■■■〔註31〕，聖天子用■■■■■■■■■■■■■■■■■■■〔註32〕。

彭敘古挽詩序

彭生敘古，余友彭子禮之仲子也。自幼端慤謹重，讀書記問敏捷，書學得古師法，尤善小楷，摹畫逼真。今天子詔求善書者，有司首舉生應詔，試高等，命日習法貼於內閣。生日臨字數千，筆法日漸超詣，駸駸如良驥安閒，馳驟康衢，人莫不歎服。余見生所進若此，竊甚喜之。而生不幸死矣，年才二十有六。旅葬於國南門外，余哭之甚慟，相知者莫不哀之。

方生初來時，子禮與偕，以生屬予曰：「願朝夕教訓之。」予愧疏陋，無所裨益，然或有所言。生俯首聽受，不以予言為不信也。予又喜生之謙虛，非為才藝之勝人，將其學問有過人也，不謂生遽至此耶！

於乎！天之生才，往往才者夭，而不才者反壽，豈天之不明於所施耶？蓋偶然之遇也。夫五氣流行，而人得之以為生，得其清明純粹者為賢，昏濁龐雜者為愚。賢者得其正，愚者得其偏。得其正者宜壽，得其偏者宜夭。生既得其明秀清純者矣，而不得於壽，豈有所不可兼者歟？抑造物者固將嗇其前，而豐其後歟？夫盡其在己以俟乎天，而修短之繫乎數者，有不足論也。古之賢者，不得其壽，未為不多。然獲稱於當時之君子，則遂久而不泯，使人誦其言，猶有無窮之悲。雖夭於一時，而無所聞於後世者，蓋相距遠矣。若生之才之美，當時士大夫哀而惜之者，咸見於詩歌，其言辭足以傳於久遠。生其託於此，而永存者歟！太史公所謂，附青雲之士者也。予於生，實深愛之。則其死也，安能默然已哉！爰成挽詩一首，以寄予哀痛之私，而於挽詩之端，更為之敘，以見余之情焉。

贈給事中周讓重使古刺序

聖天子德洽仁浹，覆載之內，靡不從化。窮荒極域，自古聲教所不被者，遣一介之使，持咫尺之書以諭之，莫不奔走承順，稽首來庭。吁！夫豈威力所能為哉！所謂日月所照，霜露所墜，凡有血氣者，莫不尊親，蓋盛德感動之幾

〔註31〕原文被塗抹遮蓋19字。

〔註32〕原文被塗抹遮蓋19字。

有如此。

夫古剌在百夷之外萬餘里，其名載籍未之前聞也。給事中濡須周讓，嘗奉命使百夷，聞古剌名，且知其人素慕聖化，而欲朝中國者，無以為之先，使歸以聞。天子嘉之，遂命讓以往由滇池入百夷，歷猿猴所家，蛇虺所都，魑魅所宅，踰數月然後至。至則其酋率其類，驅象馳馬，具舟艦供張，張旗伐鼓，陳兵出迎於道，咸喜愕，以手加額曰：「使者從天而下也」。於其國□設新亭館以居。讓等即遣使從他使者至京師報謝，留讓居歲餘日，勞苦甚至。今年夏，遣使同讓偕方物來貢，且請臣置吏。天子賜以冠帶印章，授以古剌宣慰使，賚予有加，覆命讓再往。將行，來索予言為贈。

予惟使者之職，其任匪輕，非負剛毅之操、拳勇之才、通變之智不足以當是任。夫無剛毅，則必至於怯懦；無拳勇，則必至於折辱；無通變，則必至於膠固，必全是三者，而後可為使也。今讓以單車，從數十人，往返數萬里，重數譯使於禽駭獸縱之夷，以宣布恩命。發言慷慨，忠奮激烈，遇有無然氣不少慑，能使遠夷知朝廷■■■■■■■■■■■■■■■■■■〔註33〕，異矣。傳■■■■■■■■■■■■■■■■■■■〔註34〕也。予知自古剌之外，有聞風而來者，則必由於讓也。

夏派劉氏族譜序

北京工曹員外郎劉君叔毖，以其家譜徵予言為序，經年未有以酬之。予固非能文者，自知有不足，懼無以與君言。且其譜又皆諸先輩為之序，若前貢士王先生子讓、國子學錄蕭先生子所、予舅氏匡山先生，是皆文章先達，言之祥矣。顧余末學，豈敢廁名其間？弟劉君之請，不可以辭。

予嘗誦程子之言曰：「管攝天下人心，收宗族，厚風俗，使人不忘本。須是明譜系，收世族，立宗子法。宗子法壞，則人不知來處，以至流轉四方，往往親未絕，有不相識。」於乎！程子之言，有關乎世道之重要，皆出於天理人心之公，使人之尊祖重本，孝悌之心，油然不息。予觀劉氏之譜，真有合於程子之言哉！

劉氏祖於團練使某，由唐末來鎮安成，遂居於固岡。四世至偃，南唐保大徙居廬陵之夏派，今為夏派始祖。歷若干世，子孫蕃衍，分散聚處，其尊卑昭

〔註33〕原文被塗抹遮蓋18字。
〔註34〕原文被塗抹遮蓋19字。

穆之等，秩然不紊。非其宗法素著、譜系素明，焉能如此？蓋嘗觀於世俗，有宗法不立，譜系不明，遂忘其本，以至援聲勢而棄寒微，躐等差而踰定分者，比比皆是，其視劉氏之譜，能無愧乎？矧乎衣冠科第，先後相望，詩書之澤，源源不竭，不以既盛而獨存，不以既微而不錄，非特見其有合於古，又見其忠厚之至深，有益於風教者焉。雖然，榮茂者，餘慶之流光；繼承者，子孫之盛美，苟惟積累於前，而無以紹續於後，有如叔向之■■■■■■■■■■■■■■■■■■〔註 35〕，由文學■■■■■■■■■■■■■■■■■■■〔註 36〕惠，今去沅陵已數載，而民猶來請於朝，欲歸之，雖古良吏，何以加此信？為劉氏之賢子孫，可謂無愧於家譜者也。後之人，其尚以叔毖為法，於承家之道，必無忝矣。

贈鄒太守之紹興序

君子負瑰傑之才，而欲行其志者，得其位為難，得其時為尤難。夫位或有時得之，而時則不可必遇。古之君子如馮唐、顏駟，猶必老而始見。甚矣！時與位相值之難也如此。所以曠百世之下，善治少，而不善之治恒多。洪惟我皇上，履太平之基，開文明之運，四方萬國，廓然同風。君子在位，小人在野，致治之美，超軼往跡，猶孜孜求賢，以忘寢食，仁惠天下者至矣。

全州太守鄒君希南，用薦者擢為紹興太守。漢制：郡太守，二千石也。宣帝以為吏民之本，嘗稱曰：「與我共治者，唯良二千石乎？」故太守之職，自古所重。今希南可謂得其位矣。又遇聖天子在上，圖治如饑渴，凡蘊一才藝者，咸得引用，可謂得其時矣。希南可以展其才，行其志，以求無愧於古之君子可已。紹興，古會稽也。山川人物，競秀天下，其間名宦，若第五倫之躬，斬芻飼馬，妻自執爨，受俸才留一月餘，以與貧民。張霸之興經術，道路但聞誦聲；馬臻之立鏡湖，溉田九千餘頃；劉寵之犬不夜吠，民不見吏；顧雍之郡界寧靜，吏民歸服；蔡興宗之以法繩奸；江革之人，安吏畏。又若范文正公、趙清獻公，皆卓然名臣也，未暇悉數。其流風善政，存■■■■■■■■■■■■■■■■■■■〔註 37〕之則民■■■■■■■■■■■■■■■■■■■〔註 38〕，時得位，宜不難矣。

〔註 35〕原文被塗抹遮蓋 18 字。
〔註 36〕原文被塗抹遮蓋 19 字。
〔註 37〕原文被塗抹遮蓋 19 字。
〔註 38〕原文被塗抹遮蓋 19 字。

希南久歷官途，紹郭□□於為政，如走丸於峻阪，無所留礙。紹興去京師不千里而近，其人之來者，朝暮相踵於道。希南之政聲，將必與是人皆至矣。予當矯首為君延譽。鄉友之在京師者，咸賦詩以餞其行，徵余言為序，故書此為之贈焉。

胡氏族譜序

泉州太守金川胡侯，出其家譜，徵余言為序。侯家自章貢來居金川，由宋歷元，至於皇朝凡若干世。詩書之澤，至侯而益顯，於斯可以考其世德矣。章貢多名家，若曾文清公之先，由贛川占籍河南，至公兄弟以文學顯，卓然為宋名臣，與南豐之曾後先共盛。今胡侯系亦出於贛，先世占籍金川，侯亦以文學登顯仕，何其若是相似也。

自庾嶺以北，山川蟠固，惟章貢為然。二水合流，群山東湍，傾折東下，達於彭蠡，注江而入於海。其蓄之也深厚，故發之也悠遠。今侯雖居於金川，孰謂其孕毓之源，不本於章貢哉？宜其宗族之繁衍也。侯之譜自金川推而上之，至於章貢，由親以及疏，由近以及遠，戚不遺賤，疏不邇貴，粲然昭穆之序而不紊，拳拳根本之思而不窮，可謂必厚之至也。世言胡氏或出於陳胡公之後，或出於春秋胡子之國。

予家自金陵徙吉，於今凡二十餘世，家乘本出於陳胡公。然自金陵而上，莫得以究其世系之詳。侯之族由章貢徙金川已十二世，其上下莫之詳。苟能由章貢又推■■■■■■■■■■■■■■■■■■■■■〔註 39〕曾之■■■■■■■■■■■■■■■■■■■■■■■〔註 40〕，予又將為侯歷序之。侯名器，字□琢，■■■■■■■■〔註 41〕為郡有善政，且有名譽於時，信無忝於其宗譜者矣。

湯如川挽詩序

聖天子蒞祚，改元之二年，策天下多士於庭。吾廬陵才俊魁傑之士，登名於天府者數十人，特然為天下先。猶明珠出櫝，干將發硎，光彩煜爗，上徹霄漢。又若渥窪之駒，神駿超逸，追風籋雲，不可羈勒。於時莫不羨吾廬陵文學之盛，有以見聖天子作興之效也。

〔註 39〕原文被塗抹遮蓋 19 字。
〔註 40〕原文被塗抹遮蓋 19 字。
〔註 41〕原文被塗抹遮蓋 8 字。

吾友湯君如川、王君詢謨，皆居是選，同授翰林庶吉士。二君為人溫厚和雅，為詩文清醇穠鬱，在儕輩多推讓之。聖天子以是科得人之盛，授其尤者二十八人，讀書內秘，期至於古之學者。二君咸在，朝夕勉學不懈，為詩文益功，沉深雄偉，如決川注海，波瀾浩汗，勢不可遏，渾然之氣，吐納萬匯，□□其止也。未幾，二君相繼而沒。

於乎，悲哉！二君之才之學，天既予之矣，使假之以年，則其所造豈可涯涘？然既予之而又夭其壽，豈造物者之所忌耶？二君之泄其秘也。如川之死，因其弟來省之，先死。如川哭弟，傷感成疾，遂不起。死數日，鄰舍失火，並焚其柩。詢謨死，妻子俱病，一子復死。二君受禍之慘，又何相似耶！交遊之相知者，莫不痛二君之死也。吾友楊君士奇銘湯君之墓，其情切，其辭哀，足以見君之平生。吾友解君縉紳■■■■■■■■〔註42〕情惜二君■■■■■■■■■■■■■■■■■■■■〔註43〕之凡若■■■■■■■■■■■■■■■■■■■■〔註44〕，如川獨無言，可乎？且以如川之於■■■■■■■■■〔註45〕，宜其不知如川者，聞而惜之，又何如也？借使如川之不死，又烏知將來之惜者有若今之惜者乎？由是知造物者之有以厚於如川也，非忌也。吾非特為如川惜，蓋以為鄉邦之惜，亦以慰其父母之悲也。

高氏族譜序

家之有譜，猶國之有史。史以載事，譜以係族。無史，則國之政績不見；無譜，則家之世數不傳。二者雖有大小，然其所繫甚大矣哉！

余里有高坪高氏者，其先世蓋亦世族焉。予索高氏，蓋姜太公之後傒高子，以王父為氏。越十數傳曰攀，遷於魯，生子羔，仕衛，不經不竇，乃聖門之賢人也。十六世曰超，曰赴，恥事新莽。超遷江南，赴遷湖南楚地。其十八九世曰允，貴寵清貧。允之九世名季輔者，為監察御史，因卜居於豫章。嗣是族姓繁昌，散處於建、臨、吉、贛、泉、廣、韶、交之間。而季輔之後裔名承恩，由鄉科而授吉邑教諭，因卜居於吉邑之城南，面對字水，背依文峰。又歷數傳而生仲、仁，由恩貢任廣西慶遠府之宜山縣，政績可稱。朝廷以其賢良，擢升鎮江知州，來京師獻課於朝，為余言曰：「余居京城邑，心厭市纏之煩囂，樂

〔註42〕原文被塗抹遮蓋8字。
〔註43〕原文被塗抹遮蓋19字。
〔註44〕原文被塗抹遮蓋19字。
〔註45〕原文被塗抹遮蓋9字。

鄉居之清寂。曾置田畝於墨莊，以為他日退休之所。余之季子賢，攜孫林，已遷居矣。此地與君居近隔咫尺，朝夕可以往還，求君一言，以詔示來者。」

予素雅與高君遊，高君喜詩酒，平居多所吟詠，而沖抑謙虛，不自滿假，跡其為人，忠厚長者。後裔將聯鑣雀起，綿衍而未有艾。既而高君出其譜，以徵序於余。余曰：

族之有譜，所以辨昭穆、別尊卑、明長幼、分親疏也。數者不紊，庶可以相親相睦於無窮。否則數傳之後，源流失據，系緒無考，遂至親族視為途人，往往皆是，此世數之不明，良可浩歎。然則族譜之作，烏可緩歟？宜乎高君之孜孜焉，以修葺為先也。今觀高氏譜牒，缺者補之，失次者序之，燦然秩然，其用心亦良苦矣。將使後之子孫，考其世數，分其派別，一披卷而了然於目。是譜之有裨於百世之下者，豈淺鮮哉！余故為之序，以弁其端，使後之觀者知所考而不敢忽也。

贈進士曾生還鄉序

永樂元年秋月，監生寧都曾慎伯敏領鄉薦。余時忝司校藝，得其文讀之，喜其實而不浮，非馳騁賈衒者所可比，乃置之前列。一日，盡以其所作來謁余，且曰願有以教之。余細索其義理順而辭正，異日有司者，豈能違之？尚何能有所增益哉？今年春，慎舉進士第，而昂然先人首出，余方自信，知慎不虛也。聖天子登崇賢俊，弗欲勞以吏事，進士皆授庶吉士，食其祿，或令讀書，或令觀政，諸司弗署姓名。慎始視事兵部，甫三月，復入翰林讀書，例賜還家，且以介期，恩至渥也，而慎與是榮焉。促裝上道，來告別於余，再拜而言曰：「慎承天子之恩，歸榮鄉里，而家尊在堂，幸莫大焉。茲焉去通都，而居僻邑，則聞見陋而昧乎大道之歸，於此是懼，願畀一言，以為朝夕勖。」余聞慎言而歎曰：

人方以得一榮足矣，而生不有於是，獨不能忘乎道，其去人亦遠哉！余將何言以告之？孟子曰：「歸而求之，有餘師。」斯言何謂也？無非曰孝悌可以盡道。孔子居鄉黨，恂恂如也，似不能言者。■■■■〔註46〕過里門，必下車，■■■■■■■■■■■■■■■■■〔註47〕所有■■■■■■■■■■■■■■■■■■■■〔註48〕，子矣。為人者，鄉黨宗族既賢之，一國莫不賢之

〔註46〕原文被塗抹遮蓋4字。

〔註47〕原文被塗抹遮蓋17字。

〔註48〕原文被塗抹遮蓋20字。

矣；一國既賢之，天下其有不賢之乎？天下既賢之，則可以信於後世矣。余知慎有志於遠大者，故以是贈其歸。

湖田胡氏族譜序

湖田胡氏，其先世居開封，宋建炎間徙居今新淦之象口。象口有胡氏自茲始。其來居湖田者，又自其十八君府始，距今已十四世矣。而子孫益遠益繁，推今驗昔，可以知其世德也。

夫世之言譜者，莫不曰別同異，而辨親疏。此特為一姓，而異族者發。若夫審賢否而觀盛衰，孰有不由於一家之譜哉？故族譜之作，家不可無也。自有姓氏以來，人始得以明其所自出。故久而不紊，疏而不遺，先王定姓之意，於是乎見其美矣。

善乎！蘇氏之言曰：「觀吾譜，孝悌之心，可以油然而生。」其意亦謂是歟？胡氏之賢者曰：「子亨，知其然，故拳拳焉。」以修其家譜為事，溯其流而尋其源，著其亡而存其失，了然世序之明而無所疑，其用心亦勤矣哉！因攜來京師征予言，遂得而覽之，故書此為之序。

贈楊廷振先生南歸序

友梅楊先生來就其子祿養，居京師，凡三載矣。一日，浩然有歸志，將遍告別於其所知，乃及余門，且出諸交遊所贈詩，徵言為序。余與先生令子起隆為同年，以是忝知於先生。先生有命，其何敢辭？

夫以為人子者，得一命之貴，祿足以養其親，莫不以為榮幸。亦有欲養而親不逮，有或在而虺羸■■■■■■■■■■■■■■■■■■■〔註 49〕有六■■■■■■■■■■■■■■■■■■■■〔註 50〕厚乎？胡為而欲歸？先生固無所繫，而先生之子獨能安乎？予竊惑之。先生曰：「吾有園有池，有田有廬，門有松蘿，篋有圖書，修竹千竿，古梅數株，故楊已塵，三逕就荒，吾何為獨不歸哉？吾將挾飛濤，駕秋風，以返於清江碧障之間，杖屨行吟，幅巾逍遙，靜觀默識，將與造物而為徒矣。吾兒之養雖榮，而不能以易吾思。」余曰：「先生歸興，不可留矣。」乃相與登鳳凰之臺，眺龍虎之都，酌秦淮之酒，歌古詞一闋，抗手登舟而別。

〔註 49〕原文被塗抹遮蓋 19 字。
〔註 50〕原文被塗抹遮蓋 20 字。

贈王榮歸閩序

洪武辛未秋，余遊閩與數君子交。今翰林修撰王君中美，雅與予好，恒有所啟沃。中美家多書，充牣於一樓之上，暇則邀余登樓，隨探而讀之，倦則同休，取酒而飲，縱談劇論，究極於天人之蘊，竟日盡歡而罷。時其弟榮總角侍於傍，子甫數齡，亦側立，顧之皆靜秀娟好，信其為嘉子弟也。

余去閩十又三四年，與王君僅一舟會。今幸同官於朝，可以朝暮見。去年見其子，昂然已過其父；今年見其弟，充然似其兄。思往昔之遊與今之所見，怳然如夢，慨人生契合之不偶，而會悟之良難也。今榮又辭余將歸，余方歎與榮十四年始一見，未展綢繆之情，而遽有別離之感，繼茲又詎可以期哉！若杜少陵之別唐誠，以九載相逢，興百年幾何之歎顧。余之於榮，其歎蓋不啻少陵之於誠焉！雖然，予與榮暌違既久，固有足歎，而其學■■■■■■〔註 51〕為喜。今之別久，■■■■■■■■■■■■■■■■■■■〔註 52〕又不啻■■■■■■■■■■■■■■■■■■■〔註 53〕，故重以勉於已者，以期於榮■■■■〔註 54〕，以，則其得詩凡若干首，列於左。

贈劉太守之懷慶序

環千里而為郡，郡必有守，得其人，則千里之內安。故古者於是任，必慎選而不輕授人，以生民之休戚繫焉。士之負魁壘傑出之才者，必得是而後可以行其志。仕志於守，亦天下之至榮矣。然自漢以來，為守者不為不多，然其間卓然能以聲名稱於後世者，僅可數耳。此可以見守之難，而成名焉者寡矣。聖天子繼位之初，勵精圖治，乃敕銓曹行薦舉法，凡幽潛沉傾者，皆得遷擢。

故橫州守豫章劉君允佩，以才被薦，考其行能優等，升之為懷慶守，蓋選之慎而授之重者也。矧允佩以名進士初，筮永康令，即有能聲，歷再考而陞於州令，由州而升諸郡，其於為政之道，若屠牛坦之，探刃以割，騞然而無所留滯矣。今之為賢守者，捨允佩其誰歟？繼茲以往，余見允佩之進未有源也。古之君子之蒞民也，一道德而同風俗，不以孑孑之為能，故民日化而不自知。夫懷慶地，濱大河，人情風俗著之於詩，昔之於今，豈亦有所異歟？

夫宜教化而善風俗者，太守之職也。往哉！允佩！行見有考，檠於澗者，

〔註 51〕原文被塗抹遮蓋 6 字。

〔註 52〕原文被塗抹遮蓋 19 字。

〔註 53〕原文被塗抹遮蓋 19 字。

〔註 54〕原文被塗抹遮蓋 4 字。

當語之以聖天子畢用賢才之意。國子祭酒胡君若思，合士大夫賦詩以壯其行，徵予為序，故遂書之於其端云。

鍾啟晦文集序

趙玉■■■■■■■■■■■■■■■■■■■〔註 55〕予方□扈從征虜北歸，■■■■■■■■■■■■■■■■■■■〔註 56〕塞，無以復啟晦之請。三復其言，實而不浮，得古作者之意。古之所謂文者，誠載道之器也。由其人之道德充積於中，故發而為言，達而成章，有以垂世立教。世降俗移，道德不修，文章隨而披靡，而人競趨，為浮澡之習。言匪不文也，未免不出於自然。誕者矜誇，卑者萎茶，或徒騁於其外，而不知所以求諸內。於乎！此雖為文之弊，而亦有以見世道之得失也。

國朝混一四海，車書會同，制作禮樂，興聲明文物之教，盡革天下浮華之習，歸於淳樸，風俗於變，大復古治。當時士大夫，漸靡於仁義之中，修辭立言，一剗相沿之弊，必底乎道德之奧，非徒言之而躬踐之也。予少竊嘗有意於斯文，恒與二三君子講論其旨，私相慶幸，謂逢辰之復古也。獨愧資質愚下，道德無聞。今以菲才，承乏詞林，執筆操觚，文思猥陋，不足以黼黻皇猷，惟重素粲之羞。然夙夜自勉，非敢以矯其所不能，必約而求之於道而已。間觀啟晦之作，有以合於予之所云者，由其學之有本故也。異時有以考見得失者，於是乎在。遂書此，以勉啟晦，且以自勉云。

周易備觀序

《易》者，聖人為卜筮而作也。始畫一陰一陽，演為六十四卦，三百八十四爻，備天地萬物之情，極顯微幽賾之蘊，所以明夫吉凶消長之理，進退存亡之道。遠取諸物，近取諸身，知吉之不可以幸而趨，凶之不可以苟而避，兢兢乎，其憂世之心至深切矣。《中庸》曰：「君子戒慎乎，其所不睹；恐懼乎，其所不聞。」又曰：「莫見乎隱，莫顯乎微，故君子慎其獨也。」此蓋《易》之旨歟？人能戒懼於不睹不聞之際，則動靜云為，吻合天理，亦何有於凶咎悔吝哉？夫二氣交錯，萬物紛揉，有陽必有陰，有善必有惡，有君子必有小人，消邪妄之萌，防陰凝之漸，存天理而遏人欲，莫大乎《易》也。故曰：「君子修之吉，小人悖之凶。」噫！《易》豈易言哉？孔子所雅言者，《詩》《書》《執

〔註 55〕原文被塗抹遮蓋 19 字。
〔註 56〕原文被塗抹遮蓋 19 字。

禮》，未嘗及《易》。他日但曰：「加我數年，五十以學《易》，可以無大過矣！」此雖聖人之謙辭，要也致警於學者。

竊嘗誦《繫辭》之言曰：「君子所居而安者，《易》之序也；所樂而玩者，爻之辭也。」是故君子居則觀其象而玩其辭，動則觀其變而玩其占。蓋非待，遇事而占，方有所戒，必也省察於平居之時，致慎於所處之地。遇占而吉也，求之於己，德足以當之則吉；否則雖吉也凶，遇吉而凶也。能警畏惕厲，雖凶无咎，蓋亦無所不致其謹也。愚性鄙陋，簡率尤甚，每好讀《易》以自警。素不聰敏，玩象則違辭，玩辭則忘象，恒病不能一之。間於暇日，偶取《易》六十四卦，以爻辭、象辭各繫於每爻之下，舉一卦而辭畢具。因辭以明卦爻，由卦爻以定吉凶，審夫安危憂患之幾，慎於言動隱微之際，以順夫性命之理，名之曰《周易備觀》。固知僭妄，罪不可逃，然私於一已，取便觀覽，不敢以示人，謹藏於家，時而玩誦，日加省察，庶求可以寡過，此愚之志也。

北京八景圖詩序

地志載■■■■■■■■■■■■■■■■■■■〔註 57〕往見於簡策。聖天子龍飛於茲，肇建北京，為萬方會同之都。車駕凡再巡狩，文學之臣，多列扈從。翰林侍講兼左春坊左中允鄒緝仲熙獨曰：「昔之八景，偏居一隅，猶且見於歌詠。吾輩幸生太平之世，當大一統文明之運，為聖天子侍從之臣，以所業而從遊於此。縱觀神京，鬱蔥佳麗，山川草木，衣被雲漢，昭回之光，昔之與今，又豈可同觀哉？烏可無賦以播於歌頌」？眾咸曰：「然」。遂命曰北京八景。間更其題數字，仲熙作詩為倡。於是繼賦者，國子祭酒兼翰林侍講胡儼若思，右春坊右庶子兼翰林侍講楊榮勉仁，右春坊右諭德兼翰林侍講金善幼孜，翰林侍講曾棨子啟、林環崇璧，翰林修撰兼右春坊右贊善梁潛用之，翰林修撰王洪希范、王英時彥、王直行儉，中書舍人王紱孟端、許翰鳴鶴暨廣，凡十有三人，得詩百十二首。

廣兩和仲熙之韻，詩獨後成。竊嘗自惟承乏詞林，以文字為職，乃獲隨侍萬乘，覽山川之雄，歷古蹟之勝，於所謂八景者，得之獨先且多。儒者之遇，孰有踰於此者？然才學猥陋，不足以敷贊鴻休，賴諸公有作，雍容大雅，宣暢發抒，可以傳於久遠。而廣添廁名於末，亦何幸焉！乃寫《八景圖》，並集諸作，置各圖之後，表為一卷，藏於篋笥。遇好事者，則出示之，俾知今之

〔註 57〕原文被塗抹遮蓋 19 字。

命題、賦詩者，歡興於什□□。是作也，要非眩名役志之為，寔以識斯文，遭遇之盛。■■■■■■■■■■■〔註 58〕老■■■■■■■■■■■■■■■■■■■〔註 59〕聖化■■■■■■■■■■■■■■■■■■■〔註 60〕上之思，與夫平生交遊出處之感耶。

集句詩序

集句起於近代，然非賅博廣覽、用意精到者弗能佳也。夫散取古人詩句，萃成篇章，牽聯掇拾，必意貫辭達，如發於已心，出於已口，使人讀之不厭不倦，不覺為古人之言，斯為佳矣。若王文公之送劉貢甫、吳顯道及《明妃曲》《虞美人》《胡笳十八拍》諸歌詞之類，雖弛張遊戲，然脫灑流麗，不涉形跡，尤為絕倡。又若丞相信國文公，集杜句二百首，寓其孤忠憤切之情，宣其羈困湮鬱之氣，要非苟為之者。夫作詩為難，集句為尤難。情動於中而形於言者，詩也。隨所感而發，隨所至而止，意窮則辭盡，抑揚開合，宛轉布置，易於為工，作固不難於集爾。若夫裒古人之句以為詩，得其上或遺其下，得於此或忘於彼，苟不遺忘，求其意之聯屬，無相齟齬，油然如出諸已者，戛戛乎，其鮮矣！是以一篇之詩，必窮其智力，竭其心思，搜索研磨，協情比類，既諧且和，始克成就，是故集又難於作也。

會稽劉天錫先生，集古句為詩，匯為一卷，總若干首，間以示廣。凡贈遺酬答，感寓題詠，各極其情意之所至。誦之纚然如貫珠，翕然如奏樂，俯仰疾徐，咸得其趣。噫！何其善集也。蓋其遇太平無事之時，演沖淡和平之音，一本於性情之正，是又以集為作也。摘其精醇，擷其華美，長篇短章，春容典則，求於作者，意度或有過之。先生專門正葩之學，長於六藝，故得其切妙。集句特其餘■■■■■■■■■■■■■■■■■■■〔註 61〕辭■■■■■■■■■■■■■■■■■■■。〔註 62〕

送彭子斐訓毘陵序

漢儒傳經，以顓門名家，得立博士。自非顓門者，不得立學官。故治經者

〔註 58〕原文被塗抹遮蓋 11 字。
〔註 59〕原文被塗抹遮蓋 19 字。
〔註 60〕原文被塗抹遮蓋 19 字。
〔註 61〕原文被塗抹遮蓋 19 字。
〔註 62〕原文被塗抹遮蓋十數字。

競守其師說，牢不可易，謹其傳而重其所由來，往往傳至數世而不輒替者，以此故也。士之列於博士學官者，彬彬多文學之士，有仕至郡守、大中大夫、諸侯王，傳相與為丞相、列侯者，則其效不亦盛乎！

予鄉自宋元以來，衣冠故家以經學相承，世其家聲，不改其業。士之從學者，必指顓門而趨，其未有師承者，亦莫之從也。蓋猶有古之遺風歟？夫摳衣請業且猶恥非顓門，而況於立博士學官者乎！世之博士學官，舉得顓門宿師以為之，則人才何患不興？教化何患不成？大要經明而后德立，德立而後才充，施之於用，而無所不宜。苟捨經而求士，譬之去舟而求濟，釋鏄以求獲，烏可得哉？

予友彭君子斐，衣冠文獻之冑。其先世以春秋登科第者繼踵，不乏數顓門之學，傴指而彭氏在焉。於今數百年，可謂盛矣。子斐早孤，弱冠從清江聶鉉先生於廬陵，講明春秋之學。偕三四友朋淨掃一室，閉門誦說，晝夜不輟。得其師傳，以紹其家學。所謂三四人者，尋擢科第，為學官，為民吏，登顯庸者，若今學士金公，亦其一也。獨子斐抱一經，退處山林，若無意於進取。比年始以薦者而起，乃預修經書大全。及竣事，適有毘陵學官之命。今將行，凡交遊者，咸賦詩為贈，而以序屬予。予惟子斐之於教職，為之蓋不難矣。施其家學，與其所以為學之道，以導夫人，其收效期月而已，固無俟於予言。然予猶有言者，通天下之弊也。今學校之士，惟記誦於貢舉之文，以資進取。師弟子均幸以是為出身免過之階，於所謂教與學之道，蓋懵然不知所本。獨不知毘陵然否？苟如是，必以先經學正其本，使咸趨夫道德之懿，將見教化之成，彬彬文學之士，可以方於古昔矣。予之所以期望於毘陵，亦以幸願於天下之士也。故於子斐之行，而重致意焉。

天台趙氏族譜序

趙府長史、天台趙公季通，以其家譜徵余言為序。觀其世系，為宋周恭肅王元儼之後。元儼，太宗第八子也。有賢德，事母至孝。真宗即位，授檢校太保、左衛上將軍，封曹國公。明年為平海軍節度使，拜中書門下平章事，加檢校太傅，封廣陵郡王。改昭武、安德軍節度使，進封榮王。後加兼侍中，改鎮安靜、武信，加檢校太尉，加兼中書令。坐侍婢失火，延燔禁中，奪武信節，降封端王。每見帝，痛自引過，帝憐之。尋加鎮海、安化軍節度使，封彭王，進太保。仁宗為皇太子，加太傅，歷橫海、永清、保平、定國節度、陝州大都督，改通王、涇王。仁宗即位，拜太尉、尚書令兼中書令，徙節鎮安、忠武，封定王。天聖七年，封鎮王。明道初，拜太師，換河陽三城、武成節度，封孟王。改永興鳳翔、京兆尹，封荊王，遷雍州、鳳翔牧。景祐二年，授荊南、淮陽節度大使，行荊州、揚州牧。慶曆四年薨，贈天策上將軍、徐兗二州牧、燕王，謚恭肅。子十三人，得名者四：允熙、允良、允迪、允初。熙寧中，以允良子宗縡嗣，封吳國公。徽宗改封吳王為周王■■■〔註63〕。高密郡公仲銛，仲銛子武經郎士軓（軓）、右班直士貸，士貸子保義郎不伐、成忠郎不獵，不獵子善學、善悉，善悉子汝能、汝夔。此史傳宗室系所載。《譜》云：允良為普安郡王，宗藺只稱司空，高密郡公仲銛為仲銘，武經郎士軓（軓）為仕範，無右班直士貸，有宮使仕仔；不獵子善能，無善學、善悉；善能子汝屼、汝岈、汝堤，無汝能、汝夔。與史係略不同，未詳孰是。史系自汝字而下無載，《譜》自汝字而下具見。至季通又五世，徙居天台者，則自仕范兄弟始。此《譜》之言也。

予觀《宋史》，宗室系獨詳於他史。蓋當時宗正所掌，有牒，有籍，有錄，有圖，又有譜，以敘其系，宗法之嚴，禮意之厚，亦可概見。載於史者，凡二十七卷。當時族屬之多，可謂盛矣。今季通之譜，惟詳於其所自出，而他派不與焉。非略之也，謂其自有譜也。余謂季通考於世系，合而一之，亦百世之宗，無絕之義。所謂同姓為宗，合族為屬，萬世婚姻不通，忠篤之道也。遂摭其源委，序其譜云。

秦氏家譜序■■■■■■■■■■■■■■■■■〔註64〕

秦為伯■■■■■〔註65〕，周孝王封其子於秦，厥後以國為氏者，矧國亡宗■■■〔註66〕其子姓散處江南，支分派別，不可勝一。一譜其世■■■■〔註67〕口，以門地顯者，諱漢卿，為元提舉。而家譜失其傳。■■■〔註68〕祐讀書勵行，為元六安守。其子璧者，紹其昭也。■■■■〔註69〕。丞之子鳳，

〔註63〕原文被塗抹遮蓋57字。
〔註64〕原文被塗抹遮蓋十數字。
〔註65〕原文被塗抹遮蓋5字。
〔註66〕原文被塗抹遮蓋3字。
〔註67〕原文被塗抹遮蓋4字。
〔註68〕原文被塗抹遮蓋3字。
〔註69〕原文被塗抹遮蓋4字。

予同榜進士，今任尚書者，繼某穆也。■■■■〔註70〕國有史，家有譜，■■■■■■■〔註71〕提舉公而上■■〔註72〕於戲！鳳為秦氏之後，遭元季兵燹，■■■■■■■■■〔註73〕，曾祖提舉公而下，圖而演之曰：「某■■■■■■■■■〔註74〕有行藝之人也，今其子孫何如？某■■■■■■■■■〔註75〕有文學之人也，今其子姓何似？自■■■■■〔註76〕其可疑者，悉置弗錄，將欲傳信於後人，願賜一言以序諸譜首，可乎？」予聞而嘉歎曰：

家之有譜，乃仁人孝子尊祖宗，敘親疏，右賢德，詳昏嫁慶弔之禮，行昭穆之義。敦此古今，天下不易之道也。今秦君能修其家譜如此，比之昔人求附城南之系，妄拜汾陽之墓者，其為人賢不肖，何如也？予知秦君之子若孫，世守斯譜，以尊卑昭穆自辯，以詩書禮樂自淑，以科名勳業自期，無以族大支分自貶，則張子所謂子孫賢，族將大，必有徵矣。於是秦君蹵而又蹵，遂請書為譜序云。

再賦八景詩序

廣嘗賦《北京八景詩》，拘以和韻，又局於聲律，故不足以盡其奇偉。間□□日，再賦五言詩八首，以發前之所未至。非以誇多鬥彌，誠聖天子設都於茲，建萬世悠久之基，山川景物，壯觀宏麗，必當有所□□傳播，無□如古之作。其見於詩有曰：「商邑翼翼，四方之極。」又曰：「邦畿千里，維民所止，肇域彼四海。」又曰：「鎬京辟雍，自西自東，自南自北，無斯不服。」■■■〔註77〕

〔註70〕原文被塗抹遮蓋4字。
〔註71〕原文被塗抹遮蓋7字。
〔註72〕原文被塗抹遮蓋60餘字。
〔註73〕原文被塗抹遮蓋9字。
〔註74〕原文被塗抹遮蓋9字。
〔註75〕原文被塗抹遮蓋9字。
〔註76〕原文被塗抹遮蓋5字。
〔註77〕原文被塗抹遮蓋數十字。

卷十三・碑誌銘

周處士墓誌銘

處士諱復，字朝陽，吉水城南（人）。周氏高祖諱直，字方大，宋進士第，擢禮部侍郎。曾祖寅，禮父恩，補通仕郎。祖梅山，宋武陵尉。父道存，以博學徵，授瓊州郡守。處士兄弟三人，伯兄通，領元乙亥進士；仲兄潤，國初以才辟，授吉水州同知。處士居幼，性坦夷，喜讀書，卓然自持。既長，與朋友交，尚信義，不事外飾。居里閈，輯如也，一言行，未嘗有忤於人。有忿爭者，歸處士求決，從容開導，是非自辨。尤喜周急人家，有餘輒以給貧匱。諸兄早世，奉母旨甘無遺，人咸稱之。嘗訓諸子曰：「吾家世科第，躋膴仕，為子孫者，可不力學以紹述先業。吾嘗以科第自期，適世變，兵戈搶攘，東西奔竄，弗遂所志，汝曹勉之。」訓鄉人子弟，循循有序，人莫不敬愛。晚遇薦辟，以疾固辭。嘗往來盧陵之永和，樂其山水，與仲子原凱居之，日望東山，曰：「此吾耕隱處也。」乃號曰東山小隱。前中書舍人詹希原大書，以揭於楣間，易庵謝先生為之記，士大夫多為賦詠。處士雖不仕，其名蓋表表不泯。予嘗聞之，吉陽故家而城南稱周氏，處士能不失其世守，誠可書也。

處士生元至正甲戌十一月十九日，沒洪武壬午三月二十三日，享年六十有九。娶曾氏，子男五人：原濟、原凱、原鼎、原茂、原通。孫男九人：繩祖、望祖、同祖、興祖、隆祖、華祖、羅祖、顯祖、榮祖。後二年，葬於縣之折桂鄉，從先兆也。原通來請銘，用述其概，追納諸壙。銘曰：

吉陽周氏，有烜其聲。赫赫高曾，以肇以承。於乎朝陽，不忝厥世。有邃其中，堅蓄固秘。峩峩鳳岡，矗矗東山。以耕以遊，徜徉其間。豈曰無貴，亦既有富。曾不考終，於彼奚慕。折桂之鄉，先人有阡。卜以祔之，惟以永年。

故浙江行省檢校許公墓誌銘

公諱洪，字彥章。幼穎異不凡，五六歲即知讀書，數過輒能成誦。十六七為文章，才思奮發，嘗賦詩以寫志，前輩見者多稱歎之。通伏生書，欲取科第，適元季兵興，奉其母居山中。時寇盜紛擾，歲荒欠，力養不乏。國初，以明經被薦。洪武三年，受橫海衛知事。始至，事繁劇，公處之恬，不動聲色，剖析疏決，略無停滯。時安慶侯仇成署衛事，極加敬重，推所乘馬代出入。復除英武衛知事，治聲如橫海時。六年，除浙江行中書省檢校。時左右六司員缺印，悉以委公，文案填積，酬答無遺，官長胥吏咸加敬服。紹興倉儲多積弊，省欲核實而難其人，咸曰：「非許檢校不可。」於是以命公。公至，即設法出納，正其宿弊，公私不擾，上下皆悅。嘗按郡四明天台，歲大旱，郡守禱無雨，公為文禱神，雨旋注。所至作興學校，以俸錢市布帛、書籍、筆墨試諸生，第其高下，賞以激勵。臺之廨後嘗有妖物為怪，夜擲瓦石擊門戶，每使者至，避不敢居。公至，吏以為言，命闢戶，獨寢於中夜，寂然無聞，妖遂息。俗浮薄，多鬻偽器，公禁之，無敢以售。公循循儒者，廉以律己，謙以待人，內充外和，不瀆不諂。嘗有使者至省，公適以他事謁遲，公至，拒不見。公從容進曰：「某聞禮者，君子之大防。明公進退，人必先於禮。威望欲行，禮不可廢。」使者愧謝。九年，以母老請歸養，詔許之，時年三十六。解官，行李無長物，惟圖籍而已。性孝友，母病，衣不解帶二旬，侍湯藥，不離左右。夜則焚香禮斗，減己年，以延母壽。事兄彥良尤謹，每食兄不在，不先食。兄或他飲，遇夜必躬候於途，醉必掖而歸。暇則以詩酒相娛樂，一門之內，怡怡如也。居邑之南郭，有南耕別墅，杜門著書，訓課子侄，時人亦以「南耕」稱之。洪武丙子終，享年五十有八。以是年十二月二十八日，祔於口南原先塋之次。

公為文章，不激不隨，一歸於義理。其歷官為政，卓然有稱。盛年退休，殆不可及。曾祖諱季開，祖諱雲端，父諱德中，母陳氏。娶羅氏、樊氏。子五人：長曰翀，次曰夔，曰翰，曰翼，曰磬；女二人，長適某，次適劉孟連。孫男七人：公睿、公佐、儀祖、進祖、光祖、回祖、斗安。孫女五人。公沒之明年，翰錄公行狀，泣來請銘。後十四年，始克為公銘。

廣常思十四五時，公一日見過，廣侍立左右，有問輒對。公辭氣溫厚，顏色和悅，謂廣曰：「昔子之先大夫為御史時，日治官事，夜則與鄉之諸友仕於朝者，同聚於我官舍，篝燈講論，以古道自期。後分散，各以事業自見。今存惟吾。吾見子，喜故人有子。」又與廣言典故數事，歷歷可書。後十餘年，公沒，見浙江之士大夫美公之詩文，稱誦公者，知出一口。惜公之退早，未盡其所施。苟獲展其所蘊，則豈但如是而已夫！銘曰：

氣和言溫，守恪行惇。積之粹兮，辭達成家。黜浮抑華，學之懿兮。崑山毓瑛，為圭為璋。為珮璲兮，匪徒之躋。退勇於進，未究施兮。懷哉君子，德音無已。不憖遺兮，沒而有光。墓石之藏，銘永閉兮。

學古先生墓誌銘

先生姓黃氏，諱鼎，字孟鉉。學古，所藏書齊名，學者因稱曰學古先生。先世居建昌之南城。八世祖諱笏，宋孝宗時令吉水，遂家焉。曾祖立道。祖天衢，號似山，又號密庵，通五經，於書無所不讀，學者稱之曰似山先生，又稱之曰密庵先生。考諱貴宣，字彥粲，博學有行義，鄉里稱之曰小山先生。

小山四子，先生居長。自幼穎異絕人，書過目輒記。甫六歲，四書五經之文皆成誦。十歲能屬文，對客操筆立就，滿座驚動。十五通《詩》《書》二經，為舉子業，既成而歎曰：「此不足盡吾學」。乃悉取家所藏書，晝夜讀之，探賾聖賢之旨，得其歸趣，發為文章，頃刻數萬言。奔放雄逸，浩然如百川之赴壑，波瀾汗漫，隨遇賦形，勢不可遏。於是名聲燁然而起，四方聞者咸加敬服，前輩無不推讓。弟季岳，聰明博學，為文章酷似先生。

洪武乙丑，先生二十餘，被薦至京師。先生出其文與弟季岳之文若干首示人，人爭傳誦，皆駭愕自失。翰林吳沈尤見敬重，與人言曰：「吾見文字多矣，未有如黃氏兄弟者。異時必名擅天下，蓋今之軾、轍也！」欲上先生名，未果。會銓曹以常選，授將仕佐郎、鎮江府知事。先生長於為吏，遇事剖決如流，無一不當人心者。時鎮江號為煩劇，相知者莫不為憂，先生處之裕如也。故治效有異績，民咸德之。後坐事免歸，杜門不出，尚友古人，博文強記，反求諸己。蓋沉潛於聖賢體用之學，取舊所為文焚之，搜微索隱，仰觀俯察，研機於天人性命之蘊，所造淵深，不可以測見其際。修辭、立言，一本於道德仁義，溫厚純雅，豐腴嚴潔，醇如也。大要以明王道、繼往跡、淑人心、變風俗為務。由是學者相踵於門，先生各隨其才而成就之，循循道誘，婉辭悅色，以誠意感人。廣於先生交遊獨後，先生一見，即傾倒如平生，不以廣之不肖，謂可以語道。與廣言論終日，或夜達旦，未嘗有倦容。先生之言，皆出入經傳，貫穿百家，論議閎偉，氣象從容，不踰矩度，而聽之者，遂不覺其自進矣。先生謙恭樂易，不為厓岸，不以所長自足。人有一善，稱揚不絕口，未嘗言人過失。廣常侍先生，或有語及窮達患害，而坐者皆隕獲失歎。廣時年少，未更事，實無所知，適少不動於色。先生謂廣曰：「子能不驚於寵辱耶？」廣謝不及。先生曰：「由是勉之。」每語及當時賢者，廣不能識，詢其人之生平，且及其子。先生一日謂廣曰：「吾每見子好問，及人後，是亦仁者之心」。廣又謝不及。先生曰：「擴充是心，可也。」廣受先生之教者多矣，顧才質駑下，迄無所成，於茲誠有愧焉。思惟先生之言，豈可復得？先生才高意廣，襟懷灑落，豐儀修潔，望之如清冰玉壺，即之如和風暖日，使人胸中開爽，鄙吝自喪，誠英邁間氣之才也！假之以年，獲其所施，不知古之人為何如，惜不得其壽以歿。嗚呼哀哉！

先生生元至正辛丑四月廿五日，終於洪武戊寅九月十六日，享春秋三十有八。聞者知與不知，莫不悼惜。以明年十一月日附於水南楓樹山之原，從先兆也。配姜氏，後二年沒。子二人：長濬，有文學；次淵。女二人：長適劉燁，次在室。孫男一人。有五經四書精義若干卷，文集、詩集若干卷，藏於家。先生沒後八年，仲弟鑒以先生行狀速廣為銘。於乎！其尚忍銘哉！然義不敢辭，後四年始克為之。非敢後也，蓋常執筆哽塞而廢，惟不可以緩。今始忍戚而書之，惜言不足盡先生之平生，謹述大概以誌於墓云。銘曰：

於乎！先生，卓特超舉。英邁之才，尚友千古。著書立言，充積滿家。明誠之學，所造寔多。孝友之行，溫恭之德。勉勉循循，威儀是式。西京專門，毛長仲舒。正誼明道，廓然規模。玉磬金鏞，郊廟之器。致和神人，以用則貴。咸濩希聲，抑厭中野。抑厭中野，噫嘻天者。於乎！先生，夫何為哉！不朽者存，永賁將來。

明故徵士楊公墓誌銘

永樂六年戊子六月庚辰，予僚友右春坊右庶子兼翰林侍講楊君勉仁，聞其父徵士公之喪，頓哭幾絕。明日，即易服設位哭。又明日，言於天子。又明日，以檢討蘇君伯厚所述行狀泣告余曰：「榮不夭，不幸家門多故殃，懼於先人奄忽見棄，榮叨祿於朝，生不能供湯藥於晨夕，沒不得飯含就斂，抱無窮之痛。惟先人生有令善，惧弗能以顯揚，則不孝之罪益深。願下執事賜一言為埋銘，以掩諸幽，且以慰先人於地下。」言訖而愈悲。予知勉仁者，既弔之，謹序而為之銘。

按狀：徵士諱伯成，字士美，姓楊氏。其先自鳳翔遊宦於閩，唐末亂，因家於建。其後子孫分處浦城、建陽、崇安，逮有曰萬大公者，又遷於甌寧之豐樂鄉，族益大，遂名其地曰楊墩。萬大公之子，自楊墩徙於建安之龍津，數世至三五公者，公之曾祖也。祖諱某，父諱達卿，皆隱德弗耀。達卿三子，徵士居幼，性端慤，童丱時，嶷然如成人，不妄言笑。讀書有關世教者，舉以為人勸。事親孝，凡有可以娛親者，必力致。親有疾，憂形於色，日夜侍側，衣不解帶，疾愈則喜。親沒，葬祭盡禮。尤善事兄，友愛甚篤。母兄伯祥，舉孝廉，當之京，不欲暫離，即隨行。及拜鳳陽留守司知事，往來候問者，凡再。兄卒於官，持服蔬食，與人言，輒流涕。撫育其孤子女六人，以長以教，畢其婚嫁。析財產，無分毫私，勞事則委己子，不以任之。尤好施與，宗族親戚、鄉鄰有貧乏者，轍賙給之。子弟不能就學，延師以教之。與人交處，以道義相尚，不為苟合。遇有過失之士也者，必正言以折之，人皆敬服。所居近雲際山，峰巒秀拔，嘉木清池，映帶左右。築雲山草堂以居之，絕跡不至城府。藩臬聞公名，欲求見，固卻以疾。有舉公應茂才，以母老，辭不就。後有司以孝廉荐至京，以子仕於朝，賜歸田里。

公平生儉素，服食不喜華靡，終身衣布衣而已。常以奢侈戒子弟，一家敬承，無敢違。恒以書勖庶子，盡忠竭誠，以報恩遇，不及家事。比庶子受上尊，豚臘嘉果之賜，遣家僮歸為親壽，公飲盡歡。又三日，命家人具酒食，召所親飲，且曰：「吾命盡，今日故相與永訣。」坐者驚愕。及晡，沭浴更衣，端坐於室，且戒葬，殮悉從薄，衣衾惟用布。葬地擇水深土厚之處，不必泥陰陽拘忌之說。悉取假貸者所負劵焚之，猶諄諄以教其子弟。至夜分，家人圍立而泣，公曰：「死生有命，若輩毋庸自苦。」遂就枕，奄然而逝，時永樂戊子四月二十八日也。生故元至正癸巳，享年五十有六。以某年某月某日葬於某山之原。配劉氏，有婦行。子男五人：長即庶子也；次曰富，先公一年沒；次惠，早夭；次信，次貞。女四人：長適建安吳某，次適甌寧劉某，二在室。孫男六人，孫女四人。予與庶子同仕於朝，觀其循循謹飭，有以見其家庭之訓矣。而徵士操履篤實，信義著於鄉邑，安命樂天，翛然而逝，誠曠達之士也。宜為銘以詔其後昆，垂於不朽焉。銘曰：

武夷蒼蒼，九溪泱泱，公之鄉也。檜柏喬松，荃蘭杜蘅，掩幽芳也。良玉在璞，其質弗斫，韞德含章也。伊嗟君子，好善無已，惟其有常也。知生知死，於物無繫，超彼芒芒也。我作斯文，銘於泉扃，思悠長也。矗矗崇岡，有封如堂，以永其藏也。

孺人郭氏墓誌銘■■■■〔註1〕

孺人諱靜柔，姓郭氏，安成故家子，處士彭君文郁之妻，今翰林修撰汝器之母。父子明，性豁達，人尊事之。生孺人，無他子。幼極聰慧，善女事，不待教而能，父母甚愛之，曰：「是女不比。凡子及長，擇所宜歸」，以彭氏故簪纓家有禮法，遂以妻彭君焉。姑周氏，性嚴難事。孺人為處子時，未嘗習勞事，既入門，承上接下，動合儀，則主中饋，執祀事甚謹。飲食非親調，不以進舅姑，朝夕服勞，無怠閨門之間，處之肅然，家人未嘗聞其笑語。舅姑尤篤愛之，稱為賢婦，內外無間言。

彭君喜賓客，士大夫日盈其門，飲食饋遺，取具一時，孺人措置有方，應酬無乏。君或出遊四方，綜理家事，皆有條緒，如君在家。尤喜教子，禮名儒為師，故三子皆有立。長汝舟，洪武甲戌進士，初為長泰令，再調閩清令，有能聲。次汝楫、次汝器，永樂甲申進士，入翰林為修撰，以文行稱，皆孺人之教所致也。孺人性勤儉，初汝舟為縣令，時以俸貿繒帛歸獻，孺人勖之曰：「汝能不負於朝，不辱於親，則於吾有華，於文繡，烏用是終身。」所服惟用布素，而女紅之事，至老弗懈。或諷之曰：「家素饒裕，非不足者，宜少逸。何乃自苦？」孺人徐舉魯季敬姜之語答之，言者慚服。由是宗黨效焉。女二人，長適賀恭先，次適劉容止。孺人生故元至正壬午，沒於永樂戊子，享年六十有七。汝器聞訃，哭頓絕，既成服竭告奔喪，將以某年某月日，葬於某山之原，以修撰王行儉所為狀，來請銘，曰：「某之有立者，賴母之訓。今見棄悲慟，何可言。懼無以暴母志，敢干一言，以藏諸幽。」予觀汝器之賢，有以見其母之能訓，用摭其實而為之。銘曰：

婦之順，妻之敬。母之訓，勖子正，具斯眾美。古賢婦，莫競有，弗有傳，謂予不信。

楊處士墓誌銘

余友司經洗馬兼翰林編修、石首楊君溥，喪其父處士於家。君聞訃，不勝哀毀。予適致齋，妨弔問。及罷，始往弔。君體羸，然哭泣氣息欲絕。君無他兄弟子，勉以節哀，以襄喪事，君勉強收淚。予與君交且將十年，知君莫予若也。且又聞處士行義之詳，以埋銘見託，予不敢辭。

處士諱文憲，字彥彰。其先本弘農人，唐有曰：「某者，刺史潭州，子孫

〔註1〕此處原文被墨塗4字。

（因）家焉。」曾祖諱西英，宋茶陵州學正。祖添祐，幼孤，從其季父添祥宦遊於荊，始卜居於蒙城，遂為蒙城著姓，元季復遷於石首。父真齋，豪俠尚氣誼。妣程氏，河南名族。處士自幼聰悟，及就外傳，記誦過人。早喪母，事其父以孝謹稱。元末寇亂，與父避難於山中，寇且至，父病不能行。處士曳其裙，號泣不能捨去，告寇曰：「此我父也，幸無恐之。若欲見殺，我寧就戮，死且甘心。」寇聞其言，感動於色，遂不加害。及長，鞠躬子職，不少懈。洪武初，遊鄉校，從其鄉先生高草樓習舉子業，因歎曰：「講書非干祿，養親須及時。捨色養之歡，圖顯揚於後，其如日不逮何！」乃退而耕讀，以奉養為事。行年五十，日侍綵膝下，求悅其親。親喪，終喪不踰禮。常勖洗馬就學，必勉以忠孝大節，間發疑難，從容啟迪，未嘗有疾言遽色。性樂易，外無所慕，日惟與親友登臨眺望，賦時飲酒而已。家業終歲計不求贏餘，足跡少至城府。遇鄉飲，才一見其大夫洗馬君，常致書迎養，則命之曰：「先人廬墓，不可暫離。」遂不敢強。處士尤好義，宗族有孤子女，撫育教訓，長擇婚嫁，俾不失所。困窮者必力賙之，不計有無。人有假貸，不立券責償。嘗遊郢州，有假金者，處士將歸，人無以償，欲以婦首飾還，處士曰：「首飾婦人所愛，割愛歸我，是傷人情。」乃不辭而去。間省先家於潭州，有以米貿易者，未酬其資，其人被風濤溺死，舟人促行，處士曰：「人死而負之，吾豈忍為。」乃訪其同旅，以資歸之。其處心忠厚類如此。永樂戊子六月甲午，以疾終。疾革，顧謂左右曰：「好語吾兒，敬謹從事，吾不及見矣。」言既而沒，享年六十有六。娶詹氏，茶陵宦族。子一人，即洗馬君也。女一人，適趙葵。孫男一人，曰暾。孫女四人。將以是年某月某日，卜厝於某山之原。予觀古之君子，有一行之善，而其名遂傳於世，人皆喜稱而樂道之者，況處士誠孝急義，其大節卓卓若此，尚何忝於古人哉！是宜為之銘，以傳於永久。銘曰：

於乎處士，猗歟孝子。好善急義，斂其葩蘤，而不於彼，所貴在此。於乎處士，人誰無死，死有耿光，德音不已。懷哉我銘，悠悠江水。

玄君孔氏墓誌銘■■■■■〔註2〕

正一嗣教、道和無為、闡祖光范、真人張公宇初之配曰孔氏，諱靜柔，曲阜之裔也。父思言，元翰林檢閱官，沒於王事。孔氏遺腹生，生而有異徵。母李氏，長育孔氏，苦節自礪，義不他適。比長，擇宜與配，遂以歸張氏。張

〔註2〕此處原文被墨塗5字。

公亦擇所儷，鮮愜意者，獨孔氏如志，是能內助予也。孔氏既歸，事姑相夫，恭敬有禮，宗族皆賢之。賓親往來，禮意具至。待下有恩，德感奴婢。凡春秋祭祀，籩豆肴，實必躬治，務精潔。遇忌日，則素食，哭泣盡哀。綜治家事，勤儉有法，不以貴富怠女紅。有閒則誦《列女傳》《孝經》以訓其女，遇夜移漏乃已。張公嘗新第宅，及有所為，竭力以相其成。恒多疾，湯藥不離，或勸之少逸，庶可愈疾，終不息。永樂丙戌，姑玄君卒，哭泣盡哀，扶疾以襄喪事。疾益篤，歎曰：「顧豈久於人也者耶？」明年十一月十八日竟沒。生故元至正辛丑十二月二十一日，享年四十有七。以某年某月某日葬於里峴山之原。生五子，俱夭，以從子某為嗣。女二人，吳基、郭琪，其婿也。又明年，張公以孔氏之行，例請於朝，錫封溫淑貞順沖靜玄君，循其實行，以著厥美。恩至隆也，張公謂其受命既光顯矣，而埋銘未作，無以掩諸幽，乃以合浦令吳侃所撰行狀，來速予銘。予辭不獲，遂序而銘之。銘曰：

孔氏之裔，曰有賢女。生不見父，德成由母。長歸於張，作配之祥。宜室宜家，於宗有光。行不逾則，壽不稱德。噫嘻天只，何斯之忒。錫封之榮，恩煥日星。其在於茲，以妥厥靈。峴泉之原，山高地厚。百世其藏，斯文永久。

劉仲海墓誌銘■■■■■〔註3〕

仲海諱潮，姓劉氏，其先系出金陵，有曰堯夫者，始居吉水城南，遂為吉水人。家世業儒，高祖明翁為南陽教授。曾祖義甫徙居邑之古城。祖天輔，元廣州順德路長官。父子源，隱德弗仕，築別墅於中華山麓，有林泉之勝，故號曰源泉處士。處士二子，仲海其次，性溫醇，沉深寡言，嘗受《易》於鄉先生劉道彰、道澎，有行義，為鄉里所敬重。其教人必本於道德，仲海之修飭謹厚，蓋有得於先生講授之益。居學宮之傍，於禮樂籩豆之數，升降揖遜之容，漸漬習熟，所交皆師儒君子，故其涵養成就，有異於人。好尚質樸，不事華靡，退然自處，非公事未嘗及公門。惟刻意於詩，遇有所感，即形於賦詠，但取適興而已。喜植花卉，畜圖書，花時輒邀客宴賞，飛觴交錯，雅歌談笑以為樂。賓客無不歡洽，歲以為常，故人謂其宴為牡丹會云。篤意教子，常曰：「吾不及以詩書顯世，其在於吾子乎？」時長子謙已入邑庠，充弟子員，別延名師於家以教之。謙與同門友夜誦相講論，仲海必正衣冠危坐而聽，遇有疑難，言之亹亹，終夕不倦。故謙卒，底有成焉。仲海事親孝，於友愛尤篤。父嘗被誣當逮，

〔註3〕此處原文被墨塗5字。

仲海曰：「吾父老豈能對吏耶？」遂白於官，請以身代，繫京師幾二年，始得釋。鄉人皆稱之。與兄仲濂同處，一家輯睦，內外無閒言。女兄之夫胡叔方，嘗以事被逮至京。其子幼，仲海力扶持。叔方卒於途，買舟載其柩歸，為治喪葬，經紀其家，訓其諸子，俾有所立。其好義類如此。父沒，母夫人熊氏尚康強無恙，朝夕奉養，必如母志無所違。今年夏，母夫人病，仲海侍湯藥，憂勞成疾。母既瘳，而仲海竟不起，乃八月二十七日也。臨終時，遺命勿厚殮，勿作佛事，俟謙歸葬，故權殯於家。生元至正丙申，享年五十有三。娶藍氏，前監察御史宗勝之妹。子男六人：長即謙，字長謙，今為中書舍人；曰益謙，曰守謙，早卒；曰福謙，曰履謙，曰撝謙。女一人，適藍彥福。孫男一人，孫女三人，俱幼。長謙聞訃，哀毀頓絕，既成服，斬焉衰絰，以翰林檢討解縈所述行狀，泣謂廣曰：「謙不孝，致禍罹先人，遂見永棄，抱無窮之痛。然先人幸託知於下執事，敢以埋銘為屬。」謙歸，將卜年月日，安厝於某山之原，庶有以慰先人於地下。

廣與長謙同遊鄉校，常侍其祖源泉處士，蒼顏白髮，髯如森戟，論議慷慨。每於廣席，高歌激烈，傾其坐人，有古豪傑之風，又添知於仲海。今與長謙同仕於朝，束髮至今二十有餘載，交其祖子孫三世，義不可辭，遂序而為之銘。銘曰：

劉氏之先，系出金陵。居於文江，有揖其繩。由儒而官，自其高曾。暨厥祖考，顯隱時棄。於乎仲海，克紹克似。就實斂華，弗耀厥美。昌其後者，久矣令子。銘詩固藏，其永無已。

幼道許君墓誌銘■■■■■〔註4〕

永樂二年，歲在甲申正月四日，予友許君幼道臥病於京師之虎踞關。予與侍講楊君士奇往問之。病且篤，君見予二人來，曰：「我見故人，勿藥而愈。」越十七日，竟不能起。予聞其死而哭之。

君純孝人也，自少有志節，不與群兒戲。稍長值兵亂，眾取金玉藏匿，君獨抱書十餘卷走避難。人或嗤之，君曰：「寶貨易得，書皆吾先祖所遺，難得也，豈可失？」識者異之。及冠，力於學。事親早作夜息，率其家人以盡婦事舅姑之禮。閨門肅睦，纖芥罔有違。親沒，哭泣擗踴，殯殮祭奠必依禮節。不作佛事，不設音樂，朝夕進食，如事生之儀。終喪，寢苫枕塊，歠粥不食，醯

〔註4〕此處原文被墨塗5字。

醬菜菓，雖祈寒盛暑，不韈不扇，毀瘠幾不勝，鄉里稱之曰許孝子。尤慷慨好義，遇人有急，雖涉甚危害，委曲周旋，不少辭避。人有假求，不計有無，即以與之。其友死，為位朝夕哭奠之。其所為類如此。洪武戊寅，有以明經舉至京，適朝廷初建武學，以君分領教焉。至是沒，享年五十有五，旅葬□□國南門之鳳臺里。其子清將歸其柩於鄉，哭而請曰：「先君子非執事，孰與銘者？」乃敘而銘之。

君諱佑，幼道其字。曾祖東崖，隱德弗仕。祖山梧，元太學正。父茂明，國朝武鄉令。娶劉氏，有婦行，能承君之志，先君十七年沒。子男二人，即清，次曰浩，早夭。女二人，孫女一人。於乎！生事葬祭之禮，聖人垂示於天下後世者，昭昭矣。古之君子，事其親，皆行之無以異者，其情自有所不能已焉耳。世不究其情，而所行一趨於苟且。君卓然行古之道，而盡其理分之宜，有足尚也。所貴乎君子者，非必皆貴為公卿，而可以顯揚於天下後世。若夫窮巷之士，身死而名不泯，有重於名爵之貴者，豈不以其德義之修於已歟？君之才不見施為而死，然死而不亡者，在此而不在彼也。昔孟郊窮而歿，昌黎子為之銘。君之窮蓋似郊，惜余之文，弗如韓子，未足以盡君之美也。銘曰：

於乎許君！德義富於其躬，而不昌其逢，命也。何窮！攜銘永藏，三尺之封。

解原昌墓誌銘

江鄉故家，自唐至今蓋可數，而邑東門解氏其一焉。解氏系出雁門，由唐御史大夫、金紫光祿大夫致仕琬始，至天寶進士禹來刺吏吉州，則其始遷之祖也。至蘄州司戶參軍，隱家邑之同水鄉，其後又徙居於邑之古東門坊。世有君子，著學行，顯科第。申齋劉先生嘗云：「自唐至今，譜不絕世，不失為士，祀田不易姓者，惟解氏。」非樹德弗及此，使其子孫徒食舊德，亦不至此。真名言哉！

予家自宋與解氏聯姻譜，予兄弟一門，皆受學於筠澗先生，兩家子弟，交遊往還，如家人焉。先生從子朝夫生歲餘而孤，與予生同年月而差後一日，常兄呼予。而予亦早孤，每相會之頃，輒自相弔。予二人所遭之相似也，相與篤志為學，以世科自勵。而朝夫舉進士，擢高第，信所謂能鴻厥慶者乎！朝夫恒悲其父之早歿，語及輒泫然流涕，曰：「生不及見父，孤煢若此！」哀痛罔極。一日誦其先太父淵靜先生，言其先君之大概，述為狀，來速予為銘，且曰：「其幸惠我先君以不朽也！」

君諱璋，字原昌。自少天資莊重，器識不凡。初就學，已嶄然出群。比長，篤志讀書，晝夜弗怠，至忘寢食。咀嚼精淳，探賾隱奧，諸子百氏，致力搜抉。尤用意於《易》，有《衍義》三卷。伯父觀我、求我二先生極稱賞。元季兵亂，避地於邑之折桂鄉。常曰：「《易》不云乎『尺蠖之屈，以求伸也。龍蛇之蟄，以藏身也。』且耕且讀，若將終身。」雖居亂離，奉親事兄，處宗族，接賓客，無不盡道。

皇明混一華夏，畢羅賢俊，君方欲奮張其久屈之氣，而死期遽及之。於乎！悲夫！時洪武辛亥六月二十日也，年才三十有一。臨終無一語及家事，但傷親弗及終養，不見其子之成立，聞者莫不哀之。葬於東湖伏兔山先塋之次。曾祖諱昭子，宋太學進士。祖偉申叟，元萬安學正。父諱泰，字成我，一字季通、淵靜，蓋學者私謚云。娶劉氏，子一人，曰繪，即朝夫也。孫男三人，曰親德、親仁、徽生。曾孫一人，曰飭孫。

於乎！天於善人，始若無意者。及其父也，而其報施無所孝爽，則終有意於善人也。若君之早死，一子方飲乳，□能必其有成。今有子有孫，卓然取高第，顯名於時，克成君之志，豈非天意有以相之哉！君歿距今甫四十年，而予始克銘君之墓，其蓋有所待也歟！銘曰：

非夭而夭，宜壽而否。始者不然，其獲在後。夭壽不貳，所以事天。非徒食德，厥修已然。東湖之陽，松楸霜露。百世攸寧，其永無斁。

李似淵墓誌銘■■■■■〔註5〕

予聞邑人李似淵孝友好義，父客死於外，不憚險遠，負骨歸葬，撫其幼弟及從弟，皆底成立。一門三世同產，內外無間言。立志奮發，欲光大其前人。喜讀書，教子弟，延致賢士大夫，歲無虛日，傾心接禮無倦容，君子固多稱之。事母奉旨甘無違，母嘗疾，衣不解帶，湯藥必親嘗。性謹厚，不喜訐人隱私。至於濟急解紛，甚於饑渴。

噫！似淵之所自樹者如此，其何有所不慊哉！似淵諱菊，似淵其字。曾祖德輝，祖諱隆，父仲宣，皆能廣貲財，治田園，致家富累千金。似淵又克承其先志，無所失墜，是益可尚也。娶王氏，子男三人：長曰遵願，次曰遵懋，季曰遵愬。女一人，適宋孟舉。孫男三人：鐶、錤、鍹。似淵沒於洪武戊辰十一

〔註5〕此處原文被墨塗5字。

月十九日，享年四十有四，葬於里之九江鳳凰山之原，從先兆也。後二十餘年，遵願以前太常博士、劉君履節所述行實，來徵余言為銘，謹按劉君之狀而銘之。銘曰：

富厚三世，和睦一家。在古或難，君子攸華。伊疇銘之，乃克永世。爰有令子，附青雲士。九江之陽，鳳凰之側。春秋霜露，百世不斁。

吳母黃氏孺人墓誌銘

孺人姓黃氏，諱妙清，延平之南平故家子也。為同邑吳順卿之妻，今中書舍人勝之母也。年二十，歸順卿，勤儉相家，克盡婦道，致家益饒裕。性慈惠，喜周給人，鄉閭有死喪、疾病、貧困者，必賚助之，故人咸敬重。

洪武壬戌，順卿以疾沒，喪葬一如禮。時儒人年方盛，諸子皆幼，刻苦自守，恒訓其子曰：「汝家嵩陽里，望族也。汝父篤實純厚，不飲酒，不好戲謔，鄉稱善人。今不幸早歿，爾等當克紹其志，毋隳先業。」由是諸子皆能承孺人之訓。伯與仲躬治田園，綜理家務。季子肆力於學，及冠以俊秀選入郡庠，充弟子員。未幾，以才貢於禮部入太學，為上舍生，已而授中書舍人。是皆孺人教訓所致也。孺人生故元丁丑，歿於永樂庚寅十二月十有八日，享年七十四。以某年月日葬於某山之原。子男三人：曰華，曰孫，季即勝也。女二人：長適黃，次適鄧，俱名族。勝聞訃，成服，斬焉衰絰，持其友行人寧善所為行狀，泣而請銘。予曩遊延平與勝交，今又同朝，義不可辭。謹按狀而為銘。銘曰：

儉以成家，惠以恤鄰。有淑其義，展也令人。何以報之，曰有令子。何以久長，銘藏不已。

故處士蕭君樂存墓誌銘

處士蕭樂存，諱最，廬陵儒家子也。幼有志，好讀書。十歲餘值天下亂，奔走避兵寇，猶挾書自隨，有間輒誦讀不輟。人或嗤之，但笑而不答。嘗橐書行山間，遇盜疑其所負必重物，以刃向之，凝然不懼。盜傾橐見書冊，心異之，遂劫與俱去，以要索財物。父以白金遺盜，乃得還。然讀書之志，不替益堅。國初平一四海，慨然曰：「遭亂廢學，今天下大定，學何可廢？」乃往求明師，以質疑難。家貧無貲，貿妻首飾為資，於是所學大進。先生長者大奇之。未幾喪父，晝夜哀毀，目為之喪明。事母克盡孝敬，有所欲必極力致之。授徒鄉里，旬日必歸省，戒其妻毋俾一毫拂母意。母年逾八十終，哀毀如喪父時。尤急義，好施予。其季父與從兄歿，力為治喪葬，撫育其孤。又能捐所愛以予人，皆人情所難者，無所顧惜。有貸錢穀者，貧不能償，且復有所求，即應之無難色。值歲歉，家無宿舂，有則輙分與丐者。家人或止之，則蹙然曰：「饑莩若此，寧忍獨活耶？」恒訓諸子曰：「吾幼值亂，壯弗及仕，今老將及之，無益於世。名不植，而志弗遂，職此是憾。在汝曹其成吾志。」

性樂易，不事緣飾。與人交，其終如始，無少變。鄉鄰有爭不能平者，輙詣處士，求決一言，以剖其曲直，退咸帖服。處宗族少長有禮，待僮僕有恩，內外肅然。屋廬僅求蔽風雨，田園足以卒伏臘，不求贏餘。襟懷灑落，無繫於物，恒豁如也。

高祖耕道，宋韶州仁化縣尹。曾祖雲澗，祖淇滌，父復心，母劉氏。娶李氏，有婦行，極善事其姑。處士生故元至正丁亥，歿今永樂九年某月日，享年六十有四。子男二人：長不敏；次時中，以詩經魁於鄉，試禮部中高第，廷對第一人，翰林為修撰。女四人：長適劉，次適康，次適陳，幼許胡。孫男三人，孫女一人。將某年月日葬於其鄉八石湖之原。時中持狀來乞銘。處士於鄉為先輩，時中於予為僚友，是不可辭，乃述其概而為銘。銘曰：

於乎處士，其行在已。其報在天，其獲在子。力行為善，眾人所嗤。在已無歉，夫何恤為。材未試削，璞未試琢。渾然其天，貴其天爵。靡辱伊榮，於焉允臧。刻此銘詩，以永厥芳。

李一誠墓誌銘■■■■■〔註6〕

李敬，字一誠，吉水東門人也。性惇慤，不喜外騖，出入里巷間，恂恂謹飭，無賢不肖，皆敬愛之。與人交遊，始終如一，不見有怠色。雖居市廛，非公事未嘗一入縣邑。暇則與親故往還，嬉戲娛樂，口不談世事。處宗族兄弟之間，藹然和睦。間授徒家塾，切切以善誨人。事親克盡子職，父嘗病，朝夕侍湯藥唯謹，頃刻不去左右。親歿治喪葬，率如禮，不苟為時俗遷就。歲久遇忌日，必潔奠，哀慕如初。喜教子，多延致明師於家。四方來從學者，館留之，雖久不厭。尤喜賙給，人有急者，輙捐所有以予之，初不記有無也。曾祖宗仁，祖智叔，父明文，俱有隱德。

一誠幼時，極秀敏，父奇之。稍長，令治伏生書。遇元季兵亂，其志遂寢。晚更自號曰拙逸。恒語其子曰：「吾以多故，不獲如志。今老矣，無能為也。汝幸際治朝，可以致力於學，以卒吾志。」長子讓，克如其志，勤苦問學，由

〔註6〕此處原文被墨塗5字。

邑庠生貢入太學，為上舍生。讓性溫雅，故自祭酒而下，皆愛重之。有未知一誠者，於此而可以見之矣。一誠生故元至正己丑七月廿四日，歿於永樂辛卯五月二十二日，享年六十有三。娶夏氏。子三人：長即讓，次曰遜，幼曰謙。女三人：適徐，適周，適解，俱名族。以年月日葬於某山之原。讓以予與其父交遊，知其平生者，亦莫予若也，乃來乞銘。予誠知一誠者，故所書皆實事，而辭無溢美也。

於乎！一誠，無毀，無譽，無怨，無惡，而又無所外慕，抑世之所謂善人者乎？是宜為之銘。銘曰：

東門之李，其葉嶷嶷。有朗高曾，孔令兄弟。猗嗟一誠，李氏之英。內外醇和，展也稱名。動不逾矩，言不出口。恂恂鄉閭，無怨無垢。六十三年，莫知是非。壽不為夭，可謂全歸。鑒湖之陽，仁山之麓。我思若人，碧雲黃鵠。一坯載封，春雨秋霜。銘辭永傳，惟以固藏。

翰林修撰彭汝器墓誌銘

永樂七年春，天子巡狩北京，文學之臣與扈從者，暨廣凡十二人，修撰彭汝器其一焉。明年九月丙寅，以疾卒於五雲坊官舍，得年三十有三。凡交遊者皆哭而惜之。廣言於天子，深加悼惜，乃勅行在吏部，以其族兄孚恂護喪歸葬。其友翰林庶吉士李時勉述其行狀，徵廣銘其墓，乃序其事而為之銘。

汝器名璉，汝器其字，姓彭氏，世家安成。自為童子時，嶷然有成人志。一日，請於父曰：「儕兒童讀書，徒數字誦句讀，無益也，願擇所從遊。」父以其幼未許，固請以行。登鄉先生劉澄清之門，問難質義，下筆綴文，辭藻煥發，迥出流輩。師甚奇之，宗族皆期其顯大家門。縣令聞其聰敏，選入鄉校。永樂元年，以《易經》中鄉試。明年，會試禮部，對策大廷，俱在高等，入翰林為庶吉士。天子嚮用文學，選二十八人讀書秘閣，學古文章，紹司馬子長、班孟堅、韓、柳、歐、蘇之跡。汝器在二十八人中，年最少，才最優，粲然特出，同輩多推轂之。五年，升修撰。嘗承顧問，數答稱旨。下筆為文，發抒所蘊，沛然若決江河，莫之能禦，而駸駸入古人之域，聲譽日起。汝器不以此自足，自視欿然，故人尤以此重之。恒積苦於學，因得羸疾，凡四年，或作或愈。疾劇，書籍紙筆堆積於床榻間，猶讀書為文章，不廢程度。或勸其少休，則曰：「夭壽，命也，豈可一日廢學！」竟坐是而歿。歿時絕無一言及他事，但以不得見其親為恨。於乎，悲夫！

汝器，性剛果，急於為義，論議有氣概。凡力有可為者，即奮然直前，不顧利害。與人交，意豁如也。惜其負才器而夭，不及見其成。使天假之年，當必大有名於天下後世，其止於此，亦命也夫！曾祖諱某，祖諱某，父文郁，鄉稱長者。母郭氏，有婦道，成汝器之名者，亦由其母之賢也。娶胡氏。子三人：長曰某，次曰魁，幼曰某。女一人。以某月某日葬於某山之原。所著詩文若干篇，皆可傳。銘曰：

良才之摧，不能百聞。良驥之隤，焉為六飛。嗟嗟汝器，學問文章。天實畀之，胡閼其昌。刮劘磨斫，為班為馬。韓歐柳蘇，馳譽天下。緊名之靳，豈庸之遴。銛折莫耶，以壽厥鈍。二十八人，我鄉其參。始者迄今，吾哭其三。回也好學，年不及一。賢不為夭，死焉何惜？書臺舊鄉，一抔固藏。我銘孔悲，曷其能忘？

明故歸德府君夫人高氏墓誌銘

夫人姓高氏，諱源潔，其先蜀邛之蒲江人。五世祖泰叔，登宋慶元丙辰進士第，仕至中奉大夫、知嘉定府事，封蒲江縣開國男。魏了翁稱其才名四十年，仕宦八子石，行其心之所安，循乎理之獨得者也。泰叔之子允績，由漕舉登進士，仕至江西運管，轉朝請大夫、知南康軍事。子翁彝以父蔭授登仕郎，遂家豫章。後贈嘉議大夫，嘉定郡候，夫人之曾祖也。祖華父，吳江州判官，贈嘉議大夫、嘉定郡侯。父敬初。夫人初生，有以壽星圖贈華父，華父曰：「是女其有壽乎？」稍長，性聰慧，勤於女事，習詩書、女史之戒。華父最鍾愛，臨終指夫人謂敬初曰：「善擇佳婿。」後以適余氏，為歸德太守，諱復升之妻，今翰林修撰鼎之母。

夫人端重簡默，賢而有婦行，事舅姑惟謹，凡飲食衣服必躬自理，不以付婢妾，具酒漿、奉祭祀，必敬必潔。府君之父仁仲，元贛州路知事。元季兵亂，南康被殘，親族咸趨贛，仰給於知事，夫人與姑供給無厭煩。及贛陷，知事還豫章，突□□失，而親族猶相依不去，夫人盡鬻簪珥衣物以給之。僮婢分散，躬摻井臼，不憚勞苦。姑甚憐之，曰：「吾新婦，素出綺紈家，一旦遭貧匱，乃能甘之。」視之流涕。夫人曰：「勤勞分內事，貧乏丁時艱，毋為念也。」知事君歿，夫人助理喪事，又恐悲傷其姑，百計寬釋。

國初，府君以賢良薦，始為章邱丞，迎母就養。夫人念姑春秋高，不宜涉遠道，晨昏竭力，以供甘旨。姑曰：「吾有新婦如此，何必遠去？」姑臥疾，夫人日夜侍奉湯藥，辛勤萬狀，不以為勞。及喪具棺槨、衣衾、殯殮，哭泣盡哀，人咸稱曰孝婦。後府君為滄州同知，夫人居家治麻枲，以教其子。及守歸德，始挈家娶處。夫人每戒其子曰：「汝父居官廉介，吾與若宜從儉約，以副其心」。府君衣垢弊，夫人躬為澣濯補綴，遣其子從師州學，暮歸必閱程課。府君歿，夫人還家，篤意以教其子，雖貧不使廢學。鼎登永樂甲申進士，入翰林為修撰，皆夫人之教也。鼎迎夫人就養，屬多疾，且重聽，為書字問答，猶拳拳誨其子。

永樂七年，上巡狩北京，鼎與扈從，恒以夫人年高為憂。夫人以書示鼎曰：「吾方健食，能步履，汝但勉於所事，毋吾憂也。」明年冬，鼎還。又明年冬，得疾，遂不起。生故元治順庚午十二月廿三日，歿於永樂辛卯閏十二月廿一日，享年八十有二。子一人，鼎也。孫男二人：鶴年、山年。孫女一人，適葉璠。鼎將歸柩，以年月日卜葬於廬山之南西鼓山。具夫人之行，泣請予銘。夫人內修閨門，外睦姻族，事夫成其志，教子成其才，為鄉里取法，稱為賢母，是皆可傳也，銘之允宜。銘曰：

於乎賢母，葬此山之下。百世不斁，過者式墓。昭此銘詩，以勵為婦。

漢府右長史錢公墓誌銘

公諱允升，字仲益，姓錢氏，吳越武肅王鏐之後。五世至承奉郎進，始自嘉興徙毘陵之無錫，遂為無錫人。曾祖諱裕，以勤儉起家致富饒。樂善好施，遇歲凶，則大作饘粥，以食饑者，全活甚眾。趙文敏公題其堂曰種德。祖文煜，元承事郎，知雅州。考思孟，元田州路蒙古學教授。母蕭氏、沈氏。公，沈所出也。生故元至順壬申十一月廿六日。幼聰悟，稍長勤學。既冠博聞強記，六經子史，淹貫無違。至於吏牘，目一覽不忘，語及輒能成誦。其精敏類如此。

國初，御史聞其名，辟為縣文學掾，後被薦除太常博士。永樂元年，預修《太祖高皇帝實錄》，升翰抹修撰，賜襲衣銀綺，除漢府長史。以年老不煩以事，惟備諮訪，殿下甚加禮待，前後以手書勞問，賜銀帶廐馬，他物稱是。以母憂去官，時年已七十八矣。殿下眷戀不置，請於朝，奪情起復。永樂十年正月十日，卒於京師崇禮街之官舍，享春秋八十有一。先是得疾，未嘗就枕，友朋來問疾者，坐與談論。臨歿，草表辭官，封客口誦其詞，至是翛然而逝。殿下聞其歿，甚惜之，遣官賜祭。士大夫夫聞者，莫不惜之。

公天資爽朗，有氣岸，至老不衰。每當廣坐，高談雄辯，聽者忘倦。平生持正論，別白是非，不少假借。賦詩為文，下筆立就，略不經意，而思致往往過人。然極謙和，不以所長自昡。雅好棋，對客且觴且弈，竟夕無厭。嘗待詔禁垣，每有賜予，間呼為棋仙。其始終所遇，亦可謂榮矣。娶曹氏，次室周氏、張氏。子男三人：長曰山，早卒；次日杲、曰棐。女三人：長適傅以德，次適過尚賓。孫男四人：常、翰、長、壽。孫女八人。二子迎柩，歸葬於縣之開化鄉將軍山先塋之次，來白予銘。

公以名家，自忠懿以上，功德顯著，有不必論。自公曾祖好義恤貧，人受其惠，故至於公，享有福壽，以收其報。是宜為銘。銘曰：

惟錢之先，係出於籛。因官命氏，其來有綿。至於武肅，始大而昌。三世四王，鎮於海邦。五代僭亂，民困干戈。獨此吳越，嬉遊鼓歌。功著於朝，德被於民。其裔必蕃，百世子孫。猗嗟錢公，無忝為後，以享以承，世德實茂。英爽之才，豪邁之氣。距之式遠，尚有遺似。開化之鄉，將軍之山。何以永傳，刻銘石間。

許生墓誌銘

許生儀祖，字嶽胤，予友許鳴鶴之子。七歲喪其母，隨父居京師。性聰敏好學，常與予諸子同遊，讀書聲琅然，抑揚可聽。予聞而歎賞，每朝退，輒召與諸子來前，勉勵教訓。生唯唯聽受，不敢違。對賓客即誇詡其能，予家人亦甚憐之。凡飲食居處，視同諸子，生亦知所敬愛。予扈從此京，與其父同寢處。生留京師，教童子學，能作詩賦雜文，通四書大義，往往呈稿於父。書字端楷，遣詞亦條暢，無背於理。予益喜之。又能勤勞，雖極辛苦不憚。御史王處敬聞其才，以女妻之。今年正月娶婦，才七日，感肺疾，體浮腫，過半月而歿，得年二十有二。沒時無他言，但瞪目其父，曰：「兒從此永別矣。」

於乎！悲乎！予與生昔者朝夕相見，今相距禁城東西間，多或一兩月，少或半日始一見。聞生病，不謂至大故。遽聞生訃，心震悼驚慟，家人方執箸飯，梗塞不能下嚥。又聞其父哭之甚慟。於乎！生父子為士，何惡戮於造物者？幼喪母，父鰥居十餘年，零丁相守，以撫以教，期生成才，而生遽死矣。生父子獨惡戮於造物者耶？是可悲也。其父以二月已未，權葬生於都城南門外鳳臺鄉。予不及臨棺哭之，乃為之銘，以慰其父之悲。銘曰：

於乎許生！我哭爾有時，汝父哭爾無窮期。我銘爾藏，辭孔悲。於乎許生！

翰林檢討蘇公墓誌銘

永樂九年，冬十一月二十二日，翰林檢討蘇公伯厚卒。凡交遊莫不嗟惜，而同寅諸公，獨惜之甚，咸曰：「蘇公，忠信人也，何可多得？」皆哭之慟。其門人右春坊、右庶子兼翰林院侍講楊公勉仁，既為治喪事，又述公行狀，致公臨終之言曰：必得予文以銘其墓。於乎！予文豈足以揭公之德華哉！然忝與公交遊最久，其能已於言乎？乃忍涕而為之銘。

公諱坴，伯厚其字，以字行。姓蘇氏，世居建安之璜溪。其先本姓雷，公之曾大父，諱文叔，仕元，為建寧路儒學教授，為後於蘇，遂蒙其姓。祖子庸，父明遠，俱以行義，為鄉師表。母章氏。明遠四子，長即公，自幼以聰敏聞，性謹重，不妄言動。比長博通經史，猶長於毛氏詩，於琴棋書畫、曲藝、小數，咸精到，然不以自衒，人莫知其能。惟刻意為文章，援筆立就，辭意超詣，見者奇之，自是聲譽日起。公益自沈晦，篤意事親講學，絕跡不至城府。國初，有司以經明行修，薦至京師。以親老辭歸，闢館授徒，誘掖學者，多所造就。洪武乙丑，郡辟為訓導，教授周斌勉公曰：「既仕不離鄉，又得祿養親，不宜辭。」公從之。居學校十餘年，啟廸作興之功尤多。丁母憂去，居喪哀毀形瘠，杖而後起，及期不得葬地，悒鬱成疾。其友憐之，遺以葬地，人稱為義圻云。繼丁父艱，毀瘠踰前喪。服缺來朝，授晉府伴讀，與修《太祖高皇帝實錄》。尋升翰林院侍書，纂修《永樂大典》為總裁。明年，升檢討。常進講文華殿，敷說稱旨，甚見禮遇。兩與考禮部會試，簡拔多佳士。

公耿介負才氣，勇於為義。方為訓導時，學地舊為軍衛所侵，公力復之。文公先生祠在府廨內，難於謁祭。公倡率出貲，葺祠於學宮傍，歲時朔旦，拜謁始便。修孔子廟及宸奎、尊經二閣，數月百廢具舉。聞人有急，周之惟恐或後。嘗遇歲歉，民艱食，力請於官，發廩賑之。民得黍者，咸望公門，拜曰：「是活我父母也。」鄉鄰有爭競者，懇懇以理論解，已皆悔悟。或有侵慢者，略不與較，人自慚服。在翰林幾十年，絕無私謁。禮部尚書鄭公賜有師友之舊，未嘗一至其門。鄭公常請見，必規以正言，每加敬服。其餘諸生，或仕於朝，或為守令者，會次輒加誨諭。故出公之門者，咸摻守有能。人有一善，稱之不絕於口。對同僚詞氣溫和，罕失色於人。居家有禮法，服用儉約，常自號曰履素，漢王殿下書二大字賜之。弟仲簡早喪，撫其孤幼，以長以教，為畢婚配。遇有賜予，必分諸弟侄。今年夏，忽得疾久不起，臨終語其子曰：「吾無過人者，惟平生守正，人不敢犯，庶幾無玷。今得正而斃，題吾墓曰『有嚴先生之墓』足矣。」言訖，氣息奄奄，正衣冠，端坐而逝，享年六十有四。配趙氏，有賢行。男子三人：曰鎰，曰鏜，曰鑣。女子四人：長先卒，次適高庸，次適劉深，幼適山東道監察御史江錶。孫女一。所著詩文曰《履素集》，凡若干卷。諸子謀扶柩歸建安，以年月日葬於某山之原。惟公行事始終無憾，實可傳載，宜為之銘。銘曰：

嗟嗟蘇公，其得者厚也。道德之腴，為佩綬也。六藝之突，為畎畝也。履素之揭，以厲其守也。方而不刓，剛不可揉也。得正而斃，克全其所受也。自始迄終，俯仰無詬也。雖不百年，惟善以為壽也。昔不知其少，而今乃無有也。匪銘之傳，蓋自足以致不朽也。以似厥聲，庶以告其後也。

周府君墓誌銘

長洲縣文學掾周岐鳳，將改葬其先大父瑞林府君於某山之原，遣其子走京師丐予銘，且曰：其先大父初葬於里之清水塘，既有銘矣。今改葬不可無銘，當求立言者，以圖不朽。故以屬之於予焉。謹按狀而為之銘。

公諱成立，一字元瑞，號瑞林。姓周氏，世家吉水之泥田。高祖子淵，宋秘閣侍書。曾祖應龍，中博學宏詞科，號磻洲先生。祖諱岳，與兄伯寬，俱登咸淳進士第，上書斥賈似道，時論偉之。父諱厚，母宋氏。從父能達，無子，以公為之後。公器識卓特，魁岸不凡，傑然出眾。故元元統乙亥，兄弟同中鄉試甲乙榜，會罷科舉，不及會試。然一門競爽，當時稱世科之盛，周氏必在所選。公雖不得進，益肆力於學。為文章雄健有法，暇則綜理家事，尤善事其親，獨得父母之歡心。親喪，晝夜悲哭不絕聲，哀毀成疾而歿。生元至大辛亥，沒於某年月日，享年。配彭氏。子二人：長曰子昭，擢童子科，早卒；次曰觀。女一人，適彭子敬。孫男四人：曰鳴，即岐鳳；曰梧風，曰翔鳳，曰儀鳳。曾孫男五人：勉、敘、崇、顯、永。曾孫女四人，玄孫男一人，玄孫女二人。銘曰：

年雖不久而死如生兮，鬻不及售而價益增兮。蓋抑於昭昭而信於冥冥兮，不在其身而在於孫曾兮。我銘不滅，永閉幽扃兮。

孺人曾氏墓誌銘

孺人諱靜貞，姓曾氏，邑之蘭溪故家子也。性莊淑，不喜外飾。年十七，歸我族叔祖原長翁。事姑章，克孝以順；相良人，克勤以儉；處宗族，克和以敬；待群下，克慈以愛。閨門之間，靜而不譁，致家饒裕而埒於封君者，皆孺子內助之力也。雖歲積充物，而自奉甚約。平居惟布素，日食不重味。待賓客、奉祭祀，則必豐；饋親戚、周貧乏則必急。故內外之稱孺人者，舉無間言。廣八歲時，先大夫延平府君見棄，大夫人日悲哭，不少置。廣煢然服衰麻，哭於大夫人之傍。孺人見廣哭，亦泣下，謂我大夫人曰：「兒幼，宜少止哭，恐傷其情致疾耳。」大夫人雖勉強少止，而哀戚益甚。是時，廣方就外傅，孺人日取棗栗啗我於書堂，語諸子曰：「某孤子也，善待之。」諸子與廣同學，凡有無共之，未嘗有一言不善，此皆孺人之訓也。

洪武辛未，有不逞者誣鄉人，連及翁，翁被逮而沒。孺人曰：「良人歿，我生何為？」遂自經，時年四十有二。於乎！孺人生平尚義，卒以一死自誓，雖古之貞女，何所讓哉！子男五人：長肇先，先卒；次繼先、光先、從先、效先。女二人。孫男四人。葬廬陵胡家坑之原。繼先曰：「先母之墓，葬而未有銘，子宜銘之，追而納諸幽。」廣遂述所知者為銘。銘曰：

松風泠泠兮，灑蘿月；崇岡蜿蜒兮，隱復凸。瘞貞骨兮，玉雪潔。山可礪兮，石可泐。世世相承兮，銘不滅。

故翰林檢討廖公墓誌銘

聖天子御極之初，即詔求文學之臣，以延論治道。會修《太祖聖神文武欽明啟運俊德成功統天大孝高皇帝實錄》，爰求舊臣，以諮遺逸，以同纂修。每詔翰林儒臣，各舉所知。今學士解公縉紳退與廣言曰：「鄉之先達，惟廖公幸無恙，其筋力未衰，其記憶尚未忘，其才足以有為，於是舉為宜。」乃以公姓名言於上，命禮曹驛召公。暨至，而《實錄》告成。公辭歸，召問，拜翰林檢討，乃永樂元年四月九日也。今年四月十日以疾，歿於官舍。其仲子自廉聞訃，亟走奔喪，臨柩哭已，斬焉衰絰見廣，悲慟嗚咽不能已。久之，乃出公行事示廣曰：「孤不孝，不能朝夕從先人，病不得侍湯藥，沒不得聆一言以求訣，終生之痛，何可言也！偷存喘息，視欲無生，惟先人之柩，未返於鄉，日夜是懼，將圖歸以祔於先塋之次，非銘無以掩諸幽，敢以為請。」廣與公為通家，且忝同寅，義不可辭。□序而銘之。

公諱欽，字敬先，宋尚書工部剛之後，遷於新淦之長派。七世祖謙，為尉吉陽，因家縣西之東溪。曾祖諱某，字季崇。祖諱某，字明德。父諱觀，字觀民，有學行，治家教子有法。在元時，有以隱德薦，辭弗就，以退省自號，故人稱之曰退省先生。公其家嗣也，自幼強學，明毛氏詩，於《易》《書》《春秋》，通其義，鄉之先輩莫不器重之。

洪武三年，國家設科取士，公與弟敬存俱薦於有司，一不偶輒歸，以事親講學為務。明年，例取至京，試才學優等，授懷慶府河內縣丞。比至，一以忠信導民，未幾化其俗。河內西比要衝，往來絡繹，民疲於供給，公以祿入助民為費。會稅務侵匿，課錢事覺，連及累年。收稅之人、省臣督責甚急，民逃匿太行山。公為言曰：「民竄矣，急之則不可得，盍少緩焉，與我以期，不效並責我。」省臣曰：「諾。」就以委公。公求侵匿人姓名及錢數，榜列於市，且潛使人告其速來，保無他。民素信公，皆奔走而集，惟恐後。未及期而錢足，公私不擾。省臣大悅，舉酒以相慰勞，復獎公以詩。公言於省臣曰：「錢既足，民得無罪乎？」曰：「然」。公曰：「何不許其自首？」省臣從公言，民護無事。他郡械繫者，不絕於道，皆坐是。民曰：「微我公，我其亦若此乎？」

八年秩滿，調蘇之吳江丞。吳江素繁劇難治，公治之，一如河內。有堤護田數千頃，久為水所廢，田不得耕，勢家互相爭奪不決。事聞於朝，始得白，令官為之修築。責成之期甚迫，同僚皆失色，欲以他事避去。公獨怡然自任，即諸堤所計其工費，召民從事，且喻之曰：「堤成，民享其利；不成，我受其禍。」於是民私相戒，曰：「我曹當戮力成之，毋俾我公蒙害。」至期堤成，人為公賀，公一笑，未嘗以為德。秩滿既去，適河內舊虧課錢三千五百文，典守者指以誣公，公亦不辯，遂受謫。役作於鳳陽，河內、吳江之民聞者，來為公助役。董役者曰：「廖某行何政，而能使人若是？」乃加敬焉。既而釋歸，杜門以教諸子。鄉人無賴子構詞以誣公兄弟。公曰：「我豈能對獄吏語以辨曲直乎？雖誣我，當受也。」兄弟俱逮下獄。公語弟曰：「我與若萬一有不幸，其如老親何？莫若我受辜，爾得歸事親。俱溺，無益也。」弟曰：「我當受之。留兄以事親。」公曰：「兄可以蓋弟，弟不能掩兄。」乃相讓於訟庭。公曰：「其咎在我，弟實不知。」觀者惻然感動。由是弟護免，公竟謫戍富峪。數年以老病還。遠近交關，乃起為袁州郡學弟子師。嘗校文於廣、蜀，公入翰林，人咸謂稱是，惜未及見於施為而沒也。

公處己廉，於物無苟取，與少有違理，不肯姑安。嘗經河內，休於途，民見之曰：「是我昔日父也。」公紿曰：「我商人，非爾父。」於是聚。老少爭識公，乃羅拜於前，公不能隱，競持酒肴相慰藉。明日，各持縑以遺公，須臾裒數百匹，公辭不受。民曰：「父有德於我，欲報無所。今父幸涉我境，持此以報父，願卒受之。」公曰：「我何德於汝？縱汝德我，何不愛我以德乎？苟以所贐為可受，則昔之所為不過沽名。以覬今日之利，我豈受哉？」民益懇請受，公揣知其意牢不可卻，一夕不告而去。其所行類如此，求之古人，夫豈少哉？

公居京時，嘗止廣寓舍，故得公之事為詳。及公病時，廣為求醫藥，公曰：「藥無與於死生」。遂卻不進。病且革，猶起與人為禮，未嘗少亂。其孫祖還侍側，問其後語，迄無一言，蕭然而逝，朋友咸傷悼焉。

公生元至正壬午，享年六十有三。配王氏，有賢行。子男四人，俱力學，克繼其家世。長自公，因省公於邊，沒於途。次自勤，今為蜀府紀善。自廉，善為詩歌，自謹，雅飭儒者。女二人，長適陳伯瑋，次適胡方平，廣從弟也。孫男五人，長即祖還，次祖回、祖歸、祖歡、祖興。孫女□人。公為文章，出入子史，尤能詩，有《師古齋集》《哦松集》《塗陽集》，晚號訥庵。又有《訥庵集》，凡若干卷，藏於家。公修身勵行，卓然自樹，非有所得於古之人者，莫能至此。而人之知公者，蓋亦罕焉。廣故書公之事，見其略，俾後之覽者，有所考。銘：

惟公之德，溫粹縝栗，玉之無疵。惟公之才，軒昂超軼，驥之不羈。淡而不汨，擾而克乂，見諸事為，謂既予之，胡不憖遺？以單其施。難歷顯揚，連踣窮阨，何問險夷。此公之所以獨得，伊疇能知。公之得者，沒而猶存，其獲在斯。中心永懷，臨文孔傷，以哭吾私。庶幾來者，有以考德，徵此銘詩。

羅處士墓誌銘

東莞文學掾、同邑羅大敏，葬其父湛然處士八年，而墓未有銘。今冬持狀來京師，以廣為其友也，託為銘。

按狀：處士諱幹，字伯貞。其先世居延平之羅源，從豫章先生之曾孫德翁游吉陽，樂雙溪山水之勝，遂家焉。曾祖世祿，祖子升，父秀可，俱隱德弗售。處士生而穎敏，嶄焉出群。十歲能背誦《孝經》《四書》，人皆異之。稍長習毛氏詩，反覆歌詠，以求其旨趣。既冠，聞歐陽楚公致家居，即買舟往謁之。公見與語，大奇之，作詩為贈。未幾漢沔兵起，乃歸。而鄉里寇盜亦縱橫矣，遂攜家避地於廬陵金川。所至雖暴悍，皆知禮敬。

我太祖皇帝平一四海，始歸復業，而故廬已蕩盡，復築室於舊址，日課諸子讀書，有所得輒筆之，積久盈帙。喜工書，真草篆隸，咸得其說，尤博通於諸子百氏之言。好作詩，五七言、長短句，沖淡可愛。性剛直，於人無毀譽，人有過，即面喻之，俟其改，乃已。與人相接，雖杯酒必盡歡洽。閑居恬然自怡，於聲利榮貴無所歆羨，因顏其所居曰湛然。學者稱之曰湛然先生。嘗語大敏曰：「我家世事詩書，先人之澤未泯，在汝輩宜勉承之，俾勿替。」乃遣大敏，從石門梁孟敬先生學，遂能成名。大敏前為延平順昌文學掾，處士喜曰：「延平，吾祖宗之鄉。」大敏奉以偕行。暨至，即往羅源訪其族人，拜省豫章先生之墓，俯仰興懷，悵然不忍去。既歸，復往，居數月，復歸，以疾終於家，洪武丙子十二月五日也，享年七十，附於里之北溪先塋之次。娶王氏，後五年卒。子男三人：長即大敏，次曰次重，曰紡行，後八年沒。女子二人：長適宋琮德，其一早夭。孫男十人，森、焱、劍、鐔、都、鄮、浮、忱、恂、驥。孫女七人：一適王來旬，一適劉英奇，一適董宗正，其四尚幼。銘曰：

嶄焉穎異出其群，蘊璞弗耀吁逢屯。研磨經史啜精醇，搜抉百氏吮奇芬。斫削既就劍斧斤，湛然無欲輕浮雲。詩書之澤傳子孫，何以紹之視羅源，有識其德於銘文。

夏母蕭氏孺人墓誌銘

孺人姓蕭氏，蒼雪翁處敬之女，處士彥琛之配。自幼靜淑，父母鍾愛，擇所宜歸，乃以適夏氏。夏氏族大，孺人十四入門，為蒙婦，事其舅姑惟謹。姑性嚴，孺人晨夕奉養，得其歡心，姑亦甚愛之。日則具酒漿以宴賓客，夜則明燈火以勤女紅。如是者歲以為常，姑悅。及舅姑沒，處士於喪祭，率依文公家禮，不作佛事，孺人絕口不言佛事。事處士數十年，家日以裕，尤能以義相之。處士喜延師教子，招致名儒，孺人日必躬潔飲食以為奉。或有他故，弗及經手，則終日不樂。嘗戒諸子曰：「汝曹無知，宜善事師，以承其教。」

治內有法，家婢十餘人，人各執一事，遇事事有弗建，則督過其所執者，故人皆自勵，少有懈。以是內外嚴肅，客至不聞其嘩。喜賙人急，有來假索，即與之不吝。親疏之間，少長卑尊，無不悅道焉。蒼雪翁喪，其子處士迎其夫婦歸養，孺人修甘旨，左右奉養無違。蒼雪翁沒，孺人事其繼母有如生已。及繼母喪，棺槨衣衾之具，必盡其美，朝夕哭奠，極其悲愴，鄉閭莫不稱譽。家雖甚豐，於己則務為儉薄，賢行著於閨門，為一族之冠。永樂三年十一月某日，以疾卒，享年五十有七。子男四人：曰鼎，曰卣，曰車，先卒；幼曰啅。女一人，適吉水桑園周綬。孫男一人，曰宇。以是年月日葬於里石屋山之原。啅持紀善廖君自勤所述行狀來京師，速廣為銘。廣娶夏氏，為孺人從子，故知孺人事為詳，義不可辭，乃為銘曰：

內失良助，子失慈母。家失賢主，歸咎何所？石屋之陽，有燥其岡。沒有不亡，以未其藏。

故奉議大夫浙江提刑按察僉事劉公墓誌銘

國初，廬陵諸君子仕於朝，其聲光炳耀，卓然為時所稱譽者，無慮數十人，而劉公季道其一也。公以明經被薦，初拜起居注，遇事知無不言，竭盡誠悃，首發御史大夫陳寧奸，深為上所信重。嘗隨駕幸中都，度清流關，上賦詩，命百官和，公獨先就，有「治定不教生縱逸，功勞猶遣歷間關」之句。上覽之曰：「有安不忘危之意」，賜白金二十兩，彩叚二端。未幾，拜浙江提刑按察僉事，決積歲治獄六百餘起，有牽於文繫者，平反尤多，民以無冤，咸嗟服之。此其卓然有聲稱者，竟為陳所銜，傳致其死。時洪武六年月日，得年四十有九。

公諱宜正，季道其字。其先沛人，唐末自沛官袁，五季之亂，由袁徙吉，居永豐灊溪。曾祖諱某，兩領宋漕舉，授新淦縣丞。祖諱某，恒山縣令。父諱奇相，元至治癸亥，領鄉薦，為東湖書院山長，吉安路儒學正，撫州路儒學教授。母張氏。公居幼穎敏過諸兄，八歲隨父居東湖讀書，聲琅琅，聞於外。賓客往來，應對閒習，人多譽之。九歲喪母，哭泣逾哀。十三喪父，居喪毀瘠不勝。始事鄉先生劉忠心，繼從山泉解先生，二先生咸異之。時郡守開賞試，公年十八，就試中高等，獲彩綺二。繼而持所嘗試於有司，再不利。有得其文讀之，曰：「如此而見擯斥，命也，季道奚辱？」公曰：「吾學未至耳，非有司病吾。」元季，天下繹騷，其友梁某為福建招討，託致其母，扶持兵革，間出艱難，致其母子相見。某拜公曰：「微公，其孰能致吾母？終身不敢忘德。」嘗與姻戚居逆旅，忽得疾，公親為調藥餌。既死，公抱之而哭，解衣葬之，所遺金悉以歸。其兄弟四人，長皆先沒，惟仲兄存，公迎至家養之。比其沒，葬祭皆盡其情。無子，以次子為其後。公娶邑曾氏，賢而有婦行，自公沒，惟以教子為事。子三人：長曰忠，次曰昴，幼曰肅，字子欽。子欽登永樂二年甲科，為名進士，入翰林為庶吉士，其文學為儕輩所推讓。女一人，適某。孫男九人，（孫）女二人。距公沒三十餘年，將卜葬於某山之原，子欽始以狀來請銘，謹按狀而銘之。銘曰：

嗚呼劉公，挺然之英。政事文章，焯有時稱。發奸之言，揚於大廷。巨蠹一聞，瞻落魄驚。諷辭戒逸，治定功成。至誠有動，錫賚寵榮。載歷風紀，激濁揚清。事有失頗，公執其平。伸抑理枉，獄無歎聲。姦臣銜公，頃不忘情。傳致公死，惡害公生。生有不沒，死則公寧。公天既定，彼奸曷勝。以磔以裂，天子聖明。公憾既釋，烈日薄冰。彼奸鬼蜮，公獲列星。有燁其芒，南極長庚。伊彼鬼蜮，稔其穢腥。有北豺虎，以莫不憎。公有令子，式克繼承。以昌家學，甲科聿登。庶或在茲，報公冥冥。有封如堂，以妥公靈。爰伐貞石，鑱不朽銘。百世之下，斯文是徵。

翰林侍讀學士奉直大夫王公墓誌銘

公諱達，字達善，毘鄰之無錫人也。曾祖某，祖某，父某，俱隱弗耀。公始業儒，家素貧，嗜學不倦，聰敏博聞，考索精到。為文辭援筆立就，不喜浮靡，惟務篤實。事親能盡子道，閭里則之。嘗受經於鄉先生張公籌，公甚器重。後張公拜禮部尚書，公來卒業京師。翰林學士宋景濂先生見公端重簡默，而豐儀卓偉，歎異其才，折輩行以相交。邑大夫賢公，辟為鄉校弟子師。公訓導有方，學者多所造就。及訓迪大同，亦然。入為國子助教，六館諸生，多趨公之門以請益，公誘掖開誨，講說論議，終日不懈。成德達才之士，彬彬然出公門下。

今天子居藩，恒聞公名，即位召與語，稱旨，遂命入翰林為編修，與修《太祖高皇帝實錄》，尋升翰林侍讀學士，編纂《永樂大典》，為總裁。兩知貢舉，得士尤多。公為文章有典則，援引證據，必本於六藝。作詩有唐人風韻。晚號耐軒，又號天游道者，有《耐軒集》《天遊集》《詩書心法》《易經選注》《桂林機要》《詩小序》及《梅花百詠詩》，總若干卷，藏於家。

公生於元至正寅月日，卒於大明永樂五年六月乙未，享春秋五十有八。先是臥疾，天子命醫往視，及是訃聞，良深悼惜，命有司具舟載公之柩，歸葬於惠山之麓，從先塋也。配某氏，子男一人，女二人，長適某，幼在室。

於乎！廣與先生交遊京師幾十年，忝為僚友，荷公相知，間於退朝之隙，要廣坐軒中，以惠山泉煮陽羨茶，看書論詩文，清談忘倦。公性樂易，不為涯岸，與人交始則淡然，久而彌篤。性不飲酒，惟甘嗜薄味，常苦氣疾，遇寒暑輒發，然亦隨差，不謂竟以此而死。公方病時，醫者謂宜屏絕人事。廣視公疾，遂以此不得見。公以書來告廣曰，過五六日，病可少瘳。不意五六日來，遽成永訣。公之門人，兵科右給事中倪峻狀公之行，速廣為銘。於乎！其尚忍銘公之墓耶？然義不可辭，謹按狀而為之銘。曰：

神完而氣充，內溫而外恭。不矯矯以為異，不翕翕以為同。金馬玉堂，晚昌其逢。豈但全歸，榮名令終。惠山之陽，有陌有松。歲寒蒼蒼，閉此幽宮。我銘固藏，懷允無窮。

吳處士墓誌銘

清江、玉笥之間，有隱君子曰祥，字處中，姓吳氏，爽邁英俊之士也。自幼聰敏，智恒過人，有志經術，遊學四方，灑脫綺紈之習。年壯，元季兵亂，慨然欲奮發取功名，馳馬試劍，奇氣震盪。會母老乃就斂退，躬負米以奉養。當艱難厄困之時，使親不缺甘旨之味，猶能以其餘及其鄉里。母沒喪葬不違禮，不事浮屠，惟日拜奠。每歎曰：「親在，貧無以為養，今祭雖豐，何益？」尤好義，不喜爭競。當亂離，田產為勢家侵奪，置而不問。

天朝平一海內，勢家願以田歸，悉酬以直，聞者歎服。力能搏虎，常有虎噬人，踣而殺之。有盜數輩，白晝掠殺，人無敢近者，御而縛送有司，置之於法。他盜聞而屏跡。有望里門而避者，曰：「吳某在，不可犯之。」其為人所畏憚如此。恒語人曰：「吾家世業詩書，今不可失。」獨闢館延師，以教諸子。遇佳時即攜客出遊，分韻賦詩。喜飲酒，終日不醉。常曰：「酒不能醉人，人自為所困耳。不迷其真，安得成亂？」君子以為名言。所居多林木，群鳥來巢，恒戒人勿彈射，愛物之仁又如此。人有爭曲直不辯者，一言而決之。及老壯志未衰，因躍馬墜而成疾，遂不起，享年七十有八。以某年某月某甲子，葬於某山之原。曾祖諱朋夫，宋撫州學官。祖諱昭陽，元袁州儒學教授。父諱鼎元，母李氏。君娶蕭氏，子三人：長曰汝深，次曰汝澄，幼曰嘉靖，左春坊左中允。女一人，適吉水王時茂。孫男九人：曰節、肅、乂、哲、富、洪、壽、建、進。孫女九人，曾孫男三人。嘉靖以行狀泣而請銘，其辭甚悲。余哀其志，遂不辭而為之銘。曰：

虎能搏而不惴，褐寬博，馬能馳，而惜違其時。息爭御暴，年幾於耄。報不在身，於其子孫。固藏茲室，其永無斁。

溪閒處士墓誌銘

處士沒三十有二年，其子啟公明述行事之概，來請廣為銘。廣為童子時，處士已沒，今幸與處士之弟仲方、子公明遊。觀仲方文學老成，言論不苟發，發必中理。其居官行事，皆有過人者，誠篤行君子也。公子恂恂文雅，言行酷似其季父。以二君者求之，則處士之賢，為可知已。

處士諱渠，字孟泰，姓周氏，溪閒其號也。其先世自唐□□□□廬陵之烏東，徙吉水之泥田，至處士，凡十有八世。□□二世至元禮，事親孝，有靈鵲來巢，生子名孝感。孝感生士元。士元生憲尹，號湖田居士，處士曾祖也。祖孟聲，稱蒙泉先生。父學顏，學者稱沂溪先生。沂溪二子，處士居長，次曰渠，即仲方也。處士幼聰敏爽朗，嗜學不倦，大父蒙泉極鍾愛之，遂益刻苦自勵，以成其學。適故元紀綱隳廢，政事日衰，四方兵起，因以飢饉，故家右族，蕩析離散，敗亡漸盡者有焉。處士獨側身鋒鏑之間，攜老撫幼，養生送死如平時，舉家無恙，殆天有以相之也。我太祖皇帝平一天下，處士復舊業，完葺先廬，闢館延師，以教子弟。

洪武庚戌，初行科舉法，處士勖弟仲方應舉。仲方領鄉薦，歷數官至郡別駕，處士以書戒之。仲方所至有聲稱，人以為處士有以教之云。處士又嘗訓其子啟曰：「吾家盛時，闔門長幼，聚食幾千餘。自喪亂以來，群從八人，今存者二，深可悲也。然承家惟汝，汝宜勉之。」相顧流涕。每春秋祀先，率婦子必誠必敬，退即泫然曰：「昔亂離不足，今雖有餘，不逮也。」

歲丙辰冬，一日微疾，亟召啟語之曰：「術者謂吾歲行在辰，命當終，意者其止此乎？然修短數定，吾無所憾，第恨不及見汝成立。汝善事吾母及汝母，吾即瞑目矣。」又命具紙筆，貽書於弟曰：「吾不及見吾弟，當服勞乃職，以報國家，勿以吾死為悲。他日善教吾子與汝子，如斯而已。」遂沐浴，具衣冠，翛然而逝。於乎！可謂樂天知命也歟！處士生故元至順壬申五月十五日，沒以洪武丙辰十月晦日，享年四十有五。葬於里之將軍山，從先塋也。娶彭氏，賢而有婦行，後六年卒。子男一人，即啟也，為廬陵學官。孫男五人：曰道、迪、選、達、述。孫女二人。曾孫男二人，曰元、曰朝。

處士性至孝友，事親克盡敬養，於宗族有恩。沖淡寡默，與物無競。嘗闢隙地為宴遊之所，致佳花異卉美石其間，日吟詠相羊以自樂。客至則□汲泉煮茶、剪蔬壓酒為歡，久而不厭，客亦甚適。嘗閔家譜毀於兵燹，每歎曰：「宗法不明，由族譜不立故也。」乃日夜修明，因略為祥，增舊為新，捐貲命工板而刻之。尊卑之分，親疏之殺，有條而不紊矣。故處士之沒，宗族之間無長幼，皆哀傷焉。

於乎！處士生於壬申，廣先大夫延平府君生於癸酉，處士沒於洪武丙辰，先大夫捐館於丁巳，俱享春秋四十有五。而公明之早孤，與廣蓋相似。而公明年差長，獲聞處士始終之言，知有所守，克承其訓。今道明德立，且有子有孫，可以無愧於其先矣。廣以童孺之年，先府君遠違，臨終不得聆一言，以為法，今貿貿焉。道德無成，卒為庸人之歸，將此是懼。因銘處士之墓，不能無感焉。銘曰：

有周姬姓，其來也遠。文武子孫，益蕃益衍。廬陵烏東，周氏宅焉。由唐長慶，徙居泥田。一十八世，至處士君。喬木繁陰，冠蓋如雲。詩書禮義，克承克繼。既茂而昌，有引無替。猗美溪閒，展也碩士。蒙泉之孫，沂溪之子。自幼爽朗，克稱家兒。勤儉樹立，追章繪儀。遭時孔艱，志弗獲伸。躬蹈干戈，孝養於親。及時載清，欲展經營。恬退邱園，鳳鳥德星。命也奈何，壽夭在天。璧毀於櫝，珠沉於淵。戒弟之言，訓子之語。臨終拳拳，家傳千古。吾儕小人，未聞大道。感公德言，惟善為寶。我作斯文，瞻望是式。用寫我私，以賁泉室。

程氏大夫人墓誌

僉左軍都督府事、徐公子安之母、程氏大夫人卒，具其事以狀，屬某為之志其墓。某素聞子安聲譽之著，由其母夫人之賢，鞠育教誨，有以成就之，故克臻於顯融也。徐氏世居廬之合肥，曾祖諱某，妣某氏。祖諱必才，贈驃騎將軍、左軍都督府僉事，妣某氏，封夫人。父諱興，事太祖高皇帝，數從征伐有功，累官至成都前衛指揮使。夫人其配也，克相維持，與有力焉。興沒，子安襲其職，屢立戰功，升驃騎將軍、左軍都督府僉事。父贈驃騎將軍、都督僉事，母封大夫人。夫人自適徐氏，克盡婦道，事上有禮，接下以恩。雖其夫子之貴顯，然未嘗有一毫奢侈，而儉約自如，閨門之內，肅然無譁，故享有富貴，而克終其天年也。歷觀載籍，婦人之賢固多者，其間克全福壽者蓋少。夫人兼而有之，天之畀予，可謂厚矣。

夫人生於某年月日，沒於洪武三十五年月日，享年□□。子男七人：長曰凱，即子安；次曰崟，曰嵩，曰岩，曰嶽，曰崇，曰峀。女一人，適東昌衛指揮朱武。孫男□□人：曰禎、祓、祺、祚、祥、裀、禮、禕、祖、祿、禬、禪，余尚幼。孫女二人：長適前軍都督僉事寧忠，次適敘南衛指揮曾後。曾孫男四人，曰誠，曰謙，曰讓，曰誼。曾孫女二人，長適成都僉事吳正，次適寧川衛指揮同知鈕潤。乃序其世家，志其墓，以傳於永久。

劉生公肅墓誌銘

劉誠，字公肅，永豐遷鶯鄉鷺溪里人也。曾祖楚奇，元海北道廉訪副使。祖尊實，平圃學正。父子合。子合四子，誠居第三。余家去鷺溪百里而近，劉氏與余家連姻好。余女兄歸，誠從父子仍歲時往來，見誠淳厚，乃以兄子妻之。由是誠益自勵，日夜讀書不發，學書賦詩，咄咄逼人。前年余居京師，誠不憚勞，裹足來省。今不與誠見者三載，誠乃買舟遊齊魯間，以廣其學。道京師，寓余客館。余喜於誠見，且得以相慰藉。未幾疾作，竟臥不起。余哀之甚痛，悒塞幽惋傷於心，悲誠之負才器而夭。夫天之於物，各因其材而篤焉。

誠秉靜默端謹之性，聰敏溫粹之質，處身以禮，接人以恭，事長有節，言語不苟發，宗族鄉黨，舉皆稱之。若是者，誠非夭者，而何遽至於斯？是造物者，不可得而知也。苟使不才，不知所趨向，乃得老死於其鄉，與其昆弟妻子，朝夕相見，得以永訣，必不至若是之離慘也。夫天下之理，萬有不齊，往往不才者壽，而才者反夭，是宜誠之不得其壽以死也。余無以慰誠於地下，乃序其世家，書其生卒歲月，以志其墓，且以寄余悲於無窮焉。

誠生於洪武辛酉正月七日，沒於永樂元年癸未五月廿六日。以明日買地，葬於江寧縣鳳臺鄉之原，俟余他日得其南還，攜其骨以歸。誠有男子一人，甫歲餘。於誠尚如此，矧敢以望其成立也耶？是亦未可知也。銘曰：

上違其老，下背其幼。悠悠蒼天，曷其歸咎。

靜軒陳處士墓誌銘■■■■■■〔註7〕

邑陳沖氏，持其祖靜軒處士行述來京師，謁余而言曰：「沖之大父沒，適元末兵變，權葬於里之西眉山，距數十年，沖兄弟始克謀改葬。然葬而未有銘，以述先德，沖兄弟懼無以見先大父於地下，用錄先大父行事梗概，請銘於下執事，追而納諸幽。是沖兄弟之志，而亦先君子之所，嘗命於沖兄弟者也。」余憫其言之誠而志之篤，於是為之銘。

按狀：處士諱顏，字伯淵，號靜軒，世家文昌鄉。曾祖諱某。祖諱幼學，字君許，號屏山，宋紹興辛亥、嘉定壬戌，兩魁春秋補試。父諱應乙，字季良，號良齋，宋寶祐丙辰舉進士，登信國文公榜。良齋三子：長曰伯恭，次曰伯炎，次即處士也。處士生而岐嶷，異於群兒。嘗隨父謁郡守張槐應，見其穎敏，甚加愛重。九歲喪其父，又三年喪其母，廬於墓側，哀毀如成人。伯兄卒，依仲兄伯炎以居。伯炎時為觀山巡檢，坐邏兵誤殺逃卒，連繫獄，處士即奮白其事。適部議反獄詞，伯炎復見收，乃悉捐其私幣以追其辜，後卒蒙宥。既而伯炎以言忤州長被遣，欲抵以奇法。處士間行告中書，檄下得釋。暨冠，力學治生，家日以隆。兄欲異財產，悉讓之，無所問。

宋季天下紛擾，有兵百餘猝然而至，眾懼其鈔掠，處士獨捐貲齎送之出境，環里獲免。元兵追文丞相至空坑，處士度里溪橋朽腐，恐丞相師至為所逼，乃夜舉火徹而新之。丞相師既度，聞其故，命處士相見，歎曰：「使人皆陳伯淵子事，共濟乎？」因辟為屬，以疾固辭。大德丙午，歲大歉，發其所有

〔註7〕此處原文後墨塗6字。

振族里之貧乏，計口給之，全活甚眾。或言米價翔湧，且發難，利可數倍。處士曰：「乘饑以邀利，仁者所不為。」言者慚服。有來貸者，即與之無吝。其有以金帛為質，辭不受。歲既稔，貸者以息本相償，收其本，還其息，謂貸者曰：「若以息，人皆可，奚問我為？」人咸稱之。如是者非一歲。

延祐乙卯，寧都寇作亂，勢甚猖獗，官兵討捕，所過暴橫。處士具酒牢以慰遣之，士卒無譁，閭里不擾。泰定乙丑，州守馬稱德作新學校，捐己田入學，以贍師生。至順辛未，里大疫，無間戚疏，皆濟以醫藥。其親戚子弟孤弱者，為長立之，教誨婚娶，有如己子。尤好林泉，多構樓館亭榭於左右。當代鉅公為書名扁，一時往還者，皆衣冠宦達。元季亂作，傾資倡義，以保障鄉曲，人倚為重。未幾，以疾終於正寢，享年七十有八。

處士生宋乙亥正月，沒於元至正壬辰六月，以洪武某年月日遷於文昌鄉塔坑口之原，處士存時所自卜也。娶蕭氏，前臨武薄元英之女。子三人：長先卒，次曰漠，沖之先君也，次曰季發。孫男四人：長曰善，次曰濟，次曰桓，次即沖也。孫女六人，曾孫男十人，曾孫女□人。

嗚呼！積善之報，徵之於近，若未可見；徵之於遠，然後可見而易信。若處士好善急義，孜孜若不足，在當時則未有以見天之報之者，何如？及今沒五十餘年，而其所為之善斯著，其子孫益繁而昌，是積善之報，久而後可徵乎？異乎！世之罔善，而不知為者。故為之銘。曰：

陳氏之先，來於義門。德義之存，久而彌敦。好善者誰？猗嗟靜軒。幼而克嶷，長而粹溫。賙於山窮，保於鄉園。饑者以飫，寒者以暄。暴橫不作，紛鈔不煩。考終正寢，慶茂且蕃。全歸之卜，塔坑之原。安於茲邱，永詔來昆。善施無艾，乃徵予言。

羅公蒙叟墓誌銘

我太祖高皇帝乘運龍興，文武智謀之士，四方雲集，各獻其能，芟薙暴橫，肇建洪業。偽漢逞兇，殲於潘陽，其子理潛歸武昌。上不欲窮兵，乃遣儒生，掉三寸舌以說之。廬陵羅復仁承命往說，說下完城，不費一矢。雖其口舌之功，而實本於太祖不殺之仁，有以致之也。復仁質直，遇事敢言，以是功授弘文館學士，後賜休致於家。其從子養蒙，好言語，持辯論，侃侃無所避，人謂有其從父風，而文學或過之。羅氏代有其人。

養蒙諱以明，養蒙其字，自號曰蒙叟。幼知慕學，家貧，母鬻簪珥以教之。

七歲善聲對，十二三能為辭賦。及冠為童子師，常得肉味，輒先以奉親，所得一毫不自私。元末兵亂，值太父母及父三喪，竭力盡喪葬，不以貧窶廢禮。一日假館新淦，忽心動，亟回家。時母遘疾甚危，即禱天請以身代。母竟死，更二日復甦，謂曰：「適有神人告我云，更與汝壽五齡。」人皆謂公孝誠所感。母后果五年而沒。母沒，哀痛幾絕，終喪如一日。自是遇歲時祭奠，必泣下沾襟，鄉人見者，莫不稱歎。故公之行，有以服人。雖寇盜，聞公言皆感愧，不復為攘竊。國初有勉公仕者，公曰：「我逢聖朝為太平之民，謳歌田野，以樂治化，教子課孫，以報覆育之仁。吾老矣，無能為矣。」

今天子即位，改元永樂，其中子汝敬領鄉薦。明年上春官，登進士第，入翰林為庶吉士，升修撰，皆公之教也。汝敬嘗迎公來就養，公時猶康強，朝上於奉天門，見皇太子於文華殿，特加問勞，命大官賜膳，人皆榮之。已而辭歸，詞林士大夫多為詩歌，餞送於都門外，觀者咸嘖嘖加羡。公歸鄉，惟日賦詩歌頌太平，間以書勉其子，惟盡忠孝。年已八十六，耳目聰明，飲食無異平時。一旦翛然而逝，永樂壬辰十一月廿三日也。

生故元泰定丁卯月日。曾祖德茂，元瑞州學正。祖仲哲，父時中，俱博學有文章。母蕭氏，配蕭氏，再娶季氏，俱先歿。子男七人：曰忍，曰德，曰盈，曰恭，曰肅即汝敬；曰仁，臨江郡學訓道。忍、德先卒，盈為復仁後。孫男若干人，孫女若干人。曾孫男某，曾孫女若干人。以某年月日葬於鄉某山之原。

汝敬以右春坊右諭德兼翰林侍講金公幼孜所述行狀，泣請予銘。予生也後，嘗忝與公有文字之交，且辱相知，詎可以辭？況公平生學問操履，出處大概，表表可稱。至其事親誠孝，感動神明，此猶可書。謹按其實而銘之。銘曰：

羅氏之先，始出錢塘。有衍其支，乃遷豫章。奕葉廬陵，復蕃吉水。桃林之墟，蔚蔚嶷嶷。科第相望，寶祐迄今。有曄高曾，襲其簪纓。猗歟蒙叟，式承家學。以孝事親，質神無祚。士服儒紳，八十六年。鶴髮童顏，飄然若仙。逍遙林壑，優游卒歲。他人天爵，公獨良貴。公今逝矣，以反其真。九原不作，永閉斯文。

陳雅言先生墓誌銘

先生姓陳氏，字雅言，以字行。其先有曰大朗者，宋初由瑞州銀坑來仕廬陵，因家永豐。五世祖諱俊，建德府僉書判官。高祖諱辛，建寧府觀察推官。

曾祖應沐，信州司戶參軍。祖可權，號月庭，博學好義，嘗割己田數百畝，創書院於邑西，聚群書，教宗族鄉黨。邑以聞於朝，賜額曰陽豐，田曰義田，就以可權為山長。考立本，興元路學正，生五子，先生倫，次居中，生故元延祐戊午。幼聰敏異常，年十三可權嘗閉戶校書，先生偶至其旁，可權隨手抽架上書令誦，聲琅然，無一字齟齬，數過即能背誦。稍長，授詩於傅翠微，授書於徐江東。二公見其穎異，咸加歎賞。初學科舉業，既成遂肆力於古學，經史子集，靡不搜究。一夕夢人授以竹簡，分丸藥啗之，由是文思大進，前輩多所推讓。元末有以茂材薦，辭弗就，乃著潛夫擬作《閔巳》《寒松》二賦以見志。雖居亂難，不廢著述。已而喪父，搶攘中殮葬必盡禮。

國朝初平江西，郡縣設官修，舉廢墜，永豐首起。先生典教縣學。屬草創，戶口土田失實，供需百出，縣官無藝處置，先生為規畫，公私始便。建廟學成，祭器一出先生計度。招致賢俊，以就教育，後皆成材。收其族子之孤寒者，撫教之；有貧而好學者，衣食之。其父母妻子相繼而沒，無以葬，又具棺衾為葬之。前後葬不能舉者，凡九喪。民有負官租三年者，督逋甚急，貧無以輸，一女鬻之。先生為出所逋租，還其女。所為類如此。郡守屢舉薦，輒以母老辭。母年九十四乃終，寢苫枕塊三年，哀毀喪明，服闋目愈，草便宜十五事欲上，未行而疾作，自是竟不起。洪武乙丑十一月廿七日卒，享年六十有八。

配孺人鄧氏，有婦道，次年沒，合葬邑龍雲鄉長源坑之原，祔先兆也。子男二人：子威、子儀。女四人：長適曾濟；次適曾仲禮，鄆縣訓導；次適曾用臧，蜀王府教授；幼適張宗璉。孫男五人：彝訓，今為中書舍人；資訓、大訓、其訓、是訓。曾孫男若干人。所著述有《書經卓躍》，今行於世。又有《大學管窺》《中庸類編》，《四書一覽》《運幹文類》《矩齋課志》《七家詩選》《樂府訂成》，及《擬崔駰達旨》二千餘言，《天對》六篇，雜文並詩若干卷。彝訓以狀謁廣為銘。先生學有本源，言有要領，德行道義，篤實膚腴。雖為師儒於一鄉，而其學，則行於天下後世，沒世而民不泯，是宜為之銘，追納於幽堂。銘曰：

於乎！先生，儒冠縉紳。恂恂其德，咻咻其仁。著書立言，有典有則。進升之階，經師之式。位不浮德，沒則垂名。祭而在社，其謂先生。龍雲之鄉，閉藏其宅。山高水長，懷永無斁。

宜人王氏墓誌銘

故翰林檢討廖公之妻，宜人王氏，諱某，字某，廬陵儒家子也。自幼有淑德，宗族咸重之。年十九，歸廖氏，侍舅姑，克盡婦道。時祖姑李氏猶在，最嚴，難事；繼姑周氏，亦嚴，難事。宜人左右奉養，朝夕無遺，皆得其歡心。故舅姑稱之曰賢新婦，而祖姑亦稱曰我家賢孫婦，尤鍾愛焉。祖姑歿，宜人慟曰：「何教我之不卒耶！」及姑歿，慟如之。遺子女二人，皆幼，宜人撫之尤謹，凡衣食必先衣食之，而後及己子，內外莫不歎服。

洪武初，廖公薦官為河南丞。初辭家時，以親老子幼為戚，宜人獨能以丈夫志，勖其君子，謂惟盡力於官事，家事無煩念，廖公出無所繫累者，宜人之助也。自是宜人處家教子，率仿其祖姑與姑之訓，嚴而有法，勤而有制，儉而有節，閨門之內，雍睦有禮。尤善訓諸子，或少有怠，略不假借，即呼而前笞責之。恒曰：「吾自為汝家婦，每聞吾祖姑與姑之訓於子孫，必嚴必正，故咸底成立。今吾不能訓汝輩，有愧於汝家婦。」諸子皆感泣，痛自飭勵，遂成儒者。

廖公再丞吳江，未幾以事謫戍於邊。宜人持家益勤，凡奉賓客、祭祀，嫁女、娶婦，皆宜人。早夜紡績織紝，以為具。諸婦入門，躬率以勤女紅。鄉黨親戚，舉勤儉，有禮法者，則必稱宜人焉。後廖公再起為郡文學，入翰林，為檢討，宜人守志自如，不改初度。逾年，廖公歿，宜人訓其諸孫如諸子，曰：「吾幸不死，將不欲使汝輩無成。」既而疾卒，聞者莫不慟惜。

生故元至正壬午，歿於永樂癸巳，享年七十有二。子男四人：長曰琮，有文學，先二十年卒；次曰器，曰成，曰用，俱有文學。器由德化文學官至蜀、慶二府紀善。女二人：長適陳伯偉，次適胡方平。孫男七人，孫女六人：長適子長、子種，次適張某，余在室。以某年月葬於某山之原。成述宜人行狀，謁廣為銘，以藏於幽。有不可辭，遂為之銘。曰：

勵夫之志，樂羊之妻。成子之名，陶氏之婺。伊嗟宜人，展也是儀。惟其所難，抑又過之。春秋霜露，昭此銘詩。

熊府君墓誌銘

邑熊自成喪其先府君三十有餘年，未有銘以掩諸幽，懼無以慰其先靈於地下。一日，持其友胡敬方所述行狀走京師，求予為銘，追納於墓坎之次。予忝與自成交，且與其子倫同肄業鄉校，相知有素。予雖不能文，然恒樂傳道人之善，況邑有君子，又有賢子孫，若是豈可使其無聞？是皆宜銘，烏得而辭？

府君，諱超，字符亨。曾祖榮甫，有隱德。祖秉卿，號南溪，以學行稱，鄉先生梁奎峰以女妻之。父，以德，早卒。府君事母李氏甚謹。值元季兵亂，鄉里寇盜嘯聚，一邑之內，竊據者數姓，狼吞鼠噬，人無寧居。府君奉母避地於文水之西。雖遭世難，旨甘無缺，人咸稱其孝。與母兄李用泰居，同爨十餘年，長幼無間言。暨寇平，復故業，悉讓居地與□人，別築室於學宮南之古城，闢家塾，延明師，以教其子。歲久禮意益虔無懈。撫育妻之孤弟，既長，為畢婚娶，割產以贈之。其篤孝尚義類此。性淳厚，豐儀修整。善論辨，每對客談古今事，纚纚可書，前輩咸敬服。

一日偶得疾，自知其劇，遍告其親友曰：「吾疾且作，作必不可為，相與永訣矣。」人咸愕錯，怪其言。歸拜其母曰：「兒疾行且作，作必不起。兒不孝，不能終養，且遺大人憂。願大人割不忍之恩，兒命止此，毋重傷痛。」復語諸子曰：「善事吾老母，善為學，以圖顯揚。」言未嘗及他事，已而遂卒。聞者莫不悼惜。沒之日，年才四十有八，時洪武辛酉六月廿又六日也。生故元元統甲戌四月廿五日，以卒之年十二月庚申，葬邑中鵠鄉五十四都韓家園之原。娶王氏，出右族，有賢行，事姑教子，克盡其……〔註 8〕。

〔註 8〕原文缺。

卷十四・墓表、狀、傳、哀辭、祭文

處士梁公墓表

永樂八年冬，廣扈從北還，道聞處士梁公卒，甚悼之。至京師之又明日，首弔公之子潛。潛哀毀痛傷，形容骨立。越旬日，得歸葬，述公行實，命廣為文，以表於墓。

廣與潛同僚，潛凡兩迎公就養，幸竊見知於公。公嘗賦《畦樂》詩，屬廣和之，其氣清和雅淡，得陶、柳之趣。嗚呼！此可以見公之學與所養矣。公諱蘭，字庭秀，一字不移。先世由長沙徙泰和，九世曰均崇，仕宋為鳳翔知府。弟均傑，同知黃州府，入充史館編修官，居縣之東廓，聲望甚著。五世至昭伯，昭伯生才可，才可生彥卿，一字心易，學者稱心易先生。先生三子：長庭芳，次即公，幼仲敏。時里鍾謹，獨為梁氏甥，無子，以公後鍾氏。公自幼穎敏好學，七歲侍父側，命與諸子屬對，公應聲立就，而語益奇，餘子不能及，大見稱賞。稍長，心易授以《易》，得其說，探索玩味，有所未究，雖祁寒甚暑不休。

元季值兵亂，父兄皆沒，公獨奉母孺人楊氏撫訓幼弟。雖處困窮，而不易其樂。公小心謹厚，處鄉里惟恐有失意於人，恒懇懇語人為善。嘗出夜歸，遇里人訴其怨家語，憤切不能平，公反覆開喻。至家少頃，聞扣門聲，亟啟戶視之，乃向怨家子。拜公曰：「人訴吾父於公，公始終好言以解之。吾躡其後，欲刃之。公長者，忍以此累公。」明日持鎌來謝，公弗受。其忠厚類如此。長子潛，以蒼溪文學被薦為四會尹，入翰林為修撰兼右春坊右贊善。次子混，初教於瑞州，調溧陽文學。公每以書付二子，必勖之以道德。故潛為宰，有政聲，居詞林，以學問文章名於時，為儕輩所推重。混謹飭循雅，優於經學，與兄齊名，教出其門者，皆底有成。凡鄉邦之稱善教善承者，必曰公父子焉。以梁氏無後，命濳請於朝，復梁氏姓，君子以公為盡禮。晚喜林泉之逸，日杖屨相羊於花竹間，種畦植圃，觀物生意，以適其適，因自號為畦樂翁，學者稱為畦樂先生。

教鄉人子弟，精於講說，推明反覆，引譬切當，透徹隱微，聞者悅服。為文簡而有法，詩亦閒曠，有油然自得之趣。喜飲酒，客至輒傾倒，醉而後止。諸孫侍側，歡然自娛，不以二子遠去，有毫髮戚戚意。時濳被召在北京，公賦詩二章，以勉濳盡忠乃職。公時疾已劇，遂屏去醫藥。賓客來問疾，命取酒飲客。尋命為深衣幅巾，曰：「以此斂我。」臨終問日早暮，對以晚食時，即盥沐更衣而坐，蕭然而逝，乃七月二十六日也。生元至正癸未，享年六十有八。配陳氏，賢而有婦道。子二人：濳字用之，混字本之。孫男八人：果、棨、栗、樂、乘、楫、榆、樅、槼，乘早夭。孫女六人。曾孫男二人：翰、豣。將以某年某月某日葬於某山之原，左春坊、左諭德兼翰林侍講楊士奇具志於幽堂，廣為表，於其墓曰：

嗚呼！公耿介自持，安乎儉約，委名自信，孝悌之行，著於家庭，忠厚之誠，達於鄉黨。雖不見於事功，而其取足於已者，固不待表。而後有以見於後世。矧公之二子，方以文學進用於時，其所以顯其親者，自足以致久遠，則公之濳德隱行必茂著而無已也。姑述公之大略，以揭於墓，庶幾以慰其後人之思焉。

翰林庶吉士陳君孟潔墓表

永樂八年十一月乙亥，翰林庶吉士陳君孟潔，以疾卒於官，廣扈從歸京師之明日也，享年四十有五。卒之七日，廣始克憑其棺哭之。其子年歸其喪，葬於鄉山之原。其外兄左春坊、左諭德兼翰林侍講楊士奇銘其墓，其姻友胡廣為文以表之。

君諱廉，字孟潔，以字行。先世由金陵徙泰和，為衣冠名族，世顯科第。曾祖主一。祖心吾，為江右鉅儒，以德行文學，稱於當時。出其門者，咸造於成。自號曰海葉翁，故學者稱為海葉先生。有《海葉集》若干卷藏於家。父孔碩，忠厚急義，凜然風節。母羅氏。君幼性穎敏過人，讀書日記數千言，十二下筆為文章，粲然有法度。海葉先生獨愛之，聲譽籍籍，先生長者無不加敬。

君事親孝，能得其歡心。臨患難，雖死不避，間遭不逞者構詞以誣君之父，君憤痛，冒死赴愬闕下。父得白，不為所誣。父歿，撫育諸弟妹，長畢婚嫁，不以一錢私藏。喜周人之急，為宗族故舊解釋糾紛，力不辭勞。胸襟豁達，交四方賢士大夫，至其門者無虛日，必盡興乃去。喜飲酒，雖終日大醉，無毫發忤於人。廣與交二十餘年，未嘗見其有疾聲厲色。與弟孟旦，自相師友。永樂乙酉入貢大學，是年中鄉試。明年中會試，賜進士出身，授翰林庶吉士，與修《永樂大典》，為校正官。

君樂疏曠，不事檢束，對客即傾倒，雖病不廢飲酒，竟坐是而卒。噫！君誠忘世之士哉！配蕭氏，子一人，即年也，廣許以子妻之。君時迎母羅氏孺人來就養，君沒而孺人哭之哀甚，今年來速廣文。

嗚呼！孟潔君以豁達為高，故於其外者無所慕，而超然於事物之表，曾不知憂戚之嬰其中，而規規於事為之末者，終歲或不能有。一日之適，視君脫略世故，相距遠矣。雖其壽齡不永，有若可恨，而其名於世者，將不在於是也。逐書其概，以表於墓，使後之知孟潔者，於此而徵。

孺人鄒氏墓表

吉水夏成章之妻鄒氏孺人，諱懿，字淑善，邑之北門社倉里人也。太學博士，諱湛之。曾孫，進士，諱浩之。孫，文學，諱能之。女幼，性慧，喜讀書，父時授以《孝經》《論》《孟》之書，輒能成誦。長有賢行，於女工之事，自能若素。學者早喪母，及女兄將嫁，為助治奩裝，凡資身之物，悉推與之，無一髮顧惜計。父獨愛之，曰：「是女不凡，必不與常。予以夏氏詩書家」，遂以妻成章焉。成章嗜學，銳意科第，孺人力治家事，不以煩之。時舅姑俱老，精意奉養無懈，賓客往來，日為酒食，供具必愜舅姑志，得其歡心。恒曰：「是賢婦，是能理吾家，內助吾兒。」孺人益自謹。與妯娌居，胥讓無間言，婢僕未嘗聞呵叱聲。

元末避地於邑之董富，適歲饑，勸成章以所賒賑之，至今人猶感焉。舅姑歿，春秋祭杞必盡誠敬。外家兄弟衰落，歲必歸，設奠其先，悲泣盡哀。撫其孤，皆有所立。成章嘗得疾，湯藥必躬進，或以命諸子，不使童婢。人問其故，曰：「童婢固當報勞，然疾病非其所諳，脫有失，為患非輕。」聞者歎服。後成章歿，諸子尚幼，孺人居喪守禮，勤儉以治生，致家益饒裕。延師教諸子，皆能有成。及撫訓諸孫，亦如訓諸子。常曰：「汝家起科第，代有聞人，幸自勉成名耳，毋替家學。」諸孫有好學者，喜形於色，躬為治茗，飲酒饌，以奉其師。

一日，忽臥疾不起，諸子驚走求醫，孺人止之曰：「吾平生少疾，今壽止此，藥無益於生死。」言訖而歿，時永樂甲申月日也，享年八十有五。以年月日葬於山之原。子男四人：子厚、子安、子莊、子澄。子安、子莊先卒。女一人，適李一誠。孫男十人：舉謙、敏常、敏道、敏求、敏服、敏素、經孫，昌孫、良孫、震孫。孫女三人：長適劉元素，次適劉明哲，次適劉蘭芳。曾孫男四人。

敏求，領乙酉鄉薦，是克成孺人之志，惜孺人不及見也。敏求以其父子澄之命，述孺人之行，來請曰：「吾父見棄於先太父，賴祖母教訓有成立，又教吾諸孫，皆底有成。吾家以不替者，實吾祖母之賢也。然藏諸墓者，既有銘矣，而暴於外者尚缺，將無以示後之子孫。敢請執事一言，以表於墓。」予觀孺人之賢，克順其舅姑，克相其夫，克訓其子孫，享有壽齡，延慶於後，是皆可書。用序其事，以表於墓上，俾其後有所式。

翰林侍讀胡若思先太孺人墓表

孺人姓徐氏，翰林侍讀胡若思之母，處士仲器甫之配，前處士諱朝英之女也。生六歲而母卒，孺人性婉淑，處士獨愛之。及笄擇所歸，曰：「必得儒家子為宜」。遂歸於胡氏。孺人周旋慎密，克相其家，勤治女事，不厭其勞。雖兵弋飢饉，而家常裕如。祭祀賓客之奉，豐潔必如儀。小大之事，率有條理，尤善事其舅姑。閭里親戚無間言，咸稱之曰賢婦焉。

予於侍讀同官於朝，每與予言及孺人，輒汪然泣下，謂孺人幼喪母，事其舅姑如所出。諸子幼時，嘗口誦《孝經》《論語》以授之。今侍讀得成其名，以顯揚清要者，雖處士有以教之，亦孺人與相之力也。侍讀謂予曰：「子，吾同姓也，且幸同列於侍從。願畀一言，以白先母之志，庶或可以少慰於九原。」遂述其梗概以表於墓。至於其世家、歷履、生卒、歲月，墓誌備矣。

余嘗讀《列女傳》，觀古之婦人，或刻苦以抗其節，或舍生以成其義，雖其所遇之時有所不同，然皆能成其名，垂於後世，為君子之所與。其從容不迫，合乎中道，而可為式於鄉黨者，亦不多見。若孺人之居家庭，為子克孝，為婦克敬，為母克慈，而可以為鄉閭之法。於乎！其賢矣哉！其賢矣哉！

先曾祖鼎峰先生墓表

於乎！維我先曾祖鼎峰先生，學問淵懿，承乎先正，德行道誼，追從古人，弗克顯揚於後世，謹纂次行實，以表於墓。

先生諱元吉，字鼎亨，號鼎峰，學者稱之曰鼎峰先生。博學無所不通，當元盛時，恬退樂道，不喜仕進，惟以經書教授鄉里。家居靜坐一室，沉潛覃思，仰觀俯察，以極夫幽微之賾，於聖賢之學深造其奧，與學者言，剖析其旨，必窮其歸趣。教人必謹，孝悌忠信，一切浮薄飭使勿為。出入舉動，必由矩度，孝友恭儉，敦行踐履，儀容肅肅如也。鄉黨宗族化其行，凡冠婚喪祭，有欲行禮者，咸於先生取法，衣巾舄履，皆取則焉。苟衣袂巾帶有不如則者，即剪輯之，曰:「先生巾帶，弗如是也。」豪貴過里門，輿必式，曰:「此胡先生里也」。其為人所敬重如此。

平生重然諾，與人一語，千金不易。聞人有善，甚若己有，人有不善，曰:「彼不學，固如此，使其知學，焉得如是？」或召其人，與語以道理，從容規誨，已皆改行，更不敢為非。有間過失者，輒自咎，曰:「恐為胡先生知也」。雖鄙夫小子，見先生必斂衽肅容，毋敢放肆。然胸次坦夷，渾然醇厚。與人言，必傾竭無留。賓客過從，日接論議，樂而忘去。每談未然事，其效若筮龜不爽。

歲大比，輒先語人曰:「今年出某題某策。」聽者初不甚信，已而果然。如是者屢，人始服先生先見。蓋先生靜中工夫為多，故能如是。常教子弟力行為善，當暮夜集於中庭，以嘉言善行為訓，聞者皆唯唯聽受。自後有舉名，言以教子弟者，曰「我聞之於鼎峰先生」云。性好山水，天氣晴明，或出一遊，適興即返。暇則杖履，逍遙於園林之下，無一毫世俗慮。治家有法，不豐不儉，無歉無贏。有餘即推以與人，遇水旱即施糜以食饑者。善讀醫家書，多蓄善藥濟人，蒙惠者甚多。一日無疾，肅衣冠端坐，翛然而逝，享春秋七十有八。生宋咸淳甲戌月日，歿於故元至正辛卯月日。葬邑五十二都黃土嶺白竹塘之原。葬之日，四方來會者數千人。洪武庚申，改祔於廬陵縣儒行鄉胡家坑先塋之次。

曾祖敬之，宋修職郎、知沅州錄事參軍。祖諱震龍，字啟晦，宋宣義郎、將作監丞。父洪範，宋國學上舍生，上書言賈似道被斥，後得釋，家居抑鬱而沒。妣夫人蕭氏，配夫人黃氏。子男三人：彌高、彌紹、彌性。女三人：適歐陽，適張，適侯。孫男三人：子祺，歷官至延平知府；子和、子順。曾孫男八人：直、廣、辛、崇、應、賓、賢、覿，曾孫女八人。

於乎！維我曾祖，為世醇孺，平生所行，皆足為世師法。惜其隱晦，人不得盡知。所著述，不幸毀於兵燹，深有可恨。廣先大夫延平府君，策志勵行，欲樹建勳業，以求寵贈。又不幸早世，弗克如願。廣幼孤，仰賴先澤，遭遇聖明，叨列侍從，思有以紹承先志。顧惟庸駑，無以自見，恐歲月易邁，先跡堙沒，謹述所聞，以為墓表。雖不能罄先德之詳，亦存什一於千百者也。用揭於阡，使後世子孫，知有所感，慕興起云。

先太父貫齋先生墓表

於乎！我先太父貫齋先生，博學而志篤，行純而寡言。言足以明道，志足以有為。雖不能行於天下，然內克於己而及於妻子，外被於人而化於鄉黨。惜不遇而沒，卜厝於今四十有二年。懼先德無以昭於外，謹述言行之略，刻諸石表。

先生諱崧，字彌高，貫齋，藏修之號也。性端重，有德量，人未嘗見其喜怒。交際必以禮，取捨必以義。不躁進以求名，不苟同以合俗。家給僅足，仰事俯育，無以累其心。故休休有餘，談詩書而誦仁義，以教夫人。當故元科舉盛時，其友劉粹中、龍原同，嘗勸先生就舉，先生辭之。二公強先生行，不得已，一至場屋，不終試而出，曰：「吾志不在是也。」遂泛扁舟，遊江漢，過洞庭，歷覽於荊襄之間。歸家益窮力於所學。

至正壬辰，天下兵亂，部使者守郡，檄先生興義，保障鄉里。先生以義激動，鄉人翕然皆從。由是寇不敢入境，鄉里得安。方疇功，上名授官，先生力辭。未幾以疾歿，時甲午七月九日也。生故元大德壬寅，享年五十有三。曾祖起晦，祖洪範，父鼎亨，妣夫人黃氏。娶夫人韋氏，德性賢淑，處閨門有禮法，奉舅姑極孝順，侍妯娌和睦，事先生敬，教子女嚴，治家主閫，有相於內焉，同時相繼而歿。男子祺，累官至延平知府。女二人，長適王吾先，次適王啟宗——長州縣令。孫男二人，直與廣也。孫女四人。曾孫男四人：同老、敬老、詒老、秀老。先生無恙時，嘗遊原壄間，指一丘語延平府君曰：「此吾葬處也，識之勿忘。」及歿，權厝於里中，後有以地來獻，乃嘗所指處，遂以韋氏夫人合葬焉。時洪武元年月日，在邑五十二都鋪席洲之原。

於乎！維我先太父稟惇厚之資，蘊正大之學，有德而未遂所施，故覃及我先府君，際遇聖明，得歷顯官。然褒揚之志未酬，齎恨以沒，其責在我後人。顧廣之不似，才能非薄，無以暴著先志，謹纂為墓表，昭揭於阡，庶尤有望於將來。

先考中憲大夫延平府君贈翰林學士奉政大夫墓表

嗚呼！先公棄諸孤三十有六年，未克以表於阡，將無以昭著先德，夙夜是懼，用敢述言行以刻諸石。先公諱壽昌，字子祺，世居金陵。始祖公霸，南唐吉州刺史。子勝，避地廬陵之薌城，因家焉。七世祖宋資政殿學士忠簡公銓，銓子泳，宋右丞務郎。泳次子榘，宋兵部尚書。榘子煌，煌子文彬，宋南郡文學，徙居邑儒行鄉。子敬之，宋修職郎，又徙吉水之大洲。子諱震龍，字起晦，宋宣義郎。子洪範，宋國學上舍生，先公曾祖也。祖諱元吉，字鼎亨，究極群經，不樂仕進，急義好施，以德行稱。考諱崧，字彌高，號貫齋，博學有隱德，嘗一試於有司，輒就引退，探索至奧，以造其成。妣夫人韋氏，有賢行。先是未有子，嘗禱於神，大父夢巨星墜於舍，已而生先公，時元至順癸酉六月八日也。生而岐嶷，稍長端重如成人。太父尤鍾愛，從龍原同先生，受學於郡城。事師為學，日謹不懈，深為龍先生所器重。龍先生歿，再學於莘樂吳先生，卒業於門。先生尤篤愛，事親至孝，親疾侍湯藥，日夜不解衣帶。親喪哀毀幾殆。諸父相繼沒，力疾以營喪葬，撫諸父弟妹，長為畢婚嫁。

元末兵亂，避地於洪。歲壬寅，皇朝兵下，洪先公偕豪傑迎王師，遂分兵趨吉安。初，偽漢右丞鄧克明降，以其眾從征，至吉水反，奔回新淦。王師追之弗及，獲居民男女萬餘，指以為從賊，欲盡戮之。先公言於軍師曰：「此良民，非從賊者，不可殺。」軍師愕曰：「有是哉？」訊之，果良民，乃盡釋之，民賴以活。洪武元年，州守費震辟為州文學。三年春，詔入京，試吏、禮二部，選十八人次，名第八。明日召廷對，適太史奏文星見，太祖喜，親擢十八人為監察御史，錫宴御史臺，以示優寵。太祖曰：「唐有十八學士，朕有十八御史。」先公首上書，言都陝，其略謂天下已定，鴻業已成，國家大事，莫先於建都。夫咸陽乃邦畿，千里之地，山河之險固，田壤之膏腴，光嶽之氣全，寒暑之候正，自昔成周、漢唐得以措社稷於悠久者也。天下可為都者，凡四：河東地勢高厚，跨有西北，控制蕃漢，堯嘗都之，然其地隘塞；汴梁，北界黃河，南臨江淮，宋嘗都之，然其地平廣，無險阻可依；洛陽，周公嘗卜之矣。周、漢嘗遷之矣。然嵩、邙諸山，何若淆函、終南之險；瀍、澗、伊、洛之水，何若涇、渭、灞、滻之雄。故得天地之中，據夷夏之要，莫關中若也。可以永郊廟之享，可以綿子孫之祚，莫關中若也；可以居重而馭輕，可以強本而弱枝，可以屯天下之兵，可以聳諸侯之望，舉莫如關中也。臣聞，居中而制外者易，居外而制中者難。陛下以難而制易者，何也？實天以授陛下也。夫鍾山龍蟠，石城虎踞，江南之喉襟。陛下肇基於此，中國迎刃而解，誠得乎天命之全。吳、晉、宋、齊、梁、陳，得氣運之偏，不能制中原，而中原制之者，中原有人也。中原有人，則金陵之勢，僅足以據有江南；中原無人，然後可以控制天下。今大寶已歸，正統斯建，正當上合天心，下符民望。願移江上之龍輿，永正關中之大業。臣職當言路，天下之事，固將次第言之，而獨以此為先者，蓋觀古之聖帝哲王，創業於悠久，莫不以建都為重。故敢首以為言，惟陛下圖之。書奏，太祖嘉悅。

時廣西初定，擇人按治。先公與御史王子啟被召入對，稱旨，遂除廣西提刑按察僉事。二公儀表魁岸，及陛辭，太祖顧謂曰：「真可懾服蠻夷。」至則出臨諸郡，敷宣德意，撫察民隱，不事威望，務存大體。嘗錄囚，有疑獄必平反之。恒語吏曰：「人死罪，不復更生，罪苟當無憾，不當則負冤無窮。常求其當，恐猶失之過，況不求乎？」由是所活者多。時徵稅失實，令憲官監收，以羨為額。先公監處，視舊獨無增羨。廉使舉他郡例為言，且恐並得罪。先公曰：「實無所增，有罪吾獨當之，不敢虛羨以病民。」後亦無事，民竟受惠。融州真仙岩多碑刻，元祐黨人碑尚存，即擊碎之。

六年，調知彭州。初灌縣都江堰，自秦李冰為蜀守，鑿堆以分江水，灌溉成都田畝，歷代相沿修治，兵亂堰廢，民不得耕，田野荒蕪。先公以修堰興水利為言，達諸省府，咸不樂，反覆詰難，欲沮格不行。先公曰：「所利於民，吾何恤乎？」乃再三言，便辭剴切，轉聞於朝，命始下省，就委先公得命，亟集丁夫，伐木萬五千有奇，竹十九萬八千有奇，縛長木為三腳架，銳上而闊下，束短木於其腰，載以竹筏，豎置於江口水中，表裏二重，大小九十餘坐。復架長木於橫木之上，壓之以石，制其動搖。卻立順水木於三腳架外，又排立水竹於順水木傍，布以竹簟，苴以萑葦，實以砂土，截斷江流。乃用工淘洗積淤，以竹編籠，狀若長蛇，凡千三百餘，實以砂石，包護堰岸，重疊三層，以分水勢，前高後低，隆然下垂，名曰象鼻。用木三千餘，橫從錯綜，交串其面。又用木二千餘，削其末，自上擊下，貫穿聯繫，使無沖決。修築都江及大小釣魚、石門、侍郎口、寶瓶口、顏上等堰岸，以丈計者，凡二百二十有八。又作護水堤二里。修堰畢，放水循渠下流，灌溉成都，田畝充足，公私皆喜。前代修堰，鑿石甃城，欲其固，練油灰膠其縫，治鐵扃鍵其中。又鑄鐵柱、鐵龜當水之衝，以鐵為巨笮，交繫於鐵柱之上。春夏水泛，旋見沖決，然糜費錢糧，動以萬計。先公計於每歲農隙水涸之時，如前修治，則官不費財，民不費力，而沾水利者，亦樂於趨事。為文記之，自後一守先公之法。又修彭州口諸堰。當堰廢時，城中鑿井四五丈不見泉，居民炊飲，取水於十里外，朝夕厭苦。及是堰成，引水旋注，鑿井即生水，民免負汲之勞，四召流逋，勸其開墾，教以樹藝。先是民稅僅足給官俸，暨後歲增數倍。兵荒，州多暴骨，命遍收瘞之。一夕，夢人羅拜堂下。為政三年，專務德化，視民如子，獄無一囚。庭有古槐數十株，其半已枯。至復榮茂，鵲來巢樹間，去地數尺，馴擾不驚。及將去，鵲群噪連日。九年，升延平知府。吏有不檢者，望風解去。比至，臨事神明，宿弊悉革。廨後有淫祠，前居者數見有怪，避舍別所。或以為言，先公曰：「非祀典，神何得處此？」遂毀其祠屋而居之，絕其妖妄。作興學校，修先賢祠，表章延平李先生之學，獎勵生徒，多底於成。甫期年，百廢具舉，奸蠹屏跡，政化大行。會有大星墜閣，光芒照室，家人咸驚。已而棄諸孤，實丁巳夏五月十四日，享春秋四十有五。先是偶得疾，日視事不輟。或勸令少休，先公曰：「一息尚存，豈宜自逸。」詡日坐聽事署，案畢舉手告同僚曰：「今日與公等永訣矣！」言訖而終。同僚遽抱持號泣，士大夫莫不傷悼，市人無老少皆哭，雖武將悍卒，咸感動嗟惜。為具棺殯殮，給驛傳，送柩還家。以是年十二月十八日卜厝於縣南黃土嶺白竹塘之原，後有松生墓側，團如車蓋覆於墓，人以為陰德所致云。

初娶太夫人晏氏，元獻公之裔，生一女，先卒。再娶太夫人吳氏，考諱師尹，即莘樂先生，元進士，永豐縣丞，家世官族。大夫人生二男四女，男，直與廣也。女，長適永豐劉子仍，次適黃志榮，次適徐崇威，宿州知州，幼適解與高。孫男四人：種、穆、樬、穗。孫女五人。長適劉誠，余在室。曾孫男一人，善裔。

先公居鄉黨，治家理官，動必由禮，雖一飯未嘗不敬。對人無疾言遽色，有犯不較。重義樂施，甚於嗜欲。有孤弱者，矜憐扶植，不使失所。故仕宦所至多惠愛，凡有利於民者，盡心竭力，不辭勞瘁。俸入以周賓客，服食無華美，取適可而止。歷官數任，不隨一僕，所處蕭然，無異平時。暇則賦詩暢懷，寄興高遠，胸襟湛然，無所凝滯。與人言惟以忠孝廉讓、惇厚誠敬為先，故當言路，傾竭不諱，揚歷風紀，持憲公平，典領州郡，盡心撫字，懇懇愛恤，吏感於德，民懷於仁。棄諸孤之日，無一毫長物，惟圖書數卷，遺田園僅可營衣食。有文集、詩集若干卷。

於乎！小子廣生一月，先公宦遊，不幸七年而孤，賴太夫人長育教訓。惟不肖無以自立，不能顯揚先德，今幸際遇聖明，竊祿於朝，荷天子推恩，榮加褒贈，宜有所表見於世。謹述其世譜及考先公德行，與常聞太夫人教言，撮其概以揭於阡，庶後世子孫瞻仰先公之德，而興其孝敬之思者，有感於斯焉。

翰林庶吉士王詢謨墓表

於乎！余友王詢謨卒於京師，凡相知者莫不哀惜之。余獨為之深悲。悲其父母之失孝子，交遊之失良友，國家之失賢才。余何為獨不深悲之哉！予與詢謨有世契之好。昔我先公忠簡公以直言乞斬秦檜、孫近、王倫三人頭，觸忤權奸，得罪謫逐。當時士大夫鉗喙縮舌，莫敢發一語。詢謨先祖敷文閣直學盧溪先生贈詩得貶，世方以為危。先生恬然若嗜欲不顧，且以得共貶為榮。自非先生禮義之勇，安得如此！今幸與詢謨同朝，相與飭勵，以求無愧於二家子孫。而詢謨竟棄予長逝，予焉得不深悲之哉！

詢謨名訓，幼穎悟過人。其祖授以春秋之學，未卒業而祖沒。日忽忽不樂，乃辭其父母，遊學四方。聞竺文縝得歐陽楚公之學，教授於蜀，即擔笈往從之，弗憚險遠。居數載，悉得其說以歸，而充然於中。遠近之知詢謨者，交相薦辟。郡大夫視其才，召居鄉校。永樂元年，領鄉薦。明年，登進士第，授翰林庶吉士，編纂於秘閣。上擇二十八人以應經宿，使悉讀四庫書，博極精奧，期至於古之人然後已。而詢謀在選，人謂其資質粹美，造於所成，蓋未可量也。今年夏臥疾，遂不起。妻子亦病在側，其友太常博士劉履節為之殯殮。時月日也，得年三十有五。

於乎，悲夫！詢謨為人，溫厚孝謹，慷慨好義。其師歿，為致其喪，還其鄉以葬之。其家貧，復重貲贈之。鄉人子弟有廢學者，盡心教之。為文雄健，不屑屑於蹈襲，而奇氣奮發。若此者，疑付之將以有為，當不類於夭者，而何遽止於斯？是造物者有不可得而曉也。將其有不歿者存，而所謂夭者有不足道，是未可知也。曾祖文昭。祖於皋，學者稱為池南先生。父仲約，南康文學。母羅氏。娶郭氏。子男二人，其一後詢謨數日死。其弟某將歸其柩，祔於吉水泥田之先塋。予表於其墓曰：

於乎！詢謨！謂為遇耶，負才器而不得其壽；謂為不遇耶，逢時受祿而享有榮名。是二者，果不可得而兼耶？苟使子之才而獲少施於世，固必有可稱述，豈嗇之於今而將以昌其後者耶？其亦異乎老死而無聞者也。於乎！詢謨！其命也耶？其可悲也耶？

處士周國賓墓表

周編修崇述之從兄國賓，以永樂八年十月卒於家。越二年壬辰五月之望，其子應等卜葬於其鄉孔坑之原。前葬之數月，編修君語余曰：「吾兄之葬，竊為銘其墓矣。今其孤猶欲得大人表之。」因以屬余，詣弗獲辭。君幼失怙恃，孑立而能自修習。稍長，婿於孫氏。孫惟一女，慎所選，得君乃喜。孫氏之少長戚屬，咸得其歡。然剛介嚴毅，不苟阿世，或加以橫逆，則奮發不屈。生平禍患，多所涉更，故年才四十鬚髮已白，而卒不為狡猾傾詐，是其志識精明，有過人者。且遇賢士大夫，則謙卑遜順，士以此高之。又能決遣是非，故鄉有鬥訟，多詣其廬。居孫氏三十餘年，後歸其宗，治田植花，以佚其老。客至，閱圖畫歌樂而已。當其寢疾，語不及私。卒年六十有四。

君諱玶，其先自廬陵烏東徙吉水之櫪坑。十傳至仲山者，舉宋嘉泰辛酉進士，始徙桑園。評事禹玉，鄉貢聞卿、希賢，則其二、三、四世祖也。曾祖方太，任高州同知。祖仁顯，奉聖州教授，與洪武孝廉誠達、寧鄉教諭仁惠兄弟，皆以文章稱職著。父子方補太學生。母鄧氏。子男三人：應、嶽、泰。女四人，皆適士族。孫男四人：建、威、延、還，俱幼。

嗚呼！君以世族顯，後遭際多艱，然處變不失其常，遇難能履其順。此有守有為，而非尋常可擬者。余雖不獲與君交，而諸弟與余同官於朝，崇述君而外，猶有編修君孟簡、御史君仲舉其人者，因得其概而哀其有蘊之莫施也，諱為之（未）。

■■〔註 1〕處士墓表

處士君象先，吾同里，慷慨有氣節，疏通而闊大。事父母至孝。祖喪在停十數年，父不克葬，處士舉而葬之。父病，衣不解帶，湯藥親嘗。平時父心不悅，百計以求其歡，有怒，則曲為解；有恨，則勸使釋，或設譬引據，或直詞剖分。及父沒，哀毀骨立，喪葬皆合乎理。事母悉如其儀。處兄弟至和，其弟亡去，處士撫育其子，如己所生。為之教養婚配，均其財產，無纖毫或私。處友朋有無相通。有友貧甚，使與共學，均其日用且稱道其友。於姻之富室，使就學於其家，食俸悉所供給。其御群，下至慈，小過則為寬恕，處事則度其宜，不以勢利動，亦不以怯懦息。樂與賢人君子游，有相過從，則流連歡恰，不以貧乏致吝。

〔註 1〕原文題前被塗抹 2 字。

處士生元泰定某年月日，沒洪武某年月日，葬本都黃江橋鯉魚形。曾祖宗何，祖鳴遠，父士恭，配楊氏，子三人：振名、振位、振壽。孫男五：謨、謀、詔、誥、志。處士為人，內不虧於所親，外不愧於其友，大之得乎其宜，小之不失其所，處士兩間完人也。其子振名請銘於公卿間，求余為表。余於處士誼切同里，且樂其志行，故不辭而許之。

李原通墓表

於乎！友悌之道，其繫於人倫大矣，人鮮能盡之。往往有視同氣如塗人，甚則有如仇敵，此豈人之道哉？予於此竊怪人心之不明，喪滅天常，有如此者，其去夷狄禽獸幾希。邑人李原通、弟原達，獨能行其道。兄弟友恭，怡怡和悅，長幼聚處，一無間言，內外輯睦，不聞其譁，士大夫以是稱之。前中書舍人詹公希原大書「友恭」，以表其堂。翰林學士劉公三吾為之記。今學士解公縉紳復記之，雄文大書，焜煌炫■■〔註2〕者，嗟敬，足以敦薄俗而振頹風也。斯道之不行，而原通兄弟獨能行之，豈不謂之賢哉！

原通諱泰，原通其字也。美豐儀，長髯白皙，善交友，喜談論。嘗與余言曰：「鄉之某人者，友弟輒加手於額曰，是可敬；曰某人者不然，則面頸發赤，戟手唾罵。其篤於倫誼者，蓋天性然也。」予嘗至其家，見其視侄，不曰兄弟之子，有甚於己子焉。兄弟視其子亦然。教訓服食無二致，一飲饌，少長必偕，人比之揚播云。其叔祖老而無後，事之終身，敬之如祖存焉。歿之日，盡喪葬之禮，人尤以是多之。

曾祖諱某，祖思齊，父添祥。原通生戊戌歲月日，以今年五月丁巳寢疾終於家，享年五十，葬某山之原。娶羅氏，子男三人：長曰貞，次曰某。女三人：長適張介申，次二人在室。孫男二人，孫女二人。貞舉進士，為翰林庶吉士。聞訃，成服，斬焉衰絰，持顏先生子明述行狀，泣請曰：「貞不孝，禍罹於先人，銜哀罔極，弗欲有生。先人與先生辱知且舊，向求先生《晚翠軒記》不得而歿，齎恨九原。今先生幸哀貞之請，成先人之志，特書以為表。貞歸以勒諸石，庶幾見先人於地下無憾矣。」予憫貞之志，且悲原通之死，遂不辭。

於乎！原通篤友弟之行，負俊逸之才，不見施於用，其可悲也夫！予特表其行之大者，有關於人倫風化之首，俾揭於其阡，使過者讀予文，哀其人，式其墓焉。

〔註2〕此處原文被塗黑遮蓋2字。

胡時永墓表

余友胡時永死之明年，其子正來京師，徵余言以表其墓。予與時永交幾二十年，情誼篤密，觀其襟度超詣，期其才有所為，不意竟死。於乎！傷哉！其尚忍表君墓耶？其可無言耶？

時永諱希壽，字時永，一字昶。好學能詩，有才略，負氣概，倜儻不群，卓然有立。喜交遊，善談論，不屑於卑近。予居鄉校時，暇即訪時永，聞予履聲，即出戶相迎，邀入小軒，煮茶對奕。奕罷，酌酒論詩，談古人事，高歌擊節，有遐舉之志。酒罷，命其弟時昭在旁鼓琴，其子正始垂髫，亦立侍於側。每坐過宵分，或達旦始休。

予來京師，與時永別且將十年。每思交遊之樂，未嘗不心馳意往。謂君年富力壯，可以尋舊遊之好，不謂遽至此耶！於乎！時永果何為耶？豈天不欲才者壽也？何遽失吾友也？凡天下之物，萬有不齊，凌霄之幹，或折於風雨，樗散擁腫，得以全其天年。若時永，其尚何悲！其尚何悲！時永生故元至正壬寅，歿於永樂四年丙戌五月十日，得年四十有五。曾祖諱榮祖，元吉水州判官。祖諱抃。父士能，號小圃，篤實君子也。母王氏。娶趙氏。子男二人：長曰正，字端方；次曰慶，字善方。女一人，許適某。以年月日，葬於某山之原。予為表於其墓曰：

嗚呼！時永才可以有為，而隱居樂志，不汲汲以求進，豈以親老而不欲仕耶？抑必有所待耶。使君之才，獲見於施為，其必有可觀也。命之不與，吁其奈何！

石處士墓表

石處士歿，距今六年。其子武義縣丞彥成狀其行，走京師謁銘於縉紳。聞彥成以予有同志之雅，欲求一言，揚其先德。余不敢辭，謹摭處士所行之實及其世家，以表於其墓。

處士諱均武，字天然，號耕叟。其先有曰鏞者，仕宋藝祖，為河中倅，家豫章之西山。子昭遊分寧，樂其山水，遂徙居之。祖諱亨雲，宋江州都統。祖妣胡氏，封夫人。父諱伯升，不樂仕進，以經史自娛，化及其鄉里。父歿，處士事其母蔣氏盡孝，事諸父盡禮，於昆弟有恩。元末兵亂，鄉人聚結為盜，竊相謀曰：「石氏族大，必劫。」石某以為謀主，乃可濟，否則必滅石氏。不爾，敗乃事。或以相告，處士曰：「我豈能從盜為，不義以苟生耶？」遂負其母逃去，為他盜所執，欲害之。處士徐曰：「我死何足恤，忍能使人老母無所歸乎？」盜感其言，竟釋之。乃變姓名，攜家屬由間道走襄漢間以避難，崎嶇險阻，無所傷，人皆以石氏積善所致云。逮我太祖高皇帝平江西，始挈家東歸。秫田百餘頃，曩為盜所奪者，悉置不問。所存數頃，分以給宗族之幸存者。蓋其性溫厚，不與物競如此。常傷其母沒於亂離，葬不克盡禮，言輒悲痛流涕，至老不衰。遇祭必齋，有如事生之禮。尤好學，手嘗不釋卷，於諸史靡不博覽，談往古治亂之由，歷歷如指諸掌。平居奉已甚薄，然遇貧乏，即賙之無吝惜。有疾惟飲藥，不喜巫覡，不作佛事。與人言惟導以善，賢者愛之，不肖者亦不敢慴。有族人嘗就僧飯，食未竟而暴卒。家人以僧致其死，持之急，僧不能白，欲自絕。處士曰：「初無怨惡，何有致其死為？蓋死生命也。」僧獲免。其言之信於人者，又如此。嘗語其子曰：「吾涉難，得不死，以有若兄弟者，蓋聖明之賜也。吾老不及仕，以報在若等，勉之，吾死且無憾。」彥誠由進士為今官，以清白刻苦自持，皆處士之教也。洪武辛巳三月十日以疾卒，享年七十有八。娶張氏。子二人：長曰彥文，次即彥誠。女二人：長適黃昶，次適周律。孫男三人：曰夷，曰訾，曰齡。孫女二人。以壬午年十二月日葬邑黃田之原。

余觀古之賢者，不必皆有功名富貴，烜赫於時而表稱於後世者，良由其素有於躬，故行一善行而人感之，出一善言而人信之，若江革、王烈是已。石處士行足以感暴橫，言足以息紛糾，為鄉邑所稱。苟無以表示後世，則何以彰其善歟？書以遺其子彥誠，俾碣於阡，以為為善勸。

元故提舉徐公海峰墓表

謝文靖泛海濟濤，眾惶懼，己獨恬然無怖，後世服其雅量。蘇長公得養生之說，所謂安者亦若是。今觀元故提舉徐公宗可，常泛舟大江至小孤，風濤驟作，舟幾覆，眾駭懼，公端坐，不少愕，眾咸服其量。自非有所養，能如此乎？於此可以知公之賢也。

公諱興宗，宗可其字，海峰其號也。漢高士之後，其先世自宋元祐時，由豫章之武寧來倅於吉，因家於吉水中鵠鄉之豐山。曾祖諱尚質，祖諱政父，父諱仲華，世業儒家，饒資財。公生而穎敏，未冠卓然有成人志。暨長益勵於學，不牽於外物，恒以公誼服其鄉人。推其所積以賙匱乏，興水利以便灌溉，里人德之。又卜居豫章東湖之濱，買田以祀高士。元泰定間，遊京師，受知於公卿，當路薦其才，授管領。怯憐□□□□□幾，慨然曰：「吾嘗推所有以與人，吾何心於富貴乎？」遂棄官歸，謝絕人間事。謂其子弟曰：「靜觀時事，將有大變，貲業不足恃也。爾輩宜處勤儉，守詩禮，毋為所苦。」公歿未久，果兵亂。公子弟能承公志，傾貲募義，保障鄉里，鄉民賴焉。

公生元至元辛夘，歿於至正己丑，享年五十有九。初娶邱氏，未有子，以弟子用佐為子，官為高州學正。再娶陳氏、乙先氏。子三人：曰用禮，官為遼陽瑞州學正；曰用明、用賢，俱以詩禮，紹其家聲。女二人：長適李思孟，次適邱思中。孫男十二人：飲、銘、鎡、鑒、鏞、鎬、鈞、鐔、鑄、鉞、鋭、鎰。銘仕至監察御史，鉞今為中書舍人，我女兄歸之。公葬縣南洞岩之原，距今五十餘年，未有文以表其阡，鉞始以命。

予觀公之操履若是，蓋亦有自來矣。於乎！公之雅量，卓然超異，故能脫富貴如屣。灼知夫理亂之由，而以儉約訓其子弟，俾克全於患難，非有出人之見者弗能，使其遇盛時，得行其志，必將有所為。惜其不見於用，遂汨沒以終。蓋澤深者流長，不在其身，則必在其子孫也。因著其實，以表於墓，且以垂示於將來。

中書舍人王孟端墓表

永樂丙申春二月庚午，中書舍人王孟端，以疾歿於北京之官舍。其妾尹氏與其養子安，買舟載其柩，歸葬於某山之原。其友翰林修撰沈度，偕其同僚中書舍人許鳴鶴、朱孔暘等，合辭請於余曰：「孟端死，其友太醫院御醫趙友同既為之銘，埋諸幽者，有託矣。而表於外者無文。足下知孟端者，宜賜一言，使其有知，無恨於地下矣。」予與孟端交十四五年，相知有素。孟端歿，既哭之，又祭之以文，而墓石之辭，予焉得而靳？

孟端諱紱，字孟端，以字行，毘陵之無錫人。曾祖某，父某，母某氏。孟端幼穎敏，稍長好學，入鄉校為弟子員，治經習舉子業。既數奇，連遭困頓即棄去，放跡於江湖間，越太行，上巴蜀，歷名勝，探古蹟，以蓄其奇氣。縱情於詩酒，交結名士，所遊皆公卿貴人，無不相敬愛。尤善真行書，筆法出入晉唐間。律詩學大曆諸才子，時有警句。間或戲墨為山水竹石，用意高古，超然無俗韻。人往往作意求之，或經數歲不能得一筆，偶適興，連掃數紙不辭，精神入妙，態度橫出。或就賦詩題上，以發其魁壘之氣，語皆奇特。觀者莫不跌足驚喜，而孟端亦不自知其至此也。然每欲秘之，不欲眩其能。嘗投筆曰：「誤為此也」。雅好博古，於諸書皆搜獵。至於釋老之學，亦闖其閫奧。

聖天子即位之初，詔求善書者。侍從之臣，首以孟端為薦，命習書中秘。集天下能書者十餘人，日臨法帖，必求至古人乃已已，皆稱旨。永樂十年，皆除為中書舍人，凡制勅機密，悉委書之。兩扈從北京，與有榮遇。一日偶得疾，才數日，即不起矣。病革，朋友視之，問之曰：「有何言？」從容曰：「無可言者，但負君恩未報耳。」又問曰：「再有何言？」指其心曰：「此中甚分明，無可言者。」翊日，翛然而逝。

孟端性介直，不能容物。人有忤之者，心中勃勃不平，即面折之。以是與人寡諧，退求其中不留也。然襟懷灑落，神情曠逸，宛如晉宋間人。每退朝家居，黃冠野服，蕭然有林下風。靜坐一室，焚香煮茗，怡然自得。遇客至，即呼酒傾倒。及其沒也，人無不惜之。生故元至正壬寅五月日，得年五十有五。娶趙氏，先卒。子二人：長默，次恒。女二人：長適某，次妾所出也。有詩集若干卷。余表於其墓曰：

嗟乎！孟端有傑然之才、剛毅之氣，所蓄者，固有兼人之長，而早遇顛蹇困踣，蓋天所以老其才，而為今日之用也。何嗇其年而遽奪之速耶？抑其命止於斯耶？嗟乎！孟端官為侍從，顯登清要，不為不幸矣。視彼老死山林，而無所稱道者，相去懸絕。苟使孟端無可稱述，雖過百齡何益？是以君子不可不勉於為善。有如孟端者，名附於不朽，固無所憾，特惜其死而求若斯人者少也。遂寫予之所以知孟端者，以哀之於無窮，且以慰其僚友之思焉。

故登仕郎兼修國史開封府儒學教授吳先生行狀

先生諱勤，字孟勤。先世自大梁徙居於荊，至宦遊南康，子孫居廬山之陽。至諱晳者，為永新簿，因家焉。曾祖諱某，祖諱文振。考諱師尹，字華樂，學者稱為桂江先生，元名進士，迪功郎，永豐縣丞。母龍氏孺人，以元至順庚午八月生先生。

幼穎敏，方學語時，乳媪負之行庭外，先生以手指地，媪莫顧，行而過。少焉，仍經其處，復以手指地，乃視之，得一大錢。媪意其欲之，取以為美，指錢上字，推媪手置案間，由是皆異之。七歲時，日記書數千言，背誦如流。十二三，於五經群書之文，咸能成誦。十七八，下筆為文章，詞藻煥發，即欲角藝場屋。桂江止之曰：「我在，爾且止。」先生曰：「兒欲遊戲耳，非謂有所進取也。」弟仲謹，英邁俊秀，俱負才名。人謂之吳氏雙鳳云。

元末兵亂，寇盜竊據，互相吞噬。先生謂弟曰：「苟如此，何以自生？」

乃以弭盜之策獻元，守臣納，速見丁，言懇惻，切中時弊。守臣不能用，但曰：「儒者徒能言耳。」先生曰：「盜如是，民旦暮不保，我豈為是言耶？」守臣斂容以謝，卒亦莫能用，鄉閭日益亂。

歲戊戌，避難於洪。時陳有諒兵至，洪被圍。先生立滕王閣，觀其勢甚熾，乃言曰：「使南湖有守，賊安得至斯？」聞者皆壯其言，欲薦於司徒道童。先生曰：「城破在朝夕，我豈能坐為魚肉乎？」明旦，司徒遁，先生由間道歸。

歲癸卯，我太祖高皇帝遣師平吉，紀律嚴肅。先生曰：「此真王師也。向者狐鼠寇竊，惡能有成？」乃往見總帥。時淮南郭公奎為參謀，相見轅門，即傾蓋歡如平生，相與劇談論，達旦不寐。遂出所為詩，命先生為編正。郭公深相敬愛，就署先生為泰和令。先生以親老辭。洪武初，大徵天下名儒，先生被徵至京，試經學第一。銓曹欲置先生於館閣，有旨：弗治經者，入雜流銓注；治經術者，俱授教職。以高下分等第，三年有成，許給傳來朝。先生以高等除武昌教授。比至，日與學者講明問學於聖經賢傳，剖析奧義，反覆開導，懇懇不已。諸生才質高下，咸底於成。後多歷顯官，有至中書參政者，有為國子祭酒者，莫不感德曰：「此吳先生之教也」。先生待學者有如己子，其父母曰：「我能生我子，而吳先生乃成我子。我子，吳先生子也。」當其及三年，有勸先生趣駕就道，先生曰：「吾安於此，他非所願」。人莫能強。居數載，以從弟平陽同知孔麟故，得解官歸。先生將去，弟子各持饋賮，先生不受。弟子皆泣曰：「先生卒教我，舍我去，我無以寓其誠，而以是為賮，願先生受。」先生固卻之。有言曰：「先生素不苟取。」遂皆持去。及歸，惟篛篋盛故衣及錢數緡而已。先生由是家居，遠近學者接踵於門，凡科舉必有先生門人。

洪武戊辰，楚王遣人致書於先生曰：「人之有子，必得師教之。今余諸子，未得賢師以教。昔典教郡庠，知有學端謹，今聞閒居鄉里，特遣人招致府中，教諸子讀書，書至勿辭。」先生往至，則待以殊禮。居凡十載，先生小心慎密，教世子郡王經，開論諄勤，務盡誠欵。時蜀王尤敬慕，有自鄂來者，必問曰吳先生安否。湘獻王常致書問候，有詩曰：「清才美德冠時儒，辭翰欣看逼褚虞。自愧譾才思見面，故憑海鶴寄音書。」又曰：「螺浦回舟喜遂歸，故園松菊想離披。醴筵精設待君久，同賦淮南招隱詩。」此其略也。若其他詩詞稱譽極至，不可殫紀。歲賓興，四方交聘，以司文衡。楚王念先生高年，勿欲令馳驅，卻其聘幣而自遣以幣，如其聘數，若是者數矣。三十五年，皇上涖祚，纂修《太祖高皇帝實錄》，召入史館。既畢加賞，上閔其老，弗任煩勞，優以閒職，遂除開封府教授。先生訓導學者，雖老弗倦。周王日召侍講筵，待以賓禮，賜坐，命弗拜，贈予優厚。世子尤加崇愛，每見不稱名，惟曰吳先生。其遇寵榮如此。永樂三年二月二日卒於官，享年七十有六。王及世子哀悼不已，遣官致祭，賜葬於金明池，俟歸柩於鄉。配孺人蕭氏，賢著閨門，克相內事，先十年卒。子一人，曰善存。女一人。孫男三人：曰耕，曰耘，曰耔。曾孫男二人。

先生學問博邃，於群經子史，靡不究析，雖隆寒盛暑，手不釋卷，至老不倦。為文章溫淳平易，不為險刻峭厲之言。作詩古體追漢魏五七言，近體舂容渾厚，有盛唐音。臨紙援筆立就，若不經思，及徐讀之，雖巧思者，莫能到。寫字有晉人風格，不擇紙筆，俱得其妙。常燈下書小楷，片時可數千，雖少年者，自歎弗及。性至孝友，事繼母惟謹，待寡姊盡其敬，處弟極其和。弟歿撫育諸侄，教誨婚娶不失所，田產悉與之。謙己接物，不為厓岸，雖小夫傭奴，皆知敬愛。見人有善，稱道不已；見人有惡，嫉之如讎。喜飲酒，無賓客，終月不飲。若值親故，傾倒連日不辭。胸次軒豁，未嘗有分毫塵滓，毋於廣席掀髯論辨，一坐盡傾常思。其先生自廬山，不忘所自來，故號曰匡山樵者。居鄂，又號曰黃鶴山樵，晚更號曰由翁。有《匡山樵者集》《黃鶴山樵集》《由翁集》《六藝齋集》若干卷藏於家。

嗚呼！先生才德兼茂，學究天人，而弗盡所施，始終一教官而已，此尤不能無憾焉者。然君子視其在已者，為無歉，則其繫於命分有難必者，固無所容心焉。先生安其所處，然雖不得位，其造就人才為國家之用者，其施豈不大哉？矧遇賢玉，尊重禮敬，雖漢之申生、白公，又何以加？且以壽考令終，斯其有過人者，夫復何憾？廣大夫人為先生女弟，廣八歲時，先中憲公見背，賴先生教誨，粗獲有知。後竊錄於朝，日侍先生於史館，益得以究所未至。義在甥舅，情迫肺肝，用述先生之行，以告於立言君子，庶幾於志有所徵云。謹狀。

歐陽師尹傳

歐陽衡，字師尹，號莘雲，吉之吉水人，文忠公十一世孫也。少時極穎悟，讀書不輟於口，有志於古之大儒。及總角時，聲名藉藉，嘗誦曰：「士學不志於道，則為徒學。」每沉潛於六經、孔孟之言，日夜探窮奧理，有所未得，至忘寢食，久則渙然，無所凝滯。諸子百史、天文地志、律曆之書，以至稗官小說，靡不涉覽。元至正庚寅，以書經中鄉舉。見元政日非，即斂退不復出，放情山水，益究其所未至。常慕康節邵子之學，反覆推原其說。隆冬盛寒，擁衾危坐，思其禮致，戶庭之外，終月不出。而時緩步階除，吟哦歌詠，以適其適。胸襟灑然，物慮澄湛，自謂得浴沂氣象。未幾時亂，有檄師尹為從事者，引退避跡山林，日與學者講學不休。有強暴經其里門，輒斂戢而過，曰：「歐陽先生在是，勿擾君子。」其為人所敬愛如此。亂後書多廢缺，口授「五經」、「四書」之文於學者，不遺一字，剖析義理，毫髮曲盡。其博學強記，人莫能及，咸加敬服。入國朝有以遺逸薦之，以老疾辭，人亦莫能強。性篤謹溫厚，待人接物，和氣滿容，終身不言人過。聞人有善，甚若己有，稱言不已。故學者登其門，多底成才，見義勇為。其友有託子於師尹者，就以女妻之。平生自奉甚約，於富貴泊如也。洪武辛酉卒。子一人，未及繼其業而卒。孫曰孝、忠。贊曰：

聞之長老，歐陽師尹，忠厚長者，博學踐履，雖古之君子無多讓死。未久，一子竟死，咸悲師尹之所持守，而致疑於造物者。獨遺一孫，孤苦伶仃，仰食他人，孰不謂其家學絕矣。今奮志力學，克承其業，暴師尹之德於斯，可以徵造物者之有意於善類，蓋未嘗忘也。苟惟無以抑揚之，則於為善無所勸。君子曰：「仁者必有後」。斯言信哉！

沖虛子傳

沖虛子，姓饒氏，名正道，字中正，吉之文江人也。生有奇相，目光炯炯如電。比長，神采清夐，有道士見而異之曰：「是子不凡，非塵垢中人。」語其父母，攜入崇道觀為道士，受以金丹秘要，悉領其妙。尤能運精氣，書符篆，驅役雷霆水旱疾病，人有求之者，其應如響。於儒書亦兼通，工為七字句，詩往往有奇語。

洪武辛酉，徵為太常樂舞生，一時名公愛其才，皆與納交。會夏久不雨，有以沖虛子言之高廟，即日命建壇神樂觀。沖虛子凝神默坐，期以三日必雨。及期，日色如赭者，無纖毫翳，眾咸駭愕，沖虛子獨怡然自若。俄有雲勃然從東方興，雲際閃閃，見旌旗狀，旗上隱隱有「青雲」二大字，眾復大駭。已而雲陰四合，陽光漸斂，雷殷殷作聲，風泠然而起。須臾大風，又須臾雷電交作，雨下如注，眾乃大悅。縉紳士多賦詩美之。

永樂元年，授北京祠祭奉祀，皇太子同漢王命修醮於白雲觀，凡七晝夜，皆有異。徵喜其有誠，遂賜以真武相、劍印、星冠、霞服諸物，而沖虛之號亦當時所賜者。又作《沖虛庵記》，予之人遂稱之曰沖虛子云。明年，鶴駕來京，沖虛子忽忽感疾，遂溘然而逝。殿下聞而甚惜之，特令中使往取所賜物，付其徒大常替禮郎傅霞岫。霞岫頓首受之，珍藏什襲，以傳來世謂幻事。沖虛子得其師說，乃敘其事，求予為沖虛子傳。太史氏曰：「予嘗與沖虛子交，與其相對終日，不問則不言，言必中理，略不以人事接於心耳。此蓋有得而然。夫鍊精葆和之士，用志專而神完固，故能超出於塵埃之表。若沖虛子者，其幾於是乎？」

方山陳公子賢哀辭並序

余曩遊閩，周旋縉紳間，獲識方山陳公子賢甫於浮丘先生之座。公即不以余不肖，輒相與交，洽如平生。時余方弱冠，而公以浩首乃益謙，下而見愛於予者，有若儕輩。觀其貌敬而言信，誠盛德之君子也。余自度學無所長，才無所取，論議無所發明，而不見鄙棄於先生長者，竊自喜幸。既而西歸，思欲重挾所學，質疑於交遊間，異得與凡相知者彝契好，而為霸羈所縶，不復能舉足矣。後十年，叨錄於朝，承乏翰林，適浮丘先生典教國子，因得論道疇昔，云公已沒，余深歎惜。既而公之子安仲，以余嘗託知於公，遂以公之行狀，不遠數千里見示。讀之，愈益傷舊之感，思公不復可見矣。於是述其情，為辭以哀之，用書以慰安仲。吁！安得起公於九京，為余一聽也哉！辭曰：

悵余懷之壹鬱兮，慨君子之云沒。路迢遙而險崎，羌山川之修隔。生既託以相知兮，沒不聞於何時。想音容於往昔兮，或交歡而猶可追。胡壒埃風而上征兮，杳冥冥而長之。瞻□帷之飄颻兮，鶴夜怨而秋猿悲。渺雲中之何許兮，招美人兮不來。搴芳洲之薜荔兮，攬余袂其遠渚。諒溪毛之可羞兮，將以荐夫清酤。望方山之匪遙兮，瞰龍門之孤嶼。緊公之高義兮，乃相併而延佇。昔風塵之昏眯兮，欲仗義以成膚。公時不可而有為兮，解吾劍而將曷從。眾煌煌而佩韍兮，獨甘老於蒿蓬。全首領於牖下兮，扶其志而令終。嗟人生之倏忽兮，榮露華於芳艸。雖富貴而幾何時兮，惟佳名以為寶。猗嗟公之超舉兮，身不辱而操不群。告來者以有徵兮，其尚鑒乎斯文。亂曰：公之裔兮太丘，行不恭兮，德相與儔。灑予涙之浪浪兮，日復日兮，恩悠悠。

周處士哀辭

處士周君尚志，歿之五年，其仲子彥奇出其行述示余。觀翰林學士解公縉紳所撰墓表，極稱處士之行。余獨惜其如此，而不獲一試於用，以展其所蘊，竟奄忽以歿，乃為詞哀之。辭曰：

嗟嗟！周君，邦之彥兮。學積於躬，弗外衒兮。丘園是韜，安貧賤兮。樂義好仁，恒弗倦兮。東山之陽，日遊宴兮。眾皆紛華，靡歆羨兮。人尚表襮，己不緣兮。質直沖和，儷狂狷兮。珪璧溫栗，弗陳薦兮。胡然求逝，壒埃先兮。懷哉若人，弗可以見兮。作辭寄哀，淚如湔兮。

弔蕭處士辭

蕭處士歿，距茲二十五年，墓木已拱矣。其諸子哀慕之情猶一日，非惟哀慕之，而又欲顯揚之。賢矣哉諸子！是欲不死其親者也。

按：處士世居吉陽之文昌鄉，饒財好義，慷慨有志節，惜其不見用於世而歿。余與其諸子友，觀其情之可閔，乃為辭以弔之。辭曰：

伊嗟乎！歸來兮，去將奚之？歲冉冉其忽邁兮，覺日月之已非。信奔波之莫返兮，歎往者之曷追。瞻文昌之故鄉兮，羌前臨乎瀧水。緊高山之可以眺遊兮，而清流之可以釃。倏往來乎其間兮，跨玄鶴兮履青兕。朝發軔以翱翔兮，暮稅駕兮徙倚。靈飄飄而上下兮，渺余懷兮何窮。掩涕淚而薦觴兮，悲遺響於淒風。指白雲以凝睇兮，挽落景於長空。慨斯人之不可以作兮，杳夜臺之幽閒。固生死之殊途兮，羨反真乎安城。彼汩沒以寂寥兮，曷若公之令德。於以不磨其耿光兮，蕃子孫之螽螽。雖已死而猶不死兮，視此岩岩之貞石。伊嗟乎！歸來兮，妥溪陵之密室。

思訓堂辭　有序

通政參議宛平陳侯至善，早失所怙。母夫人獨存，以育以訓，至子有成，官至通顯。而母夫人棄榮養，侯泣血哀毀，恒悼曰：「吾父早見棄，賴吾母存，以訓育諸孤。今母又見棄，孰為我訓者？思母訓言，今不可聞。然常聞之而著於心者，有不能忘也。」乃名其堂曰思訓，志思母也。翰林檢討王汝玉為之記，來求余言。

予惟陳侯，可謂善思矣。《傳》言：「思者，思其居處笑語，所樂所嗜而已。」而陳侯之思訓，豈不善乎？夫父母之於子，惟欲其成才，故所訓必以正。而子之賢者，乃能不忘其親之訓也。忘親之訓者，非賢者也。侯其賢於伯魯矣。於乎！使人皆能如侯之不忘其親之訓，則豈有不善也哉？予嘉其志有裨於彝教，遂作辭一章以遺之。辭曰：

草木落兮，風悲淒。寒日淡兮，林鳥啼。彼孝子兮，懷母慈。陟高堂兮，思訓辭。母之訓兮，願我才。或提耳兮，面目之誨。諄諄兮，書與詩，母今逝兮，杳莫追。母言在兮，音容非。母之德兮，予仰思。日復日兮，無已時。

焚黃祝文

維永樂十年，歲次壬辰二月丙辰朔，越十五日庚午，男，翰林學士兼左春坊大學士奉政大夫廣，謹昭告於先考中憲大夫延平府君尊靈。曰：

恭惟我先考稟賦天成，忠厚豈弟，樂善好施，廉公明慎，文章政事，踵跡古人。際遇聖朝，揚歷顯要。壽齡弗稱，隕於中途，未究所施，覃及後嗣。廣以不肖，繆膺眷顧，擢任清要。皇上恢隆孝治，特推仁惠，寵錫誥命，追榮褒嘉。聖恩所臨，幽明咸賴。厚德之報，其在於茲。永慕音容，日疏月遠。生我劬瘁，欲養靡及。祗奉制書，徒增哀感。

廣不肖，惟當夙夜虔畏，竭忠盡孝，以答褒賜，以承遺德，不敢荒墮。禮有焚黃，道里遼遠。拘以守官，不得親瞻松楸，以時執事。不孝之責，無所逃罪，涕泣摧咽，不能自安。謹遣長子種具牲酒祭告，伏惟恩靈，服此休命。尚饗！

祭翰林侍讀學士王公文

維年月日，具官某，謹以清酌庶羞之奠，致祭於翰林侍讀學士耐軒王公之靈。

惟公夙抱奇志，發身業儒。剖析微言，博洽群書。淳愨溫恭，有實若虛。鏗鏘縝栗，佩玉瓊琚。張拱顒卭，中道徐趨。褒衣大帶，賁如濡如。孝悌之行，表式州閭。訓迪鄉校，髦士有譽。助教國子，仁義菑畬。六館諸生，以範以模。講說論議，自朝及晡。成德達才，時雨溉濡。晚承優渥，金馬石渠。職登清要，位列大夫。九重顧問，言出帝俞。作為文章，上追兩都。發藻摛華，芳敷且腴。公允遇時，展也有需。人或不足，公兼其餘。何斯微疾，竟隕公軀。公既全歸，胡能不吁。交舜之誼，死生莫渝。銘旌揚揚，執紼載塗。孰寫此悲，哭奠一壺。託文告情，靈其鑒諸。於乎！哀哉！尚饗。

祭翰林庶吉士陳孟潔文

維永樂八年，歲次庚寅十一月癸亥朔，越二十日壬午，姻末具官胡某，以清酌庶羞之奠，致祭於故親家翰林庶吉士陳公孟潔之靈。曰：

烏乎，哀哉！孟潔，吾與公豈意遽長別耶？憶吾與公為文，自垂髫至今，二十餘年，篤道義之好，盡討論之益，勵堅苦之節。

嗚呼，哀哉！其尚忍言之？氣烏邑而不申，淚迸下而淋漓。慟良友之不見，吾曷為而不悲？公之孝友，人之所知；公之襟度，曠然坦夷。故與物而無忤，不枉道而爭馳。

烏乎，哀哉！吾侍從北巡，二載始還，冀以罄契闊之臆，舒久別之顏。何溘然而奄逝，傷痛裂於肺肝。吾之弱息，與公子年，締為婚姻，義好篤堅。吾視公子，如吾子焉。

烏乎，哀哉！人生百年，終有歸盡。富貴壽考，惟命之順。公有不朽，在於文章。得於此者，彼也何妨。舉此尊酒，哭奠一觴。靈其鑒之，懷永不忘。

烏乎，哀哉！尚饗。

祭姊夫劉子仍文

維永樂十四年，歲次丙申三月癸巳朔，越二十二日甲寅，翰林學士兼左春坊大學士奉政大夫胡廣，謹遣長子種，以清酌之奠，致祭於故姊夫劉公子仍之靈。曰：

於乎！廣別去十八年，然夢寐常相見，覺則恍然如初別，不覺其為久也。蓋情義深重，親愛之篤故尒。彼此心事相孚，無能有適之者。自謂相見有日，可以抒寫懷抱，豈擬為死生之別也？今春收小兒種書，報云自去冬臥疾，於春首棄世。倉卒見此，悲悼驚悖，精神如失，迸淚嗚咽。

於乎！何遽有此凶問耶！何舍我之速耶！前冬老母見棄，去春奉命歸葬，賜期一月，謂得與姻戚會哭。此時適已疾作，遣子來替襄事。廣以歸，朝限迫，又兼以百里之遠，不得一造問疾，且謂必不至於大故，何意竟以是疾而喪也？苟知此為永隔，雖相去數百里之遠，過違數日之限，亦必匍匐相見，與一握手也。

嗚呼！此痛此情，何有已耶！流水浮雲，浩浩無涯。越數千里，緘寄哀辭。寫此平生，秪益傷悲。薄奠一觴，知乎不知？尚饗！

祭王孟端中書文

維永樂十四年月日，具官胡某，謹以清酌之奠，致祭於亡友中書舍人王公孟端靈柩之前。曰：

於乎！吾輩與子交遊，於今十又五年，出入禁垣，朝久相見。豈期一疾，未逾十日，而奄忽長逝，其夢也耶？其果死也耶？謂為死耶，見未幾時，猝遭斯變，聞者固錯愕不信，謂為夢耶？則真死矣，夫安得而不悲悼哉？何造物者，遽奪吾孟端之速也？豈秘其藏而不欲其久洩露耶？抑命止於斯耶？

於乎！孟端，才氣充乎其內，而翰墨超絕於人，不同於眾，不諧於俗，自視者固如此，而知之者不以為異，不知者以此少之也。夫知不知，固無與於子，子今死矣，求如子者，蓋不可得，然後知子之自視以為高者，為可信也。

於乎！孟端！以子之才，際于明時，官為侍從，不為不遇。以子之年，五十有五，亦不為夭，夫何撼為？

於乎！孟端！子其有知也耶？其無知也耶？如其有知，聞吾斯言，則必無遺恨於九泉；如其無知，亦寓此一慟耳。攄寫故情，哭奠一觴。魂其無遠，鑒此哀悃。尚饗！

卷十五・銘贊

靜庵銘

厥初賣暗，块圠無垠，伊疇網維，植此動根。妙化未形，藏乎至靜，淵渟嶽峙，乃見天性。一幾相乘，錯綜流行，循環莫窮，萬物以生。維人最靈，體道毓德，動惟厥時，靜無我忒。嗟嗟君子，飭躬持循，不汩於中，以守其真。有翼者庵，在彼城側，轇轕紛紜，居之則寂。朝斯夕斯，以宴以遊，俯仰堪輿，心焉休休。揭靜以名，訂頑是師，戶牖洞闓，昭此銘詩。

謙牧齋銘

廖君伯琛，以謙牧名齋，蓋取《易》「謙謙君子，早以自牧」之義。夫謙者，人道所好，達乎上下，故君子修之吉，小人悖之凶。是故知乎謙之道而能處，則樂天無□，退巽不矜己，雖畀而人益尊，雖晦而德益顯。故曰：「謙尊而光，畀而不可踰，君子之終也。」

伯琛得乎謙之道在於己者，履之而無違，用之而無失，謂之曰謙牧，不亦宜乎？於是為之銘。銘曰：

天之生民，萬善具焉。有一或歉，弗獲乎天。所以君子，求全眾理。其有不備，孜孜而已。處身之要，是之謂謙。譬之於山，其高不嶄。君子德盛，執盈若虛。卑以自牧，終罔或逾。尼父大聖，尚曰不厭。其在于今，暇不作念。下濟上行，天地之道。虧變益流，害惡福好。嗟嗟君子，謙以名齋。大《易》有訓，永佩茲哉！

槐陰堂銘　有序

槐陰堂者何？王君季敏之所以名其堂也。謂之槐陰者何？昔宋晉國王公，嘗樹三槐於庭，曰：「吾後世必有為三公者！」已而，其子魏國文正公果大貴顯。而蘇長公銘王氏之堂，曰：「歸視其家，槐陰滿庭。觀其世澤綿延，溢於無窮。」故季敏之有以承藉於後，而以是名堂也。

夫人積善於己，若無與於天，然而徵之有不違，驗之有可必，此《易》所謂「積善之家，必有餘慶。」故晉公之責報於天，取獲於將來者，如符契不□，而長公知其然，是以望於其後世者，靡有止極。季敏能繼晉公之心，推長公之說，益加於為善，培其根而固其本，使其陰益繁且茂，則其慶流衍，必有如晉公之所期，長公之所誦者。況其父祖以來，率皆善人。其子紹安，雅好讀書，克繼其志，是皆足以襲前人之餘陰，以收其可必於茲者也。

余忝與季敏有家契之好，常登余於堂，具肴觴以相樂。子姓群然，列於左右，乃取長公之文誦之。誦已，措其子姓曰：「吾後世其復有昌大於王氏者乎？」余應之曰：「惟為善有可必。」季敏曰：「子之言然，我固知其然也。子宜為我序其事而銘之，以勖其未至」。既而曰：「未可也，姑俟他日。」余來京師，四歷寒暑，念季敏之昔有命於予者，未之酬，竊往來於中。今年夏，命其從子紹隆來速予文。雖不敏，其可以負其請乎？遂道其積善之所從來者以歸之，且以警乎世之忽於為善者。銘曰：

維昔晉公，德茂而豐。乃樹三槐，以徵其逢。槐之茂矣，乃德之碩。鬱鬱其陰，後世其食。必於天者，視善斯何。積之也厚，獲之者多。譬之菑畬，用力勤薄。稼穡歉餘，隨其所穫。伊嗟王氏，積善相承。載沃其膏，益耀其庭。文江之陽，巽峰之下。王氏所居，槐陰翳戶。前者既植，後者益培。繩繩繩繩，以昌厥來。

羅養蒙畫像贊

德之溫，學之沛，欲識其內觀其外。物無競，心恒泰，有如不知亶胡害。樂逍遙以相羊，委富貴於蟬蛻。呼吸造化之精和，而享壽齡於無艾者也。

蕭主事畫像贊

昂然如千里之駒，皎然如明月之珠，超櫪出柙，以應時需。故其仕也，為司馬之屬；於其成也，有髦士之譽。吁！此相鄉秀氣之發抒而為若人也歟？

貞隱先生畫像贊

父母生我，惟公成我。伊我初生，公實名我。我幼而孤，公我植扶。敦我禮儀，訓我詩書。我粗有知，公心私喜。謂我先友，延平有子。自公逝矣，我失所依。茫茫路歧，疇將我歸。仰公德容，如玉如金。儀存我目，言結我心。班馬之材，李杜之學。未窺其際，曷喻其博。芙蓉之陽，滄州之濱。天漢昭回，景星卿雲。公庶在茲，式宴式遊。庇我後昆，永矣承休。於乎小子，懷思罔極。臨文孔悲，用寫我臆。

袁太常畫像贊

其內休休，其行優游。充然其儀，炯然其眸。剪夫容於綠水，懸碧鑒於清秋。具單父之明，兼洛邑之見。豈但同長社之匹，故能識龍鳳之資，天日之表，而況於王塞之封侯者乎！斯人也，懷耿介之志，有出塵之想。非勢利之可幹，而世俗之所可求也。

劉朝縉畫像贊

達若窮，介而通，□然其外，叄然其中。朝衣朝冠，肅乎其容。不知者，視其為顯奕之流；而知之者，尚其有山林之風。噫！確然之璞而不斫，渾然之桷而未斲，藏乎尹而不眩，蓋能保令名於始終者也。

賓谷先生畫像贊

純粹溫和，德之美也。忠信篤敬，職操履也。仁以為施，義其止也。暗然而章，蔚乎其理也。深衣大帶，肅端委也。高步長趨，動循軌也。壽考維祺，介繁祉也。曰古之人，豈今之士也。雖彼走夫，亦知其為君子也。清風逸致，邈不可企也。然而無似乎尓，則亦無似乎尓也。

石處士畫像贊

昔未識公，先識公子。行義端方，學問源委。今見公儀，有嚴且莊。知彼之美，由此之良。野服素巾，童顏鶴髮。和氣滿容，玉光山崒。

石進士母畫像贊

懿彼淑人，德貞且順。儀則閨門，克敬而慎。三遷之訓，媲於前古。處士之配，進士之母。

趙木菴畫像贊

恭而弗糾，直而弗揉。氣充乎內，言不出口。表裏一致，確乎其守。朝衣朝冠，鏘玉佩玖。況木菴以自怡，揖申白而為友也。

董長史畫像贊

肅肅乎無矜，歉歉乎無盈。以經學而傳家，以政事而馳聲。慕古人而尚友，寔亦蹈乎所成。沐春風之怡怡，睹華髮之星星。挺孤操於霜雪，擬松喬而齊齡。

章處士畫像贊

氣和色溫，行端容肅。松柏孤貞，芝蘭幽獨。青山白雲，黃冠野服。逍遙夷猶，鑒湖一曲。

張宇清真人畫像贊

雍容乎舒徐，雲冠兮霞裾。粲瑤林之玉雪，濯秋水之芙蕖。抱一守真，宴虛息無。軼前轍之高蹤，挾飛仙以為徒。橐籥陰陽，翊贊化樞。運風霆於掌握，凌倒景於八區。趨蹌委迤，逍遙清都。每邂逅而一笑，睹若谷而若渝。蓋常觀徼妙以為道，誠已造夫大方無隅者乎。

鏡方彭竹所真贊

肅如其容，翼如其恭。凜乎有冰蘗之操，淡乎尚恬退之風。不矯絕以為異，不委靡以為同。優游乎仁義之途，紹承乎專門之學，而致力乎研磨之功。方其晦跡山林，固陶然而莫知戚其窮；及其登名仕籍，亦藹然而莫知履其通。蓋能安於所遇，而逍遙於壽域之中者也。

卷十六・書

與楊諭德

士奇諭德相公足下：向者臨江分手，老兄依依之情，見於顏色，僕心知之。然僕以扈從之榮，千載一遇，志壯氣鋭，遂尔不覺，未知老兄視僕何如？平生想慕中原，歷覽奇勝。此行渡江涉淮，驅馳三千餘里，經古名郡，又日參侍鑾輿，以備顧問。人生之遊，孰有踰於此者？僕輩何幸，有此奇逢，但惜老兄不與茲行，日阻高論，按轡言笑，悵然興懷。嘗屢寄口音，未知達否？人來詢之，動履清安，甚慰所望。

前承諸公分韻見贈，倘能足成一卷好詩，有便附來，亦見佳致，別後恐無人言此矣。小兒熉，早晚提撕教訓，使頗有知覺，皆拜所賜。家事尤望責其經理。向行李中，絕不曾帶書籍，退朝靜坐一室，有如盲人，惟記憶古詩數首，時一吟詠耳。然無他事相聒，胸中澄淡，亦甚暢適。貴恙近如何？須及早調理，久則成痼疾。向仲熙曾託求松雪《黃庭》，有便即當納上。《宋史》板已亡，弗克如所願。倘諸公有暇力，纂成詳節，續東萊之舊，亦是美事。此正吾輩之所宜盡，忍於臨淵羨多耶？鄙見如斯，未知雅意以為如何？有便望示教。臨楮叨叨，不盡所懷。夏初，希為國保愛。不宣。

別去自春涉夏，行又見秋矣。渴仰之私，無日不爾。人來累承口教，具審為況清勝，甚慰甚慰。僕蒙恩深厚，居此賴安。公事之餘，他無往日在家之擾，頗亦自適。但以久疏言論，胸次鄙野，無以啟室。老兄曾不見念，不辱一字，毋乃過見斥外，豈真不足以語善言者乎？固知幾務靡暇，少假寸燭，何事不了？殊不知行者之情與居者異，所謂聞足音跫然而喜，非僕敢以是為誑也，蓋親歷之然後知耳。向令犬子從遊，知此下愚不可相累，然實欲得早晚一言警策，使不為小人之歸。近人來，紛言為無賴數曹誘入於市，酣酒蹋鞠，至暮回家，沉醉不復省人事。老兄亦嘗有聞否？以家法治之不改，必當喻以官法，及早猶可整理。若流而忘反，日荒日縱，僕又遠去，則寒門必為所蕩矣。老兄能不惻然於念乎？此中無所告訴，故敢以此瑣瀆，萬望留意，使不遠復，庶猶可說。若置之度外，未免貽玷左右，此僕之所以拳拳致懇也。本不敢作書，坐此不得迴避，臨楮迫切，不知所云。

別去七八月，渴望賜一書，屢不可得，深為悵悵。比者忽蒙惠音，誠出望外。適僕輩扈從至天壽山，逢留數日，不得與寄書人一見，又不得實時酬答，益增悵惘。暨歸，首聞老兄與黃學士有書下，及屬已夜，急遣人追而觀之。對燭開緘，捧讀數過，如親見手采，喜慰無量。僕性疏率，於時無益，此老兄素所知者。承喻若重，有望於僕者，誠不敢當。誠不敢當，是益重僕之愧與罪也。至於孜孜上報聖天子眷遇之恩，惟當勉勵，以副來教。感佩雅意，何可以忘！犬子深賴教誨。渠資質愚下，雖賢師執友，日訓以嘉言，譬以水沃石，不能相入。極知老兄勞費神思，渠自暴棄，夫復何咎？向無所告愬，捨老兄其誰語者？故敢懇於左右。不意老兄痛以此尅責，使僕驚駭，無地著愧。承吳先生不見鄙棄，光賁猥陋，使得早夜親炙。倘不為無賴之歸，或者先人餘慶未竭，亦斯文骨肉琢磨淬礪之功也。於僕則不敢自料，付之造物者而已。老兄又云，與黃學士商議，吳先生歸，俾從吳司業遊。此誠佳事，非平生愛厚，何以能顧慮及此？僕妄意欲今冬遣其南還畢姻，了此一事，僕身漸減一事，但恐家兄有出，又不欲以此上累老親。事相隍杌，有如此者，老兄何以見教？僕比蒙旨，有王文正責限二直官之舉，聖恩深厚，撫念極致，不敢有違，必傳聞左右，姑用相報。老兄□亮察，承貴體微恙，宜善調攝，以副倚注之重。仲熙、子學，諸公至此皆無恙，令曾太父吟窗先生題名碑後，當納上。《樂毅論》《曹娥碑》《東方朔畫像贊》，俱無此刻，但有趙松雪所書《金丹》四百字，及《黃庭》各納上一本。《雲麾將軍碑》俟打得別納上。臨楮拳切，未免叨叨，有便時望見教。秋涼，千萬為國保重。不宣。

與黃學士

近辱書，粗慰久別思念之勤。捧讀連日，不能釋手。有暇輒一覽，如見顏色。兼承佳茗，每遇良時嘉賓，則瀹一甌，便有江南風味，頓覺清興灑然。本即致謝意，適寄書人上道，逼迫，弗克奉狀，負愧負愧！

與張檢討

前令侄汝勤之獲，所寄書極辱愛厚，非通家契誼，安能有此？蓋古道寥闊，朋友規戒之益，久不復聞。忽得教札，有所警策，去常情倍萬，欣感無量。鄒侍講諸公至，備詢為況清吉，甚慰！甚慰！僕居此粗安，但於學無所進，汩汩度日，不足怪也。令侄孫宗璉到家，想比平安。兒曹相見，望提教一二。因便謹此奉報。未間，伏冀加愛。

與周編修

別去倏又隔歲，想惟鑽磨研究，日造突奧，如區區碌碌者，無足道也。向蒙賢昆仲以手書見教，每欲裁答，執筆臨紙，輒以他事見妨，故尔稽緩，負罪！負罪！比聞舊疾復作，須善調攝，非但藥劑、飲食、起居，宜無不謹。僕居此，他無所繫累，但以諸子失教，往來懷抱。次兒穆、幼兒穗，欲託於館下，受教於賢伯仲。久要之故，必不見卻通家子弟，使其頗知禮義，不為市俚之歸，匪僕之幸，亦不為同寅之愧。他無所控禱，故以煩左右，千乞介意。臨紙不勝拳切。向暄，保愛。不宣。

與解檢討

去春之別，轉盼又復一歲，企望之情，無日不爾。人來屢詢動履，知近況清佳，喜慰無量。從欲致問，以多事匆匆，故闕於奉狀。廣居此粗安，無足為道。長兒穜放蕩不檢，欲遣其南歸。次兒穆、幼兒穗，欲託崇述、孟簡早晚訓之。已嘗致書達此意，猶望一言，從臾成就。崇述伯仲亦篤於鄉誼，必不見辭。犬子薄劣，時望召至館下教責之，至懇！至懇！喜《易》，向嘗一得，問邇動履如何？有良便望示數字。相見未涯，切希慎重。不宣。

與陳翰林

別久，豈勝思企。比姚府尹至，承教札，具審邇來為況清安，姻閣中外俱吉，甚慰！甚慰！承令弟有邑文學之舉，得此甚喜。何則？則令弟如干將莫邪，其精光洞徹，上射牛斗，豈能久處櫝中？莫若一出，又不離郡邑。尊夫人在堂，早晚不去左右，兼且為斆學半，足以成其遠大之器，不宜有所抑之也。令弟必旦夕至京，惜不得一握手，以罄十載別懷。且承欲謁告歸省，此亦人之至情，然行止亦非可必，當與令表兄諭德公籌之。令弟孟京，不幸以才早夭。可憐！可憐！令郎須鞭闢向學，如犬子輩，無人拘束，聽其放蕩，此付之造物者而已。漫發一歎。僕春仲有塞外之行，會晤無期，餘希保重。

與季敏

近蒙恩賜上尊，思欲與足下共飲，道遠不能得也。今付去一瓶，同沾渥惠。鈔二錠，用致為下酒之具，亦上所賜者。雖不多，聊見下情，實以榮君賜也。

答王學士

前者貴體失調，徑詣館下致問，知服藥袪，屏人事，遂不得一面而退，日聞漸劇，驚悸尤甚。比問士奇，知向差，不覺頓釋。今晚忽睹手貼，深慰渴想。所命作文，雖不敏，即不敢辭。吳興書，一見如拜賜也。竊愧無毫髮之助，況敢愛惠乎？謹託倪愉納上。冗迫，未得時相問候，伏惟善加調攝。不宣。

與黃叔昭

闊別數載，思念何甚！屢承教札，拘以冗迫，未及一裁答，而老兄賜教益勤，足見厚愛。聞山居授徒講學，此樂無涯。令侄喜無恙，尋溫舊學，毋俾荒廢。

僕以菲才，叨蒙寵任，惟重愧畏。老兄不猥棄時惠教，寔所望也。夫動之所為與靜之所見，相去懸絕，故悲告左右。承示令弟墓誌，筆力雄健，序事詳備，非解公相知，他不能也。令兄先生墓銘，已勉強下筆。弟以才學疏陋，不足以發揚盛德。叔通回，已題卷附去，專望指教。繆扇託朋友寫竹石其上，因賦鄙句相寄，聊表下情。相見無期，徒增悵惘。不具。

書與兄方大

大哥座前。廣不肖，仰賴先人遺蔭，際遇聖朝，荷蒙皇上寵眷深厚。二月一日，頒賜誥命，特加封贈，榮及幽明，仁恩曠大，欣感無已。禮當躬自焚黃，但以官守，不得暫離。二子幼穉，無堪遣者。重以君命，不敢久稽，用託孟獻親故，齎奉至家。遣長兒穜，擇日具牲禮詣先塋告知。不孝之罪，實為深重。南望唏嘘，豈勝摧咽。冀老兄率諸幼同往行禮，庶以慰悅先君神靈於九原，少逭區區之責於萬一，幸甚。幸甚。春寒，侍奉老夫人祗繁祉。不具。

與伯兄

廣再拜。舊歲別後，劉甥至，知已達吳城。孝彰回魯，附一書，想正月中必達。似昌來，收老母教言，知家中動靜，抵家平安。廣自新歲，百為如昨，毋煩念慮。諸小亦粗安。二小女患疹，皆已平復。二小子傳學金宅。二月九日，大駕北行，扈從官皆予，全俸數口寄寓，可以無憂。此行諸物，皆上所賜，甚不艱難，但以遠行，貽老親憂念。侍邊乞常以此意慰解，庶使放懷。雖知不能盡釋，若時聞好語，亦必暫寬，不至甚戚。老兄來此，想在夏秋之交，料須處置，家事妥帖，方能啟行。彥誠極託致意，向語已達，用報知之。歸期度在冬間，必遣長子回畢姻。客外，諸事不了。倘得必此一事，其餘亦遂漸祛遣。聞四哥兄弟分競不已，曩望其長進，識達道理，今既如此，復何所望？相見之頃，須責以大義，庶使先叔九原無憾也。每見人家昌盛者，子弟出入，前者皆循循有禮，誠可嘉敬。渠兄弟幼失父師之訓，一變至此，深可悵歎。本隱忍不言，靜思不言，孰與言者？猶異其改悟？倘不遠復，可以無悔。以遠別，瞻拜無期，遂不覺覼縷。春寒，伏惟奉大夫人千萬慎重。不具。

與王所存外兄〔註 1〕

去歲知有赴京之期，謂即可握手，以罄久別之懷。不意使舟已達采石，遽然返棹，令人悵悵不已。昨令郎來，承教札，奉誦如覿顏色，並審宅眷俱安，甚慰甚慰。但聞長令郎棄世，豈勝傷悼！何以家門遭此之變？度哭子之勤，不能為懷。然修短有數，幸加寬釋。某守職如舊，今春蒙恩，頒賜誥命，封贈二親，榮及存沒。弟愧，才薄力劣，無由報稱。

老母年躋八十，且喜且懼。久曠省侍，為罪深重。顧此不肖之身，君親罔極之恩，實難酬答。望老兄時惠教，以警其不逮，幸甚幸甚！長兄穜在家廢學，二稚子又皆無師，錄錄小人之歸，又重以此為憂，奈何奈何！令郎回，謹奉此楮。相晤無期，暑中加愛。不宣。

與楊諭德手書

夏初匆匆一別，殊覺愴然。每翹首南望，此心未嘗不在左右。人來輒詢履況，審起居康勝，甚慰下懷。比宋尚書至，承惠教扎。憂鬱中得此，足解懸渴，但未知何時可遂。玉堂佳話，同伯居鄉，有音問否？有便時望箴教之，庶幾其

〔註 1〕原文後注：顧山。

長進，此情惟僕與足下近勉強。應制文數篇附去，令小兒呈上求教。所需《東嶽廟碑》文，當即打奉寄。僕欲集《盧陵先賢傳》，足下收錄事蹟，幸望見示。鄉里友朋有收輯者，亦望掇拾見與，庶共成此事。晏彥文近相見，語及此亦甚喜。彼亦錄得事略一本，向度關去，已為留下，以備參考。人回，謹此奉報。秋涼，慎愛。不宣。

與楊諭德

新歲緬惟贊翼徽猷，動履多福。去臘承教兼蒙寄鄉先賢事蹟，得此良深有助，未及奉答為歉。僕閱《宋史》傳，後來史臣多有忌避。凡忠臣臨危憤激，痛切之言，皆已更削，非但失實，甚失當時氣象，如君家先正忠襄公傳可見已。若此等者固多，此皆不可據。僕嘗以言行錄參入，此未經後來改竄之手，事較實落□□□□□江湖文獻，乃為可徵。

《鄒濾傳》，《宋史》中缺板，此不可得，望錄見示。然此編亦漸次可成，乏人代錄，必自經手，以少暇時不能即了。第得草稿就，工夫過半矣，更希博採，以增所不及。子魯郎中南還，謹致此楮。二兒時乞提撕教訓，使頗知道理，拜賜非細。令郎阿稷必長成，同伯有家問否？亦時望警策之。向暄，保愛，不宣。

卷十七・題跋

老拙解

吾性樸愚，不能劀方以為圓，揉曲以為直，飾辯以為詞，狡媚以為智，故動則跋疐，言輒衝突。凡百所為，齟齬杌楻，人皆謂吾為拙。吾應之曰：「拙，吾所得於天者，吾不能自知，而人知之，吾固無以逃。吾之拙也。且吾固未老也，而拙尤未足以盡吾之無能，而又加吾以老拙，則吾之拙甚矣。」或語吾曰：「子拙如是，宜日見嫉侮於巧者，雖極困辱而不自知，子何不祛？子之拙而趨於考也？」吾誦周子之言以解之曰：「巧者言，拙者默；巧者勞，拙者逸；考者賊，拙者德；巧者凶，拙者吉。吾固不能易吾之拙，而為巧，甘心終老，守吾之拙而已。」或者聞吾斯言，恍然而寤，豁然而釋，輾然而歎，擊節以賞吾之拙也。

題酣宴圖

右《酣宴圖》，不知何人所畫，始亦不知其何名，後人因見其十八人，偶合於唐文學館之數，遂直以為十八學士，因其飲酒，遂名曰《酣宴圖》，且指為趙文敏公所畫。謝先生子方亦信其言而無所疑，而李先生伯高亦辨其非唐十八學士明矣，然猶信其為文敏公畫。

以予觀之，此畫逸其首，所存者，蓋其後半□，其全圖不啻今之十八人而已。若文敏公所畫，必親題識其名，不如是之草草。余嘗侍武英宴，間得賜觀古書畫，自唐宋以來諸名家，悉得辨識，至於一圖一書，必首尾聯屬宛轉，意態不窮，必著畫者之名於所畫之上。考之《畫譜》，無一不合者。文敏動則古人，豈嘗見一筆不用書印？余未敢信其然。今此圖，筆力亦清勁，亦必能者所作。觀其沉酣於麥蘖之餘，棄縱於禮法之外，固為可醜，亦足為戒，其亦有所取爾。展卷觀畢，用題其後，並為之辨如此云。

書碩畫後

翰林典籍，王君文英持其先世仙都公手書一卷示余，始於諸葛武侯《見先主策》，終於寇萊公《澶淵之議》，凡九事，題之曰《碩畫》。其子魯齋識其後。予觀之，竊有以見君子之用心也。

夫聖人之道，載諸方冊，雖一語之多，足以垂訓於天下後世。顧不之書，而惟及此數事者，蓋必有所歟？方金虜鴟張，宋室南渡，小人當國，因循忍恥，不復敢舉措。忠謀讜議之士，憂深思遠，志欲復讐，語才出喙，即見謫逐，投死於荒域之外。有識之士，為之疾首疚心。公非有見乎此而為之者歟？自古明哲之君，未嘗以言罪人，敢此焉以求天下之言？而猶恐人之不我告。天下之賢者，聞其好言如是，苟無所欲言則已，如有所欲言，則必奔走而相告。惟恐後其肯有所諱而不告歟？故天下之事，無所蔽而功業可成，治道隆盛。若高宗，不明於燭理，昏瞀於知人，諂諛者得以競進，鯁直者反加黜辱，此其委靡頹墮，終於不振。反是，則中原可復，積憤可雪，惜其不能，而徒使英雄撫膺扼腕，緘口束舌，可勝歎哉！若仙都公學問足以有為，沉鬱一官，不得以盡其言，以伸其志，略見於所書。區區數事，或者尤欲因是，以感動當時之人，然亦莫能曉其意而究其心。悲夫！昔朱子欲集韓信見高祖、鄧禹見世祖、諸葛孔明見昭烈，與王樸之對世宗數策而時觀之，然則公蓋得朱子之遺意歟？不然，其抱膝吟梁父時耶？景仰前修，撫卷慨然。

題諸賢臨後帖

右虞永興、顏刑部、僧高閒所臨《右軍帖》及宋米南宮臨《永興帖》，金華魯齋王文憲公家舊物也。文憲公題識於上，其裔孫翰林典籍文英出示。予觀虞永興、顏刑部俱以善書名唐而為後世所重。然則古人之得名者，誠不苟也。蓋由其不自以為足，而取法於古，故能各造其妙。若高閒、昌黎、韓子謂其淡然無所嗜，而亦留心於此，豈真有旭之心，而慕右軍者歟？米南宮臨《永興帖》，亦溯流徂源者也。於乎！今之學書者，當觀古人之用心，未有捨學而能自致者也。一藝猶然，而況於他乎？

題化度寺碑後

歐陽率更《化度寺碑刻》，真本固難得，而贋本今亦不全，不難得也。近見此本，有真本二百四十餘字，以他本補足，世固罕見。其真刻，間雖漫滅而筆意具存，視他刻懸絕。近學率更書者，摹仿形似，未能得其神情，蓋以不見真本故也。使其一得窺此，必超然穎脫，造詣其域，文英宜珍襲之，永為家寶。

書劉仲修書揭文安公詩後

清江劉仲修，博學能文章，尤長於詩，善書，蓋其餘事，一時名稱籍甚。在元時，豫章諸才子咸相敬服。國初，如宋學士景濂諸名公，極見推重，有得其一詩一文，讀之不忍釋手，至於字亦然。

於乎！鄉里前輩不可見矣，徒想望其高致。余友金君幼孜出示仲修為其先大夫書，揭文安公詩一卷並字說一通，筆力老健，誠可愛也。遂不覺敬羡，書此於後。

書劉氏族譜序

劉完素，字守真，河間人，自號通玄處士。初學醫，遇異人飲以酒，大醉。及寐，洞達醫術，冶療通變，病者遇之，無不立起，人多師尊之。所撰著有《運氣要旨論》《精要宣明論》《素問玄機》《原病式》行於世。當時有名者，如考城張從正，皆宗其學。故今言醫之善者，則必曰劉張云。

吾邑劉日昇，其父子兄弟皆能醫，一守河間之法。間出其譜系示予，謂為河間後，於今不知幾世矣，尤不失其家傳。河間之澤，遠乎哉！

余觀世之人，有高明祖父振耀於前，或未數世不能守其世業者有矣。日昇之於河間，久而不失，其可羡也夫！豈可感也夫！因書此於後以歸之，俾其後來者知所勉云。

書貞白生傳後

漢楊伯起為郡，性公廉，不受私謁，子孫常蔬食步行。或欲令為開產業，伯起曰：「使後世稱為清白吏，子孫以此遺之，不亦厚乎？」夫其言如此，天下後世舉賢之而取以為法。雖一言之傳而人樂誦之，有如列晢之貴、駟馬之富，一介廉恥之士，而揚芬於無窮。以是知貨名貪利，不如清白也。

予讀《貞白生傳》，得其人焉，蓋亦有慕乎伯起而興起者也。其能如伯起之清白，然後可以言貞白矣。《詩》曰：「高山仰止，景行行止。」毋自戾焉。

書時苗留犢卷

武昌王廷傑氏，曩為宜山令，既滿將去，其友以《時苗留犢圖》遺之。按：苗，漢建安時為壽春令，以黃悖駕車，居歲餘，產犢一。及秩滿去，留其犢以為初來時，未有犢故也。後世傳以為美事，往往見諸圖畫。廷傑得是圖，漫不留意，及持來京師，遂除壽春守。視斯圖，乃若先兆者也。於是裝潢成卷，求余言識之。

余惟天下之物，有適然相遇而事有相符，不爽毫髮。方廷傑得是圖，故無所庸心，而不知其將來之兆已見於此矣。當是時，廷傑不知，而其友亦莫能知。獨知之者鬼神，有以窺其機焉。苟有聰明先見之士，必預以告廷傑。惜無其人，而必待拜除壽春之日，始悟昔之相遺者，已顯然示其所處之位矣。夫以一物之微，而關係之重如此，而況大於是者乎？凡人之動止，蓋有一定不易之數，要未可以智力而求之。世有處夫卑下，弗能安乎？義命，輒有憂鬱沈頓之歎。視夫此，其或可以少免。雖然，以苗之事激詭過中，而後世不能無議焉者。

廷傑獨愛是圖，以為今日壽春之徵，於苗固無所摹也。苗之治壽春，惟以此一事著，其他善政善教，未有聞於後世。廷傑能勉其所行，如古循良之吏，異時著美跡於壽春，豈特如苗之所聞如是而已乎？

《詩》曰：「豈弟君子，民之父母。」廷傑尚勖之。《傳》曰：「有物將至，其兆必先。」余知廷傑將來之兆，必有大於是者矣。

跋朱編修贈言

右贈言卷者，僚友編修朱公文冕初赴京師時，共師友所贈之言也。文冕，別字梯雲，以篤謹厚重之資，弘偉沉深之器，已見於講習討論之日，期之以遠大者，誠有以知其然也。今為天子侍從之臣，可以大展所蘊，信不負於贈言者。

予與文冕同年，獨無友朋一言，朝夕箴規，方此是歉。視文冕斯卷，益赧然於中矣。荀卿有云：「贈人以言，重於金玉。」信哉！

書徐茂建傳

右潞國張公贈徐公茂建序。其從子崇憲持來京師，出以示余。學士解公為傳於後，前國子助教聶器之先生哀辭屬而書之。是三者均足以傳於永久也，而茂建其將不死矣。

予觀元季喪亂以來，豪門右族，超邁卓越之士，泯滅何限，至今孰有能知之者？若茂建雖死猶生，豈不在於此歟？崇憲宜慎藏之，永為家寶。

書前進士鄒奕詩後

崇憲徐君囊遊長安，前進士東吳鄒弘道先生與交遊，極相敬愛。及將別，先生賦七言律詩一首，贈其行，情意藹然。□□墨本示予，殊不足以啟人意，見其彥無疑。今觀覽□□，筆勢翩翩，神爽超越，大勝家侄帖諸刻，誠可為希世之玩也。

書許益也所書學箴後

右《學箴》一篇，金華許謙先生撰，書以遺其徒，東平王麟，辭優理至，誠有以得乎為學之要。今麟之子延齡為翰林檢討，用表章之，間以示予。予讀之三復起敬，有以見先生之教人以道，而麟必能造其閫奧，惜乎未有以考見其成也。且予聞麟之事，先生克盡其道。麟居維揚時，聞先生沒，悲不自勝，即為奔喪。後凡遇生辰忌日，必設祭，去酒肉，不食。先生所著有《尚書表注》《大學疏義》二書，麟又為刻板以傳。于此可以見先生之德漸漬於人心者深，而麟之所以報先生者，亦極其至也。《傳》曰：「民生於三，事之如一。」麟蓋有焉。

近世師道不明，教者不以正，而學者無其誠。有朝立館下而夕相詆訾，雖韓昌黎猶不能無憾於籍、湜輩，矧其他乎？求如麟之所為，邈乎遼絕。麟可謂有道乎哉？先生之教，於是乎在矣。不揣僭逾，用敢書此於後，以警夫世之為師弟子者。先生字益之，號白雲道士，《元史》有傳。麟字某，領元鄉薦，仕為昌平教諭以終，然所用未究其所學。吁，惜哉！

題楊侍制墓碑後

右元故翰林侍制朝列大夫、致事西昌楊公賢可墓碑銘。元故翰林承旨榮祿大夫、知制誥兼修國史歐陽楚公玄撰書，翰林學士、資善大夫，知制誥同修國史楊宗瑞篆額，待制公曾孫左春坊諭德兼翰林侍講士奇嘗手錄一通，命廣題詩其後。今士奇從兄仲基，又以楚公親書復命廣識之，廣於是卷凡三睹之矣。

每一讀楚公斯文，心恒起敬。愛其沉雄渾厚，序事切實，有以得待制公平生。公以科第發身，以廉公為政，卓然有稱於時，始終不易其操，在《國史》有傳。及其退處邱園，守貧樂道，晚節尤高，世蓋未之知也。江鄉故家文獻不多見，前輩流風餘韻無所考，後生以此為恨。今此卷獨存於兵難之餘，流落人間，復歸楊氏。若有物以相之，考見公之德澤所積也深，其施有未艾。為子孫者，當寶惜之，尚思勉修其德業，以毋忝乃祖可也。

書胡直翁墓表後

右朝列大夫國子祭酒、兼翰林侍講胡公儼撰其先府君直翁先生墓表，情哀事核，確然可以傳於後世。先生抱樸蘊貞，含輝弗耀，潛德之發，施及於後，可謂沒世不朽者矣。

廣忝與祭酒同朝，觀其學問博洽，論議不陂，操履篤實，動循矩度，恒不目以為能言，則曰：「此我家尊之教也。」於此可以徵先生之行矣。往年，祭酒嘗迎先生來就養，間獲承清論，睹其風神秀偉，氣宇溫厚，瀟灑絕俗，類煙霞中人。祭酒侍立於側，父子之間怡然和悅，以遂其天倫之樂。人孰不歎羨，以為其際遇盛時，子受厚祿，父享榮養，方此以為之幸。既而先生歸於故鄉，終於壽考，歲月奄邁，墓已宿草。今覽誦斯文，俛仰疇昔，重增感悼。雖然，祭酒於斯文，亦寓其無窮之悲也。所以頌揚其親者，固在於是。

昔歐陽文忠公作《瀧岡阡表》，謂蓋有待，又云足以表現於後世。公以道德、文章、政事、名節為宋名臣，天下後世讀公斯文，莫不信慕，則公之所自期必者，灼如數計，要之不必他求，蓋在已而有以知之。今祭酒居師儒之位，以道義為倡率，修其德業，無愧於古人，則光顯褒大於其先人，以表見後世者，亦有可必也。廣知公父子者，故敢僭書此於後。

題劉子欽所藏六貼

凡物有可敬可愛者，豈不以其人哉？苟其人不賢，雖其物之貴重，而人且賤而易之；其人賢矣，雖其物之至微，而人且重而惜之。崑山之玉，非不貴也，以為桓魋之杯，則人必鄙之；下澤之蒲，非不賤也，以為顏子之席，則人必重之。所貴在人，而不在於物。矧其物之可貴，又遇其人之皆賢，則人惡得而不重之哉？

予觀於此六貼，蓋可知已。自康里公、余忠宣公而下，六人學問名節、文章才藝表表於世，故雖一貼之微，而人愛敬珍襲，有如珙璧，況其他乎？借使諸公之不賢，則是數帖者覆醬瓿久矣，豈能留至今日？

於乎，甚矣！人不可不勉修其德業，觀一事之小，可以喻大。子欽出示此帖，三復起敬，書此於後。諸公事蹟載在《國史》，故不更論。有《國史》不載者，則見前數題識，毋庸贅也。

題先賢遺像

盧陵周克己，以道學諸先生遺像示，廣焚香拜觀，起敬起慕，斂衽肅躬，鄙吝消盡。於乎！數百載之下，見其遺像尚如此，宜當時及門親炙之士，有不喻而化。克已，學者也，探索義理之微，玩心高明之域，時一瞻仰德容，必有得於觀感之間者矣。

書嚴壽堂卷後

太醫院院判蔣公用文，謂予言：其姊子吳中早喪母，賴父長育教訓，克底成立。兄弟構堂，事其父，堂成而未有名。中走數千里，至京師求名。我，取《易》書之義，名之曰嚴壽。御醫趙公友同為之記。我作四言詩一章以勖之，丐執事一言以為中勉。

予觀蔣、趙之言，勖中者備矣，何庸贅辭？不已，則推用文之意以告之。嘗讀《易》家人之彖曰：「家人有嚴君焉，父母之謂也。」今中父存而母亡，用文乃取「嚴壽」以名其堂者，蓋欲中於其亡者，致其思；於其存者，願其壽；致其思者，慕其嚴；願其壽者，承其嚴；承其嚴者，所以致其孝，肅然於家庭之間，隤然無悖理之為。夫如是，則父父子子而家道正，推而達之，無往而不得其正矣。用文以是名中之堂，其意深，其義切，中尚懋之，當求無負於名堂之意。

書韓復陽墓誌後

右《韓府君復陽墓誌銘》刻本，金華胡翰仲子撰，前中書舍人詹希元書，府君長子奕識其陰，其仲子太醫院判公達裝成一卷，求在朝諸公題跋於後。不鄙於予，間以相示，欲干一言以識於卷末。觀府君之行，自足以致久遠，予言豈足為重輕？然公達有命，不可固辭。

按墓誌：府君系出韓忠獻王裔。忠獻為宋名臣，豐功偉績，照映千古，故其流風遺澤，被及後世，久而不衰。宜乎！韓氏家有賢婦，成此令子。如府君者，魁傑有守，不為俗情所移，真可謂丈夫哉！自元末兵興，兩浙失守，士大夫偷生瓦合於僭偽間，澳涊自售，不為少矣。其在當時，揚揚以取富貴，氣焰烜赫，一旦淪喪，如飄風倏忽。府君蟬蛻污濁，生無公卿之榮，沒有德華之耀，至今使人讀誦斯文，祗敬其行，以手加額曰：「韓氏之有子孫，視彼沒而泯滅，無得而稱者，蓋胥壞矣。」如此，誠無愧於忠獻者也。噫！德厚者流洸遠。今公達事聖天子，夙夜小心，恪勤乃職，又能承籍韓氏之業，其後之遠大，蓋未可量也。韓氏之子孫，宜益修其世德，罔俾荒墜。

書墨莊卷後

右海陵胡先生《記劉氏墨莊事》。晦庵朱子《為劉氏墨莊記》，所以發揚墨莊之義者至矣。今撫之金溪劉令聞，謂為劉氏之裔。一日持其家先世文翰來燕臺，介予友翰林修撰王君時彥，徵予言識其後。

予惟劉氏為名族，而又有朱子之文章以表稱之，自足與天地相為悠久。顧予何人，言豈足為輕重，而敢妄廁名於大賢君子之後，蓋甚矣！其不知量也。辭謝至再，而時彥致令聞之。意益勤，固辭，有不獲，輒敢妄為之言曰：

凡人之所以遺其子孫者，鮮有不欲崇大廈、廣膏腴、豐倉廩、富財貨，以為長久之計。劉氏獨蓄國書數千卷，以遺其子孫，謂之曰墨莊，其去人賢不肖遠甚。夫居廣廈、享膏腴之奉，謂足以不竭，然朝炫赫而夕寂寥者何限，豈若劉氏廣仁義之澤，其來也無窮乎？蓋自磨勘君而下，至尚書郎立言、太傅立之、秘書立德，皆卓犖有聲。至公是先生敞、公非先生頒、侍郎敔，弘深博雅，磊落倜儻。又如端明殿學士奉世、全州府君符，奉職不苟，質直平易。及其後也，至靜春先生子澄，從朱子游，講道著書，篤志於義理之學，耕道熟仁，收墨莊之獲者，大備於是。

於乎！所謂以禮樂詩書之積，以厚其子孫者，劉氏之先蓋有焉；以仁義道德之實，光其祖考者，則其後為不乏矣。將見源源而來者，詎有艾乎？雖然，時有顯晦，道有污隆。劉氏之子孫守之益力，而不隨之上下，豈不尤賢乎已？不然，捨己之田而芸人之田，是蓋有忝於墨莊者也。為劉氏之後者，其尚勖之哉！

書柴望傳後

君子之所為，惟徇於義而已。苟合於義，則是非毀譽舉，莫能動其中。夫怵於是非，動於毀譽，則其所為者偽耳，亦烏足與言義哉！予讀《柴望傳》，每深致歎焉。

望，杭人也。其友曰金觀，母死弗能葬，哀毀成疾而死。已而其妻又死，望舉其三喪以葬之。或者舉郭元震、范堯夫之事以擬之，謂望若有所慕而為之者。

於乎！夫烏足以知望哉！方望與觀交時，其誼固無間於死生。及觀之死，三喪累然不能葬，雖行道見之，尚或瑾之，矧望為之友，其得不惻然於中耶？是以不顧其力之不能為，而力為之。此其發於至情，以盡夫有朋之義，夫豈有所羨慕於彼乎？世俗罕見盛德之事，而反以當行者為異，可勝悼哉！或者又因望之事，而誚時人之不然。吁！是蓋非人也已。遂書此於後，以儆於婾薄。望有子曰車，今為兵部武選員外郎云。

書高閒雲集後

北京國子司業董君子莊，以其先大夫所賦詩一帙，號曰《高閒雲集》，示予。觀其言，溫厚和平，無險刻峭礪之語。真君子之言哉！

予嘗讀《三百篇詩》，要皆溫柔敦厚，故曰可以興，可以觀，可以群，可以怨。詩之所以為教者，如是而已。故先王採之以為風，以為雅，以為頌，用之於鄉閭，用之於邦國，播於朝廷，而奏於郊廟，豈徒爭妍競麗，類俳以悅人哉！若《高閒雲集》者，其猶得古詩之遺意歟？惜其不遇太平盛治之時，與大雅詩人相頡頏，於鳧鷖既醉之間，而乃馳騁於變風之末。晚際治朝，獲沾一命，而老遽及之，奄忽屬纊。

悲夫！雖然時之遇否，無足論也。惟其言之可以感人，將必有採而薦之者，用列於樂官。予知《高閒雲集》有必傳而無疑也，謹書其後以俟。

書陳縣尹墓名後

右德興令、四明陳公孟藻《墓誌銘》，翰林學士王公景彰所撰。稱其為政寬平，務盡仁恕，不深文，不隱惡，吏毋敢欺。且曰：「古之人，古之人，失縣令，親民吏也。非寬平仁恕，則民不親。苟能盡是，雖古之人，又何加焉？」陳公可謂知所本矣。昔太祖皇帝勵精致治，慎擇守令，故君縣多良吏。若陳德興者，夫何羨於魯中牟哉？今聖天子式循成憲，宵肝圖治，於守令之職，尤重其選。使天下為守令者，克承德意，如陳公之為政，民其有不蒙至治之澤哉！今公子敬宗出以示予，因書其後，以為為政者勸云。

書楊待制墓銘後

右元故翰林待制、朝列大夫、致事西昌楊公賢可《墓誌銘》。元翰林學士承旨、榮祿大夫、知制誥兼修國史歐陽楚公撰。□□□卷，待制公曾孫，今左春坊、左諭德、兼翰林侍講士奇手錄也。廣嘗見楚公親書，今又見此卷。公與待制公同年，故序其歷官行事為詳。前後凡七遷官，所至多異政，民有遺頌。卒致事，引年而去，終老於家。載諸《國史》者，大概與楚公所述相同。雖柄然有耀，此僅得其近者，而未足以盡其所至。

嘗觀申齋劉先生與草廬吳文正公書，推尊魯齋許文正公，紹程朱之學，謂紹許公者，則在於吳公也。時吳公入經筵為講官，申齋謂大明《四書》《五經》之用，大慰天下之望，則深有望於吳公。未極稱楊公之賢，謂其有為有守。夫學至於有為有守，亦可謂安且成矣。以是進楊公於吳公者，蓋謂吳公欲大明道學於當時，則楊公有為有守，可為輔翼者也。知楊公者，宜莫如申齋。楊公雖不見引用，其幸見於申齋之言者，有足徵也。

嗟乎！申齋以布衣一介之儒，而好賢憂道之意，拳拳若此，大要謂楊公之學得行，則即其道之行也。噫！使楊公果得行其道於當時，則其所為，蓋不啻若今之所聞也。惜其止於此，申齋亦卒，老死而莫之知者，是皆命也。士奇示廣斯文，故僭書其後，並及此云。

跋歐陽文忠公官告後

右歐陽文忠公，慶曆三年知諫院官告一通，太學生歐陽齊藏之甚謹，求當時名公識其後。謂廣生公之鄉，亦欲求一言。廣辭謝。久之，以為公之學問、文章存乎著述，垂於天下後世，家傳而人誦之；公之政事、名節，載諸史傳，是皆與天地相為悠久。顧廣何人，而敢輕言也哉？蓋亦無庸於言也。所可感者，世遷代移，自慶曆三年至今，凡六周甲子，三百六十有五年，而翰墨猶新，不失為歐陽氏家物。豈公之靈在天，有以相之歟！

按：公為諫官時，與余靖、王素、蔡襄同列，皆天下之望，而韓、范諸公復見召用，識者以為太平可期月待，而小人方且目為朋黨。公當言路，首著為論，極君子小人之辯，剴切當人心，而人始仇視之矣。昭陵獨獎其敢言，面賜五品服，謂侍臣曰：「如歐陽修者，何處得來？」

於乎！在當時，人君重之如此，天下後世受公之遺澤，仰公之餘光者，宜何如哉！揭文安公有云：「歐陽公為廬陵忠義開先。」又曰：「歐陽公，廬陵之元氣也。」斯言至矣。用僭書此於卷後，使歐陽氏之子孫益知重此，而無忝於公可也。

書金守正先生詩後

金君幼孜，以此卷索當時能書者，寫其先大夫詩，暇日亦欲僕寫數首。愧筆力不工，不足以稱。君之所欲，特重君之致孝於其親者，無所不用其情，故勉疆用直、行、草三法為寫數首，以表同寅之好。他時歸老山間，涼暑風而曝冬日，時一展誦，雖不能已，其悠然孝敬之思，則又豈能免暮雲春樹之懷乎？

書劉仲修手帖後

右清江劉仲修先生與金守正先生手帖二通。前一帖蓋仲修被逮時語也，然辭理淳正，惟拳拳以二親為念，勉朋友以進學，略無一豪憔悴隕獲之歎。此見其所守，臨患難而不變。後一帖論詩，別朱子之言，極作詩之妙。仲修以善詩、工文、能書名於時，故其言論皆不苟。後有所書絕詩一首，並小帖二紙，字法皆嚴整。今右春坊右論德兼翰林侍講金君幼孜，重先友之義，匯次成卷，徵士大夫之言識其後，間以示予。予得睹之，嗟先輩之已遠，餘風之猶存，撫卷興懷，悵然而已。

書宋黃袞官告後

右宋永嘉黃公袞官告三通。其一，勅進士出身，授左廸功郎，任饒州司法參軍。三考，以舉主例轉階左從事。即其二，由左從事即歷任滿七考，以舉主奏改左宣教郎，充光州州學教授。其三，磨勘轉左奉議郎，權通判均州軍州，主管學事，兼管內勸農營田事。

前告，紹興八年五月八日，趙鼎、秦檜、曾開並列職名。後二告，失去年八月，則是檜加太師，時在十二年九月，獨列其官銜，無趙、曾名，已為檜所竄逐。自時厥後，檜獨用事，正國步艱難之秋，君子垂首喪氣之日。齷齪之徒，一言契合，即位顯要；士大夫一言異已，即見斥逐。如黃公袞，在當時舉之者非一人，其才猷不見超用，終始一郎官而已。知非附檜者，使其如鄭仲熊輩，則名位可立，致其不位通顯，宜哉！雖抑厭於一時，而發之於悠久，視彼歘然而猋，忽然而熄者，相去遼絕。

今公之八世孫，右春坊大學士兼翰林侍讀宗豫，以是告示余，其家君思恭先生題識其後甚悉。既嘗失之，復歸於黃氏，苦有物以相之者，誠有可感也。非公世澤之遠，則幾何而不淪於煨燼乎？然則其可不知所重哉？昔王大令以青氈為舊物，尤重愛惜，矧知此告乎？黃氏之子孫，宜世寶之，可以驗其先德也。

書竹林七賢圖後

古稱賢者，以其道德可以模範於當時，而垂訓於後世。若孔門高弟弟子者，然後為稱情也。其餘雖功如管仲，孔子既許其仁，而猶見絕於曾西，不得以為賢，矧其他乎！吁！人之稱為賢者，夫豈易得其名哉？嘗觀晉竹林七子，放形骸於放物外，捨仁義而不由於聖賢，治心修身之道，茫乎其莫之究。然世稱之曰七賢，歷至於今而無疑之者，於予心有未安焉。

夫所謂賢者，果何所取歟？抑賢者之名有二致歟？大抵晉有天下，士大夫以清虛為宗，以曠達為尚，故當時競以任放為賢。之數子，其蓋當時之所稱，遂流而至於今日者歟？今觀錢舜舉所畫《竹林七賢圖》，仿唐閻立本家法，觀其放情自恣，縱棄禮法，其在當時猶可想見。而舜舉乃謂諸賢各有心，流俗毋輕議，其有取於數子者，吾不得知其意也。如山濤者，僅可矣，其餘則無足取焉。世之君子學聖賢之學者，其必不賢，數子必曰古之賢者也。苟以數子為賢，而於此取法，則其去賢者之途，不其遠哉！觀是圖者，宜知所取。余既不免流俗之譏，姑識其說如此，知言君子，必以余言為然也。

書境方蕭處士墓銘後

廣幼孤，孑然以處，無以自立而宗之。尊姑夫蕭公孟郁，極深見愛，每勉以就學。嘗對大夫人曰：「是兒不凡，不可使廢學，以墜胡氏家聲。」歲時往來，輒相尋教語，或移日乃休，或終宵始罷。廣聞其言，即服膺惟謹。比再見，或詰嘗所與語者，應答頗無遺，乃喜曰：「是子可教」。對人言，極加稱道。及既丱間往其家，公每待以賓禮，俾坐諸客上。廣退讓不敢居，公曰：「子佳客也，豈敢以親序抑子居下，姑坐勿辭。」常念公愛廣之情實深厚，每形於嗟歎。大夫人每曰：「蕭姑父酷好吾兒，吾兒甚毋不肖，以孤其所好也。然姑父性至孝，事父母尤謹，克盡其道，爾當傚之。」廣益尊敬，不敢少忽。

戊寅秋，廣□領鄉薦，公走來賀曰：「吾期子久矣，子不負吾所望。」明年，赴春官，公來送別於文江，夜同宿於城南王氏。明旦謂廣曰：「子是行必捷。夜者，吾夢一物蜿蜒於吾側，吾與子同寢，非子之兆而何？」後添登進士第，而公惠音來京師曰：「老夫聞子之捷，喜不自勝。然子於榮名者，既得矣，尚當勉力與其餘。」其所以愛廣者至矣。今冬，友人彭君子斐以書來告廣，謂公捐館。廣不勝悲慟。公之令子忱以利津主簿丁憂，過京且狀公之行，求墓銘於公卿間，已得銘表於諸顯達。其文足以信於當時而傳於後世，公之名得以相譽於無窮。廣以不才，賴公之所愛者深，所期者至，安得無一言，以識其私乎？遂述其情以付於後，然未足以盡公之平生，庶亦可以少慰公於九原也。

書金璧孫氏族譜序

右金璧孫氏族譜，凡若干世。余友解公縉紳序其世系之詳，歷歷可見。然自元末亂離，古家右族，譜牒淪燼，十常八九。惟其子孫之賢者，則能採輯而修其廢墜；其不賢者，視此為不急之務。

吁！殊不知人家不可以無譜，無譜則長幼之分乖，親疏之禮廢，求無陵犯者鮮矣。今孫氏之賢者曰：「中鼎知其為先務，獨拳拳焉以為己事。」其賢於人遠乎哉！然余觀其上世，自宋治平間至中鼎，方十一世，其間世次，恐因兵燹不能無遺落。昔歐陽公與南豐先生論氏族，謂其自曾元至漢二百年，僅四世；自漢至莽，世又二百年，亦四世。疑其世次久遠而難詳，其間不能無遺恨。余於孫氏之譜亦云。中鼎幸更加考證，以俟重觀。

書桑園周氏族譜

余觀解君縉紳序次《桑園周氏族譜》，其所由來之悉，歷歷可數。周氏世名家，雪江翁與余先人為翰墨交，子用與余有同遊之好。其學問博洽，為流輩所推。解君之所稱者，信不虛也。周氏世多賢者。自雪江子用而上，非予耳目所能知，然觀其譜可見。自雪江子用而下者，才俊瓌偉之士，彬彬然而出，不待於譜而可見。周氏之澤，其有艾乎？

人惟忠厚可以致久遠，孝悌可以保福慶。觀周氏數十百年之久，而蕃衍若一日，可羨也。夫世苟以家聲之足恃，而所以致久遠者不乏修，則視一體之所出者如仇怨，一家之所處者成楚越，雖有譜，將惡乎補？故譜者，所以著孝悌之道也。使觀之者，念其所由來，則必惕然而有感，而陵厲戕伐之風，自無有也。譜奚可不少知出此？惟倚其前世，為誇詡，則於作譜之意何有哉？余故書此於周氏之譜，且勸諸凡有譜者。

跋時敏齋詩卷

右時敏齋文暨詩，凡若干首，當時大夫士為順昌黃平仲作也。平仲篤志好學，故以是名其齋，且求名卿詩文以自勵。間以示余，欲干一言。余以為古之君子，務求其在已者，苟於己無所得，則惟日孜孜，斃而後已。今平仲從事於斯，可謂知所趨向而用其力者歟！其肯自盡於中道哉？將見異日之所就，鉅可涯乎？雖然，時敏固聖賢為學之要，苟徒知其名而不實用其力，以求其所依歸，則終不能有成。

順昌本饒雙峰之舊鄉，楊、羅諸君子講道於東南，而一時咸得以沐其膏澤，至今聞其風者，尚能使人起興。平仲能由是求其傳授之奧，而致力不怠，則庶幾可以上窺聖賢之域。設或昧於其所依歸，而但取是名以自飾，則非余之所欲也。《詩》曰：「高山仰止，景行行止。」平仲尚勉諸！

讀耿犁生傳〔註1〕

余讀《耿犁生傳》，知其為介然自足之士也。觀其甘心於畎畝之中，盡力於犁鋤之下，勞其筋骨，略無所惜，真高世絕俗之倫哉！或曰：「古之君子，充其學於己，則必有以用於世，豈以離倫絕俗為自高乎？」余曰：「富貴利達，君子不以為必可求而求之；貧賤患難，君子亦不以為必可去而去之。特以命分之，何如也？生蓋安乎所遇而不求其外者也。」或曰：「世之需賢，幽人貞士曾不自見，而澳涊自售之徒，奔走附麗，惟恐或後。生其有見乎此？而不屑於所為，故潔己以矯弊歟？」余曰：「非也。夫趨競以躁進，乃妾婦之道，而矯枉失正，二者均不得乎中道。況生嘗用薦者，起之於朝，隨以事謝去，其心非有所謂矯也。若有所矯而為之，生亦不勝其矯矣。且其常曰：『吾耿犁得乎中道。』夫一事得其中，則其餘之不苟可知。」或曰：「於子之言，生可謂賢於人乎？」余曰：「賢者，非其力不食，故寧甘心窮餓，老死而不悔，若《伐檀》詩人是已。生其若是之倫歟？」於是或者，釋然喜曰：「吾於子得耿犁生，不然，則幾何而不失之矣？」

嗚呼！士君子之行，已不可以不慎也。耿犁生確然，以求其志。或者猶不之信，豈遂以卑污茍賤之徒，其出與處，不足以取信於人，而使世之聞者，並見凝於君子。其有所為而為之，則不可知矣。使其無所為而為之，則其風豈不暇且邈哉？太史公曰：「岩穴之士，趨舍有時。」然則耿犁生者，欲砥行立名者歟？非歟？

書康氏族譜後

余觀《康氏族譜》，有以見吾廬陵風俗之厚，而尤有合於古之道。何也？古者譜牒之作，所以別同異而辨親疏，使天下後世無殽雜之患。吾廬陵世家故族獨存乎此，雖屢遭變更而譜牒不失，故寧有飢寒忍死而不輕以售人。蓋重其祖宗，不肯以紊其傳緒，其有過於他邦遠哉！

康君志高，以其家譜示予。其始祖至今始十七世，十七世之上不得而詳

〔註1〕原注：生，字子琳，鄭其姓，□福之長樂人也。

焉。蓋譜其所可知，而略其所不可知，深得夫作譜之意。余家自始祖刺史君而下，至今凡二十餘世。始祖而上亦莫之詳，蓋亦如是。大抵譜系貴乎誠實，而世俗喜為誇張，好聲名而惡索莫，往往有失其真者，可為之歎也。程子嘗言：「傳神者，一髯增損，終失其真。」則子孫為拜他人作譜之失，豈特傳神乎？故於譜不可不慎。余獨羨康氏之譜，有合於古，故書此於後。

卷十八・題跋

書吳處士伯岡墓銘後

右《吳處士伯岡墓子銘》，學士解公所撰也。且敘其歷履之詳，而有以見處士之行義，信其為君子者歟！古之為士者，不必皆顯達，而其所施，反有以為異於人。身往而名不泯，昭晰簡策於後世，若漢之高士、晉之處士，是豈必皆顯且達歟？

今觀吳處士，抱篤實之學，負有為之才，而拂衣高蹈，曾何有於富貴之慕？其潔然於去就者，有足尚哉！而又得世之名卿為表著之，將可以傳於天下後世矣。其與區區操罔善而無所稱者，大相遠哉！因書於後，以為為善者之勸。

書葛曾二公墓銘後

右吳文正公所撰《葛謙山墓銘》、揭文安公所撰《曾君儁墓銘》二通。其詞嚴，其事核，讀之可以得二君之梗概也。葛為臨川望族，而君儁以葛氏子為後於曾，曾亦望族也，故能得二公之稱道。

古之賢者，積善於其躬而不獲用於世，亦有既用而不能盡其才者。及其沒也，必得名公卿之所知，書其行能，而傳之於天下後世，遂相託於無窮。觀二君之事，亦若是矣。然謙山無一命之榮，君儁僅得一書佐其才德，君非不若人，第造物者，嗇其所遇耳。雖然，不顯於其躬，則必在其後世。今其孫中，遜給事工科為天子侍從之臣，其積於此而發也歟？善乎！文正公之言曰：「蓋將有遲，遲其裔。」信哉，不誣！中遜又求當時名公卿表揚其先德，誠亦賢矣。苟能勉其在已者，豈不益有耀於其先乎？

書劉處士墓表後

□□□□校時，猶及識劉君子源，接其宴笑，終日使人忘疲。君豐資豹髯如森戟，望而竦，人敬愛。今既沒，而其精神尚可以想見。觀學士解公表君之墓者，誠有得。君之平生，非交遊而篤好之至，能如是乎？惜於識君之晚，然猶得見君於蒼顏皓首之時。聞諸故老，君壯盛時，尚氣好義，人有不善，雖於其師友，直折之不隱，人以是敬憚之。夫以君之好善若此，使其遇王彥方，又奚肯多讓之哉！而人之知君者，其亦皆能如余之所聞否耶？今其子姓中書舍人謙，命余題其後，姑述其所聞，以識之。

書素庵後

司經正字王君格非，持其友魏某素菴卷來徵言。予惟素者，君子守身之常道，非深有得於斯道者，弗足以語此。此得之而能行者，其惟君子乎？故於死生、富貴、貧賤、患難，視之一致，舉不足以動其中。所謂君子素其位而行，不願乎其外，苟以富貴、死生、貧賤、患難，為可喜可愕，則戾乎是矣，又豈足語君子哉！格非曰：「宗冕，儒家子也，質美善學。素庵，其藏修之所。今佐大郡，有民社之寄，而所行不悖，孜孜不忘乎素，可謂難也矣。」噫！誠如斯言，則宗冕其有道君子，願學素者。用書此以歸之，且以自勉。

書遼府翰墨後

右遼王殿下所書「勤有齋」三字並詩一首。予中書舍人吳均仲平，辭翰清麗，文采煥發，信非尋常拘拘於繩墨者比。勤有齋者，乃仲平先府君之齋名也。仲平克繼承其先志，夙夜不忘，王故嘉美之，為書此三字，與之瞻仰。蓋非惟有光於其先，將有光於其後世也。詩所以別仲平者，詞氣雍容，情意懇至，有《小雅》詩人「毋金玉爾音，而有暇心」之意。觀於此，可以見賢王好賢之心，而仲平之得此者，有已也夫！宜固藏之，永為家寶。

書重修宗忠簡公墓碑後

嗚呼！君子小人之不兩立，世治則君子進，而小人退；世亂則小人之計行，而君子之謀不用，自古莫不皆然，若宗忠簡公澤之在宋是已。當金人入寇，萬乘南遷，眾欲偷安一隅，咸以主和為議。公獨抗章，請還故都，以繫人望。

疏累上，輒為小人所沮，志不得伸，疽發以卒。當是時，使公之計得行，則河北可復，南北播遷之恥，可以澡雪。惜公之計不用，遂使犬羊之腥污濁中夏，而宋之宗社幾微矣。雖公之不幸，言不見用，是亦宋之不幸也。千載之下，人心之公，言公之事，莫不下淚、惋惜。

公之墳在京口汝山，舊有雲臺寺僧為之主，守田若干畝，以奉歲時祠事。今寺已廢，墳獨無恙。前太守金華劉君伯靜來守是邦，下車之初，即謁而拜之，修其殘缺，復其墓田，令龍華寺僧守之，且召其子孫歲時展省。咦！君之於政，可謂之所先務矣。

夫舉廢墮而厲風教，雖曰太守之職，亦由公之忠誠，結於人心者，自有所不能已爾，故死猶不死。若汪、黃輩，邱隴牢落，埋沒於荒煙野草之間，過者孰不唾罵之，矧能得人之愛敬如此！此可以見後世之公論。

劉君乃序其事，既刻諸石，復書於卷，因以徵予書此於後，以見君之為政知所本，庶幾後來者有所勸云。

書巎子山所書捕蛇者說

右元康里子山所書唐柳子厚《捕蛇者說》，題其後曰為曾君雋書，筆勢超邁，俊麗可愛。余嘗讀其傳，稱其風神凝遠，志行高潔，望而知其為貴介公子。其遇事英發掀髯；論辯法家，佛士不能過之。善真、行、草書，識者謂得晉人筆意，單牘片紙，人爭寶之，不啻金玉。今觀此書，誠如所云，可以想見其風采。然謂其博通群書，得誠意正心之要，故其事文宗，嘗以聖賢格言，講誦於側；事順帝，勸其務學，凡經傳奧義，必反覆紬繹，感動帝衷。遇事盡言不隱，有古烈士之風，而能書特其餘事。或者不知，目其為書家者流，不複道其學問事業之感。

甚矣！末伎之不足尚也。雖此書之工，能起人敬愛，亦徒然莫得其心。余嘗觀其以子厚《梓人傳》反覆論說，於其君之側。今是篇者，豈徒然乎？亦必有所謂也。其筆法之妙，如精金美玉，自有定價，不待予之評論。余言亦能為之輕重哉！工科給事中葛中遜氏，曾君之裔孫，家藏此卷，出以示余，求題其後，故特發其微意如此云。

書韓布字說後

太醫院判韓公達名，其子曰布，其僚友趙公友同字之曰伯廣，且為之說，以發其義，間徵余言題其後。予觀趙公所言，勉之備至，無餘蘊矣，何庸贅辭，不已有一說焉。

士之為學，貴於取友。取友之道，誠非一端，要必有所慕耳。若司馬相如之慕藺是已。今以布為名者，蓋亦有所慕乎？古之名布者固多，然有賢者焉，有否者焉，當效其賢者，而棄其不賢者，在於審擇取捨，揆諸中道而已。孟軻氏有云：「以友天下之善士為未足，又尚論古之人。」以是而求之，則進德修業、立身，成名之功，益加廣矣。斯即趙公所期之意，亦必不負乃翁所願也。

書東皋卷後

洪武辛未秋，予遊閩，寓三山客陑，時前國子博士鄭公孟宣，家居近烏石山下，日相往還，登覽吟眺，適興於詩酒文字間。獲識各位老先輩，一時才俊魁傑之士，都得納交。前溧陽司訓林君伯予，其一也。伯予學問慱洽，資性醇慤，不事表襮。世家長樂，為簡肅公之裔。鄭公常語予曰：「長樂多故家，衣冠文獻尤盛。」其山川秀麗，甲於他邑，名賢遺跡，考求咸在，邀我同遊者屢矣。每將行，輒有所尼。一日作興及臺江，夜宿湧泉庵，艤舟待明發，復不果。既而數約為鼓山之遊，或牽於人事，或沮於風雨，又不果。友人周又玄戲予云：「長樂可遊，當必去鼓山，須上，莫空回。」蓋相激耳，由是竟不能往。予歸自閩，掃絕江湖之踪二十餘載，而閩之諸老先輩皆已凋謝，舊交相繼淪沒。往年又玄物故，比歲鄭公捐館，巋然靈光，惟中美、王君、伯予二三人而已。俯仰疇昔，愴然於懷。

今春，伯予起復來北京，邂逅於萬寶坊之官舍，手持其先祖東皋詩文一卷示予，皆故元名公所作。讀之益重予所感，恨昔之不至長樂，以觀故家流風遺韻之美。又不得縱覽東皋，以盡其奇勝。今雖彷像於詩文之中，而遐想遠慕，心神遙馳於彼矣。伯予徵予言題其後，顧以淺陋，奚敢廁名諸公之末？特念故遊不能忘情，輒僭書此，以著久要之誼。至於東皋，則無能有以傳其奇偉也。第什襲此卷，永為家寶。

題朱文公約遊金斗詩墨蹟

仰瞻翰墨，天光日華，遐企德容，海涵春煦，後學豈容贊一辭？廬陵胡廣，焚香三復，再拜謹識。

書誠意堂卷後

熊君自成以「誠意」名其堂，士林諸君子或為之記序，或為之箴銘，或為之詠詩，發揚其旨，無餘蘊矣。自成問求予一言題其後，愚不佞，惡敢以與此？竊惟誠意者，孔門傳授心法，大學進德之基，朱子釋其意者至矣，淺陋何容贊一辭？自成但當用力以持，循乎先儒之言，研精以窮究夫聖賢之賾，真知實踐，自然造詣其域，透此一關，無限關矣，又奚待乎？愚之架屋上之屋也哉？遂僭書此於卷末以歸之。

題趙文敏公所書晝錦堂記

朱子云：「文章至歐陽公而後豐腴」。又云：「至歐陽公而後暢」。今觀趙文敏公所書《晝錦堂記》，字畫精妙，渾然如刻玉，與歐公之文蓋相稱也。此文舊為蔡端明書，豈文敏欲與端敏爭衡耶？尚書夏公家藏此卷，蓋不但嗜文敏之筆法，其必有在於魏公之事業耳。

題文敏公書嵇康絕交書

懷素論書法雲：「心手相師勢轉奇」。又不如莊子所謂「用志不分，乃凝於神」。觀文敏公此書，筆法嚴密，斂宗自如，變化入妙，蓋得累丸承蜩之法者歟？論者謂公書多出李北海，竊謂使北海見之，亦必低頭拜東墅矣。公嘗自云：「更後百年，未知有此筆法否」，此語雖戲，要知亦誠然。

書文丞相傳後

廣集《廬陵先賢傳》，恒病《宋史·文丞相傳》簡略失實，蓋後來史臣為當時忌諱，多所刪削，又事間有抵捂。鄉先生前遼陽儒學副提舉劉岳申為《丞相傳》，比《國史》為詳，大要其去丞相未遠，鄉邦遺老，猶有存者，得於見聞為多，又必參諸《丞相年譜》及《指南錄》諸編，故事蹟核實可徵。故元元統初，丞相之孫富既以刻梓，後復刊，見岳申文集。近年樂平文學夏伯時亦以鋟板，於是岳申所撰《丞相傳》，盛行於天下，而史傳人蓋少見。

廣竊觀二傳詳略不同，不能無憾。因參互考訂，合而為一。中主岳申之記為多，並取證於丞相文集，芟其繁複，正其訛舛，庶幾全備，使人無惑。《論》《贊》則並錄之。《國史》之論，揆諸人事而言，岳申之贊，本乎天運而言，各有發揚，不可偏廢，亦以見夫取捨之公也。

於乎！丞相之大忠大節，獨立萬古，直與日月爭光。天地悠悠，比之夷、齊，心則不殊，而所為反，有難者。昌黎韓子所為特立獨行，窮天地、亙萬世而不顧者也。丞相之云，豈異於是？噫！丞相不可尚已。其相從興義之士，或出自小官，或奮跡庶民，雖當摧沮敗衄之餘，皆甘心就死，不肯屈辱，殺之殆盡，無一人肯降。丞相忠義至誠，感動固結於人心，牢不可解有如此者。使人皆爾，則宋豈有亡理？彼臨難苟生，以饕富貴，其視丞相廝卒，尤有愧焉。然則丞相，固無待於贊論，誦其詩，讀其書，自有以見之。

廣齠齔時，猶及聞先輩言丞相遺事，赫赫竦動人聽，雖小夫婦人，皆習聞而能道之。比年以來，老成凋謝，而論者益稀，雖士夫君子，鮮聞盛事。蓋漸遠漸疏，其勢然耳。更後百年，恐寖失實，惟取信於列傳，眊瞀異同，莫適是非。故忘其淺陋，輒復編次，第皆因其舊文，不敢妄加一筆。誠無能有所裨益，特書區區之愚耳，知之者，其必不以為僭也。

書袁鏞傳後

宋德祐丙子，元帥入臨安，都城無結草之固。董文炳經略兩浙，列郡望風披靡，仗節死義之士，蓋寥寥無聞。讀史至是，不能無嘅。乃今於百數十年之後，得鄞進士《袁鏞傳》讀之，云其在當時守死不屈。由此觀之，史失錄者有矣。

吁！若鏞者，使其守一城，保一邑，其肯輕以土地授人耶？惜不見於用，徒以一儒者施口舌為於櫓，卒九死而不悔，視彼膚敏祼將之士為何物事？恒有悔於前，而顯於後者，天固不沒人之善也。鏞事幾無傳矣，賴其曾孫太常丞珙、珙子中書舍人忠徹以表彰之，鏞之志，遂得以暴於後世。世故有徇名而亡實者，若鏞之為，豈徇名哉？特以天理民彝之迫於心，有不可泯焉，是以就死如歸。後之人得其心而不遺其實，可無愧於前人矣。

題許氏戒子詩後

太學生天台許敬軒，以其曾祖得靜所為《戒子詩》，求予題其後。予觀得靜之能教，諸子之能守，久廣其家聲而不墜，今子而又孫，相承如一，於以見許氏之慶，綿綿不竭，益肇於一詩之訓乎！詩之感人之深，其效有如此者，後之子孫益敬守不替，則永永不微矣。昔衛武作抑詩以自警，其言有正心誠意之極功，後之人讀之者興起而成德。使其子孫能守而不違，則豈有父子夫婦大亂之道乎？不寧惟是，使太康克守禹訓，不忘典則，又豈有覆宗絕嗣之患！推之一家一國，莫不皆然。夫事雖小，可以喻大，故予題許氏之詩而並及之。

書丞相周益國文忠公題湯氏別業詩序

廬陵忠節名天下。自歐陽公以古文振天下之宗，明王道之本；楊忠襄以身死國；文節憤奸執柄，不食以死；忠簡公以諫忤高宗之聽；益國公以身致乾、淳之治，厥後文丞相之死，又以光明俊偉暴之天下後世。是數公者，雖吾廬陵之英華，是亦國家之元氣也。其文章事業，具載簡策，天下之人，口傳而心識之，間有得一辭半語，寶之如珙璧兼金，非惟以為貴而實以為榮也。

吾里湯氏為鄉著姓，丞相益國公有詩題其別墅。今湯氏之別業，雖淪於陵谷變更之餘，而子孫之誦其詩者，肺鉛而心刻之矣。詩存，猶別業存也。於是求時之賢士大夫題而藏之，以示於其後。前進士若鳳高先生既題其首，桂隱劉先生復書其次，吏部侍郎顏公子中又為詠歌之。而吏部詞翰之妙，固無愧於益國之詩，而其盡忠一死，尤無忝於忠節也。湯氏子孫均寶惜之，不亦宜乎！

嗚呼！後數百年，存是詩者，尤以為光榮，矧其時宜何如哉！今文恂為湯氏之賢子孫，復將詩文表而成軸，欲求時之名卿以顯揚之。以余為鄉里舊好，且嘗親侍教於吏部者，干一言遂忠其僭妄，書此於吏部詩之後，姑以識余景仰先烈之私，俾湯氏之子孫守而勿失，非徒以為翰墨之光，而實可以為家聲之重也。

書淝水報捷圖後

君子之觀人，當取其大而略其細。其大者有可觀，則其細者，雖有可議，亦在所置。若惟取其大而不略其細，則天下無令人矣。

謝文靖以身繫國家之安危，名重當時，而稱於後世。然矯情鎮物之議，古今不免。君子於此，蓋亦少恕哉！以余觀之，文靖有高世之志，而貴寵喜辱，曾不足以動其中。及其當天下之大任，乃違眾舉親，不恤物議，於是有淝水之捷。收傚之速如此，非其識之明而舉之當，安能若是哉？方是時，符秦以百萬之師，有投箠度江之舉，意輕江左，其志驕盈，在法必敗。公豈不知其然？而廟算神機，已定於未捷之先，故驛書之報，置而無喜。及過戶限而折屐齒，或亦適然之遇，而談者以此測之，過矣。

余以為公之不喜，或者以中原久污於腥膻，方當經營謀畫，以為蕩滌之舉，而區區一勝，何足自矜？以中原未復為可憂，故淮肥之捷，不足喜也。或謂當時之捷，秦師解體，乘勝長驅，克復舊物如反掌耳。惜其燕安江左，無意北向，卒失其機，而使典午氏之業終於不振，職此以咎公。然不知旋定淄清，遂收幽異，置戍備守，而國家之力有不能給。不幸溫輿之夢忽醒，金鼓之破速讖，而公之命遂殞，幻度□亦以病求解。天不祚晉，豈盡公之不能哉？

世徒觀公之跡，而不究公之量，所以往往索瑕疵於瑾瑜，苟得其纖毫，則遂以為非美也。夫江河之大，非蹄涔之可比；岑樓之高，豈寸木之能齊？觀其汎海浙濤，眾方悚懼而已，獨舒悅、桓溫陰有移晉室之心，所忌者一二人而已。王坦之齊名當時，新亭之迎，倒執手板，公談笑以挫其氣。秦師百萬，震壓疆境，命駕出遊，夷然無怖，其雅量，素如此矣。而世之論者，何獨屑屑於其細故哉？於乎！有公之量，然後能知公之事；無公之量，而欲論公之事者，是猶睹邱垤而輕太山也。

永樂元年順天府鄉試策題

問：治天下之道，教與刑而已。稽之於《書》，舜命契以敬敷五教，命皐陶明刑以弼五教，是教與刑相為用，而不可相無也。伏讀《大誥》有曰：「君之養民，五教五刑焉。」蓋與唐、虞同符而合轍矣。然教固不可廢，而刑或有可措，果由何道而致歟？願聞其說，毋泛毋略。

問：鄉飲酒之禮，聖人制之以化民成俗也。說者謂鄉飲有四，其四者之目，可得而言與？抑不特四者與？孔子曰：「吾觀於鄉，而知王道之易易也。」夫王道之大，無以加矣。聖人於鄉飲而見王道之易，何歟？然其禮不行於天下矣。我國家申明古先哲王之制，頒示大誥，行鄉飲酒禮於天下，欲使斯民咸化於善，漢唐以來所未有也。其於古者儀文象數之詳，獻酬辭讓之節，與夫今日準酌之儀，諸君子行之有素矣。請詳陳之，以觀所習。

問：昔者孔子刪《詩》《書》，定《禮》《樂》，贊《周易》，作《春秋》，以垂憲萬世。六經之道，炳若日星。說者乃謂《易》以道陰陽，《書》以道政事，《詩》以理情性，《禮》以謹節文，《春秋》以正褒貶。經之垂憲，果若是而已乎？若然，則五經各一其用，而不能以相通矣，抑別有其說乎？諸君子講之熟矣，請悉言之，以觀所學。

問：三代以降，有漢之治矣。至於文帝，躬修玄默，務在寬厚，吏安其官，民樂其業，禁罔疏闊，歲致刑錯，近古以來所未有也。然而為治之吏，獨稱河南守吳公治平為天下第一，而循吏少見其名，何歟？豈有之而史不錄歟？至於宣帝，治有不逮，而循吏之名見於史傳者，不一而足。記史者何詳於此而略於彼？抑必有其故歟？夫論治，至於文、宣載籍之於史漢，亦學者之所常講而不廢。願聞其說，以觀所蘊。

問：為治之要，莫先於禮樂。夫禮樂有本有文，非本則無以立，非文則用無以行。昔者顏淵問為邦，夫子以四代禮□□□，其體用果何在歟？夫四代禮樂，百王不易之法，萬世常行之道。他日夫子論三代之禮，而又欲從周，何歟？禮樂之事，諸君子朝肄而夕講，幸詳言之，毋隱。

永樂九年應天府鄉試策題

問：六經皆孔子所定。《易》序彖，象所以釋伏羲、文王、周公卦爻之辭，而文言總釋一卦之義，何以止於乾坤？《書》所自唐、虞，下迄於周，何以終於《秦誓》？《詩》有風、雅、頌之名，所謂風者，列國之風，而雅則朝廷之詩，頌則宗廟之樂。《王風》宜為雅，何以為風？魯，諸侯之國也，何以有頌？春秋，天子之事也，何以託始於隱公？褒貶殊致也，何以折衷於三傳？《禮》《樂》之書不全，三禮之說何據？五經，莫重於祭，而《軍禮》何以無傳？六經之道同歸，諸君子講之有素，願聞其概，以觀其蘊。

問：《周禮》大司徒，以鄉三物教萬民而賓興之，一曰六德，二曰六行，三曰六藝。六行，以孝為先，故漢初復孝悌之科，其後興孝廉之舉，求曾閔之孝、夷齊之潔，以勵風俗。所得人才，賢否相半，豈化之不下究歟？抑見廉而不舉不察歟？洪惟我太祖高皇帝，勵精政治，恒舉孝廉，賞降清問，故著明孝之章於《大誥》續編，既總序其網，又詳條其目，家傳而人誦之也。宜皆勉於實行而尚廉恥，何令牧民之司，不以廉名稱者，十常八九？伊欲使孝舉而廉興，其道何由？願悉言之毋隱。

問：洪惟國家建立學校，以樂育人才，厚其稟氣，復其徭役，恩至渥也。士之居其間者，得以朝肄而暮習，所講者皆聖經賢傳之旨；所聞者，皆忠君澤民之道。比年，選其才者貢於胄監，三年大比，興其賢能而陞於有司。或為進士而任之以官，或為監生而委之以事，往往所用非所學，所行非所聞，補報之意茫然，顯揚之道何在？致《大誥》三編，有進士、監生不悛之歎。若是者，其學校不足以得人歟？果師道之教有不立歟？抑亦人性有不可移歟？諸君子發身學校，必明見其弊，其詳言之毋隱。

問：孔子因《魯史》而作《春秋》，而左邱明論輯其本事以為傳，又撰異同為《國語》，又有世本。至七國並爭，秦兼諸侯，有《戰國策》。漢興，有楚漢《春秋》。司馬遷據左氏《國語》，採世本《戰國策》，述楚漢春秋，續其後事，貫穿經傳，馳騁古今上下數千載。問斯亦勤矣。劉向、楊雄博極群書，稱遷有良史之才。班固作《西漢書》，未免多仍其舊。固譏遷是非頗謬於聖人，范曄稱固序事不激詭，不抑抗，贍而不穢，詳而有體，使讀者亹亹不厭。豈遷之學，有不及固歟？學者之於史、漢，蓋常論而不置，其於固之譏遷、曄之稱固，可得而悉數歟？其優劣可得而辯歟？請詳陳之，乃所願聞也。

問：道統之傳，至孟子而止矣。宋濂溪周子出，始有以接乎？孟氏之傳，其教人曰志伊尹之所志，學顏淵之所學，獨不言學孟子之學，何歟？二程皆周子之門人也，先儒謂伯子可比顏子，叔子可比孟子，二夫子所成，何其異歟？伊尹稱明道自孟子之後，一人而已，續孟氏之傳，又若在程子而不及周子，何歟？周子發明太極圖，以闡不傳之微，邵子推演先天圖，以析羲畫之秘，其旨同歟？異歟？二子皆有功於聖門，其與顏、孟，果孰可以比歟？抑別有說歟？濂洛之學，諸君子亦飽聞而熟講之矣，願聞其要，毋泛毋略。

卷十九・雜著

牛季維州事

洪容齋謂：「維州之事，當時議者謂德裕賢於僧孺。」以今觀之，則僧孺為得。司馬溫公，斷之以義利，兩人曲直始分。

按：吐蕃頑獷狡暴，世為唐患，屢盟屢叛，非德之可懷、信之可結。維州之事，竊有議焉。自清水劫盟〔註1〕，兵臨近鎮，上下震驚，德宗欲出幸以避之。自是用兵，經費歲無虛日，〔註2〕國計匱乏，故德宗問李泌以復府兵之策，泌對〔註3〕以屯田、積穀致富強之術，德宗喜。泌曰：「未也。臣能不用中國之兵，使吐蕃自困。」德宗曰：「計將安出？」泌不對。大意欲結回紇、大食、雲南與共圖吐蕃，令吐蕃多備以牽制之。知德宗素恨回紇，故不對，恐並沮屯田之議不行。自吐蕃寇西川，韋皋與東蠻、雨林蠻連兵禦之，屢捷〔註4〕屢勝，吐蕃奔應西川、南詔之不暇，而寇河、隴之跡漸稀，此正與泌計相合。至憲宗時，雖嘗出寇，亦鮮獲利。

穆宗長慶元年，吐蕃寇青塞堡，鹽州刺史李文悅擊卻〔註5〕之。秋九月，

〔註1〕「劫盟」二字，原文模糊不清，此處從文淵閣《四庫全書》本《胡文穆雜著》校補。

〔註2〕「經費，歲無虛」數字，原文模糊不清，此處從文淵閣《四庫全書》本《胡文穆雜著》校補。

〔註3〕「泌對」二字，原文模糊不清，此處從文淵閣《四庫全書》本《胡文穆雜著》校補。

〔註4〕「捷」字，文淵閣《四庫全書》本《胡文穆雜著》作「戰」字。

〔註5〕「卻」字，原文作「腳」，此處從文淵閣《四庫全書》本《胡文穆雜著》校改。

吐蕃遣其禮部尚書論訥羅來求盟，以大理卿劉元鼎為會盟使，入吐蕃與盟。二年六月，會盟之使未還，即復來冦靈武，寇鹽州，自此不見再盟。

文宗太和五年九月，吐蕃維州副使悉怛謀請降，盡率其〔註 6〕眾奔成都。李德裕遣行維州刺史虞藏儉將兵入據其城，具狀且言欲遣生羌，燒十三橋，搗西戎腹心，可洗久恥。事下尚書省集議，皆請如德裕策。獨牛僧孺曰：「吐蕃之境，四面各萬里，失一維州，未能損其勢。比來修好，約罷。〔註 7〕戍兵中國，禦戎守信為上。彼若來責，曰何事失信？養馬蔚茹川，上平涼阪，萬騎綴回中，怒氣直辭，不三日咸陽橋。此時西南數千里外，得百維州，何所用之？徒棄誠信，有害無利，此匹夫所不為，況天子乎？」文宗以為然，還其城，執悉怛謀歸之，吐蕃盡誅之於境上。由此觀之，則僧孺之謀，誠過失矣。且維州本唐故地，廣德元年陷入吐蕃，韋皋屢攻取之而不能得。悉怛謀一旦舉以還唐，其來降之日，又在吐蕃敗盟之後，何失信之有？僧孺乃以私憾，沮德裕之功，故謬。以往日吐蕃入長安之跡，恐愒天子，使祖宗故地不復，德裕成功不遂，悉怛謀枉死，負冤於無窮。朱子於《綱目》特書曰：「吐蕃將悉怛謀，以維州來降，蓋深惜之也。」牛李是非如此。其著溫公之言，直牛而曲李者，其意蓋有所為。

宋神宗在位，喜於論兵，富鄭公嘗云：「願陛下二十年〔註 8〕，不可道著用兵二字。」溫公之意，即鄭公之意也當。〔註 9〕西夏部將嵬名山，欲以橫山之眾取李諒祚以降，詔邊臣，招納其眾。公上疏極論，以為名山之眾，未必能制諒祚，幸而勝之，滅一諒祚，生一諒祚，何利之有？神宗不聽，遣種諤發兵迎之，取綏州，費用六十萬。西方用兵，蓋自此始矣。後城永樂，夏人來爭，喪師數十萬。神宗臨朝大慟，於是公言始驗。公平生惟以和戎為念，及得疾，猶歎曰：「患未除，吾死不瞑目矣。」其一，以西戎之議未決，折簡與呂公著曰：「邊計以和戎為便」，然則牛李之論公云云者，欲假此以抑要功生事之人，矯當時之弊。不然牛李之事，曲直甚明，公何為曲李而直牛乎？維州之論，嘗以朱子《綱目》與致堂之說為當。

〔註 6〕「其」字，原文模糊不清，此處從文淵閣《四庫全書》本《胡文穆雜著》校補。
〔註 7〕「罷」字，文淵閣《四庫全書》本《胡文穆雜著》作「羅」字。
〔註 8〕「二十年」三字，原文模糊不清，此處從文淵閣《四庫全書》本《胡文穆雜著》校補。
〔註 9〕「鄭公之意也，當」數字，原文缺失，此處從文淵閣《四庫全書》本《胡文穆雜著》校補。

唐憲宗讀國史

憲宗銳〔註10〕於政理，謂宰相裴垍曰：「朕聽政之暇，遍讀列聖實錄，見貞觀、開元時事，竦慕不能釋卷。」又曰：「太宗之創業如此，玄宗之政理如此，我讀國史，始知萬倍不及先聖。當先聖之代，猶須相與百官同心輔助，豈朕今日獨能為理哉？事有乖宜，必望卿盡力扶救。」垍等舞蹈進賀曰：「陛下言及於此，是宗社無疆之福。」

按：太宗，創業之君，始以武功定天下，終以文德致太平，輔弼左右，共成治理。貞觀之初，相房玄齡、杜如晦同管朝政，引拔士類，咸得其職。王珪、魏徵讜言善諫，繩愆科〔註11〕謬，事有可稱。溫彥博之敷奏詳明，出納惟允；戴胄之處，煩治劇，眾務畢舉；劉洎、馬周、岑文本、褚遂良、高季輔、張行成、崔仁師，皆以政事為時所稱。其間或以小人參之，若宇文士及之便佞侈肆〔註12〕；封德彝之偽行匿情，論議反覆，蔽賢不舉，為貞觀政治之累。然當時賢人尚多，太宗立本深固，故不能為害。及其末也，用一許敬宗奸諛陰險、殘狠狡賊，卒為宗社大禍。

玄宗初用姚崇、宋璟為相，崇善應變，以成天下之務。璟善守文，以持天下之正，此所以佐唐中興也。若張說、蘇頲之文學，李元紘之清儉，韓休、張九齡之骨鯁，又若盧懷慎、袁乾耀、張嘉貞、杜暹輩，雖無長材，然能以公清勤儉自檢，猶惓惓事職〔註13〕，故無得無損。開元之初，治政可觀。及其後也，侈心日縱，放遠直臣，任用姦邪，若宇文融之辯詐興利，啟掊尅之端；李林甫之傾側市權，蔽欺耳目，妬賢嫉能，奸險深刻；陳希烈之媮佞阿諂，左右巨奸；楊國忠之貪淫固寵，擅作威福，遂成播遷之禍，幾亡天下。用君子小人，其得失如此，後世宜視此以為鑒戒。

憲宗讀二帝實錄，必有以見乎此。委用杜黃裳、李吉甫、裴垍、李藩、李絳、武元衡、崔群、韋貫之、裴度等為相，然諸人互有得失，要不失為賢，其最優者，惟垍、絳與裴乎？故能致元和之治。及其後也，用一皇甫鎛為相，聚斂句剝，奸妄巧媚，以進妖人，貽為身禍，何其所為先後之盭乎？豈君子小人果難辨乎？要之，非言之難，而行之為難也。

〔註10〕「銳」字，文淵閣《四庫全書》本《胡文穆雜著》作「勤」字。
〔註11〕「科」字，文淵閣《四庫全書》本《胡文穆雜著》作「糾」字。
〔註12〕「侈肆」後，文淵閣《四庫全書》本《胡文穆雜著》另有「至於」兩字。
〔註13〕「事職」，文淵閣《四庫全書》本《胡文穆雜著》作「職事」。

史載憲宗嘗問珀：「為理之要何先？」對曰：「先正其心」。此聖賢大學之道。珀舉以為對，誠為美矣。惜乎憲宗不能再問，珀亦引而不發。使憲宗知正心之道，則又不為小人所禍，必能取二帝之長，棄其所短，力行其至，循為三代之君，如之，何其不可也？夫如是，則慕先代之言，不為虛文矣。雖然，珀於大學之道，蓋未必知也。觀憲宗問珀之時，珀但當云：「陛下，言及於此，是宗社無疆之福，何用舞蹈進賀乎？」長讒諛之風，以來皇甫鎛之奸佞者，未必不由此有以啟之也。

周禮考疑

《周禮》一書，疑之者非一。林存孝以為武帝知周官末世瀆亂不經之書，作《十論》《七難》以排棄之。何休以為六國陰謀之書。蘇潁濱疑非周公之完書，謂秦漢諸儒多損益之。五峰胡氏斷然以為俗吏掊克之為，非周公致太平之典也。容齋洪氏直以為出於劉歆之手。《漢書・儒林》盡載諸經，專門師授，此獨無傳。

按：《漢書・藝文志・周官》六篇即今之《周禮》也。文帝嘗召至魏文侯，時老樂工因得春官大司樂之章。景帝子河間獻王好古學，購得《周官》五篇。武帝求遺書得之，藏於秘府，禮家諸儒皆莫之見。哀帝時，劉歆校理秘書，始著於錄，略以《考工記》補《冬官》之缺。以是考之，則非出於歆手。漢儒博覽者，惟稱鄭康成，謂為周公致太平之跡，故其學遂行於世。止齋陳氏謂此書多古文奇字，名物度數，可考不誣。其為先秦古書，似無可疑，但疑《周禮》六典與《周官》不同。惟朱子謂此經周公所作，但當時行之，恐未能盡。

竊惟三代之法，至周大備。夏商之禮，有不足徵，周家法制，賴此獨存。孔子從周，取乎其文，豈不以此？秦漢以來，率事苟簡，先王立法以詔後世，不復能行。使秦漢之君而能行之，則先王之良法美意，豈不收效？如此則秦非秦，漢非漢，直與成周之跡比隆矣。向後一二欲舉而行之者，不探其本而揣其末，豈能得先王之良法美意？如劉歆、王安石是已。歆之道，莽固不足道，若安石之志，不惟泥古而又好高，觀其對神宗，輒以堯、舜、禹、湯之道為言，鄙漢唐以下人物不論，其言大矣。惜其所行者，欲舉成周之事而施之後世，致事相牴牾，使人並疑於聖人之經，排觝訾毀，不一而足。夫無成周之時，又無成周之人，而欲行成周之法，戛戛乎，其為難矣。故程子曰：「必有《關雎》

《麟趾》之意，然後可行《周官》之法度。」近世臨川吳氏考究精〔註14〕詳，以《尚書》《周官》考之，冬官司空掌邦土而雜於地宮，司〔註15〕徒掌邦教之中，乃取掌邦土之官，列於司空之後，以補冬官之缺，以《考工記》別為一卷，附於經後，則《周禮》遂為全書，一洗千古之疑矣。要之，用而無弊者，必當守程子之言也。

季布止伐匈奴

單于嘗為書嫚呂后，后怒，召諸將議之。上將軍樊噲曰：「臣願得十萬眾，橫行匈奴中。」諸將皆阿呂后，以噲言為然。獨季布曰：「樊噲可斬也。夫以高帝兵三十餘萬，困於平城，噲時亦在其中。今噲奈何以十萬眾，橫行匈奴中，面謾！且秦以事胡，陳勝等起；今創痍未瘳，噲又面諛，欲動搖天下。」是時殿上皆恐，太后臨朝，遂不覆議。

擊匈奴事，布老將也，故知用兵之利害。使其亦如諸將之阿諛順肯，則必騷動天下。因布一言而止，其為利博〔註16〕哉！史稱布為賢將，其或以此歟〔註17〕？武帝時，王恢建馬邑之議，韓安國屢難其不可。使武帝然安國之論，則邊釁無由而起，衛、霍無功之可紀，後亦必無輪臺之悔矣。

季布不死

班固以季布不死為賢，謂夫婢妾賤人感概而自殺，非能勇也。此言抑揚大過。夫為人臣者，死生視義，何如耳。義可死〔註18〕，而不死，謂欲用其未足，則固之言有以啟後世貪生畏死之弊。

魏豹呂后之言

人生一世間，如白駒之過隙。疑古語，漢人但引為說。魏豹反，漢高遣酈生往說之〔註19〕。酈生至，豹謝曰：「人生一世間，如白駒之過隙」。張良有致四皓、安太子之功，乃學道辟穀，欲輕舉。高帝崩，呂后德良乃彊食之，曰：

〔註14〕「究精」二字，原文模糊不清，此處從文淵閣《四庫全書》本《胡文穆雜著》校正。

〔註15〕「司」，原文缺失，此處從文淵閣《四庫全書》本《胡文穆雜著》校補。

〔註16〕「博」，文淵閣《四庫全書》本《胡文穆雜著》作「溥」字。

〔註17〕「歟」，文淵閣《四庫全書》本《胡文穆雜著》作「與」字。

〔註18〕「死」，原文模糊不清，此處從文淵閣《四庫全書》本《胡文穆雜著》校正。

〔註19〕「酈生往說之」，文淵閣《四庫全書》本《胡文穆雜著》無此數字。

「人生一世間，如白駒之過隙，何自苦如此！」後豈道豹之言歟？此語必前有之。秦二世謂〔註 20〕趙高曰：「夫人生居世間也，譬猶騁六驥過決隙也」，與此正相類。

申屠嘉

班固謂申屠嘉剛毅守節，然無術學，殆與蕭、曹、陳平異矣。斯言抑或未然。論輔高祖定天下之功，則嘉、固不敢望蕭、曹、陳平；論術學，則陰謀詭秘，三人者有之，至於聖賢大學，具未之見也。嘉之斬鄧通，請誅鼂錯，其毅然之節，誠有如固之言，豈不勝陳平阿呂后，以王諸呂乎？

心大心小

孫思邈曰：「膽欲大而心欲小，智欲圓而行欲方。」先儒曰：「心大則萬物皆通，心小則有物皆病。一言心之體，一言心之用。」心之體固欲廣大寬平，固能具萬物之理，無往而不達；若狹小則偏陋固滯，則有物皆病。心之用，固欲小，小者，精詳之謂。蓋心小則密於察理，於事無粗疏之失，此心大心小之別也。

燕書

宋學士濂有燕書，不知何以取名，豈韓非子之所云：「先王有郢書，而後世多燕書」？又引其事曰：「郢人有遺燕相國書者，夜書，火不明，謂持燭者曰：『舉燭』。」已而誤書。「舉燭」二字，非書本意也。燕相受書曰：「舉燭者，尚明也，舉賢而用之。」遂以白王。王大說，國以治。治則治矣，非書之意也。取名之義，疑出於此。或又以為燕閒所作之書，其意殊無謂也。

劉給事

唐代宗永泰元年，僕固懷恩誘回紇、吐蕃雜入寇，下詔親征。魚朝恩欲奉代宗幸河中，以避吐蕃，恐群臣議論不一。百官入朝，朝恩從禁軍操白刃，宣言曰：「吐蕃數犯郊畿，車駕欲幸河中，何如？」公卿皆錯愕不知所對。有劉給事者，獨出班抗聲曰：「敕使反耶？今屯軍如雲，不戮力扞寇，而遽欲脅天子棄宗廟而去，非反而何？」朝恩驚沮而退，事遂寢〔註 21〕。

〔註 20〕「謂」，原文缺失，此處從文淵閣《四庫全書》本《胡文穆雜著》校補。

〔註 21〕「寢」，原文漫蕪不清，此處從文淵閣《四庫全書》本《胡文穆雜著》校正。

劉給事當倉卒之頃，而能抗辭以折權倖，使之驚沮，真大丈夫哉！視當時之公卿閉口錯愕者，誠可羞也。惜乎史失其名，不知為誰，千古之恨。楊雄曰：「齊魯有大臣二人，而史失其名。」箋杜詩者謂黃四娘者，獨〔註22〕為何人哉？因此以託不朽。世間幸不幸類如此。劉給事言存而名泯，其幸歟？不幸歟？

白著

今人謂物為人徒取去曰「白著」，此二字蓋亦有由。唐元載為租庸使，以江淮雖經兵荒，其民比諸道猶有貲產，乃按籍舉八年租調之，違負及逋逃者，計其大數而徵之，擇豪吏為縣令而督之，不問負之有無、資之高下，察民有粟帛者，發徒圍之，籍其所有而中分之，甚者什取八九，謂之「白著」。故此二字相襲，至今猶云，以見載之刻薄，而民怨之深也。

四凶

宋神宗謂吳奎曰：「堯時四凶猶在朝。」奎曰：「四凶雖在，不能惑堯之聰明。聖人以天下為度，未有顯過，固宜包容，但不可使居要地耳。」他日又謂王安石曰：「何世無小人？雖堯舜之時，不能無四凶。」安石曰：「惟能辨四凶而誅之，此其所以為堯舜也。若使四凶得肆其讒慝，則皋夔稷契亦安肯苟食其祿以終身乎？」奎之言以指安石而發，安石之言似指異己者而發。奎之言覺寬緩，安石之言覺急迫。於此處，最好觀人德性。

李杜酬答

洪容齋謂李太白、杜子美在布衣時，同遊梁、宋，為詩酒會心之友。考之杜集，稱太白及懷贈之篇，凡四十五，至於太白與子美，略不見一句。或謂堯祠亭別，杜補闕者是已〔註23〕，乃殊不然。杜但為右拾遺，不曾任補闕，兼自諫省，出為華州司功，迤遞避難入蜀，未曾復至東州，所謂「飯顆山頭」之嘲，亦好事者所撰。容齋考論如此。然以今太白集觀之，有《沙丘城寄杜甫》詩云：「我來竟何事，高臥沙丘城。城邊有古樹，日夕連秋聲。魯酒不可醉，齊歌空復情。思君若汶水，浩蕩寄南征。」又有《魯郡東石門送杜二甫》詩

〔註22〕「者，獨」兩字，原文漫蕪不清，此處從文淵閣《四庫全書》本《胡文穆雜著》校正。

〔註23〕「已」，文淵閣《四庫全書》本《胡文穆雜著》作「矣」。

云：「醉別復幾日，登臨遍池臺。何時石門路，重有金樽開。秋波落泗水，海色明徂來。飛蓬各自遠，且盡手中杯。」觀二詩，可見李於杜之情，豈謂不見一句耶？

賈陸言仁義

賈誼《過秦論》謂秦仁義不施，陸賈對高帝嘗以為言。賈時時稱說詩、書，高帝罵之曰：「乃公居馬上得之，安事詩、書？」賈曰：「馬上得之，寧可以馬上治之乎？且湯武逆取而順守之，文武並用，長久之術也。昔吳王夫差、智伯極武而亡，秦任刑法不變，卒滅趙氏。鄉使秦以〔註 24〕併天下行仁義，法先聖，陛下安得而有之？」賈、陸之言，若合一轍，豈亦有所本哉？初，三老董公遮道說高祖以仁不以勇，以〔註 25〕義不以力之說。高祖用之，卒滅項氏。用仁義之效如此，治天下，其可忽此而不務乎？

陳平用陸賈之謀

陳平輔高祖定天下，六出奇計，無一不效。及諸呂擅權，欲危劉氏，平燕居深念，計無所出。及見陸賈問策，賈令與太尉深相結，為畫呂氏數事。平用其計，乃以五百金為絳候壽，厚具樂飲太尉，太尉亦報如之。兩人同心協謀，卒成滅呂安劉之功者，賈之謀也。平豈智於前而昧於後乎？當事機〔註 26〕未決，或思慮過當而反惑乎？平當危疑之際不自用，而〔註 27〕取人之長，以成事功，此所以為賢也。平嘗順后之旨，以王諸呂，豈亦賈策，使平陽以計紿之，得以成吾謀乎？不然，平之深念專在滅呂，其肯以高祖之業，輕以許人乎？使平真阿呂后者〔註 28〕，賈必知之，又安肯為平畫計乎？

李廣好殺

李廣不得封侯，自恨有殺降之過。竊以為不但此也，以霸陵醉尉一呵，終不能忘。及後再用為右北平太守，請尉與俱，至軍而斬之。尉夜呵人，乃其職也。漢文所以美亞夫者，以其能盡職耳。廣以一呵之憾而殺尉，獨何為乎？廣

〔註 24〕「秦以」二字，原文漫蕪不清，此處從文淵閣《四庫全書》本《胡文穆雜著》校正。

〔註 25〕「以」字，原文缺失，此處從文淵閣《四庫全書》本《胡文穆雜著》校補。

〔註 26〕「機」字，文淵閣《四庫全書》本《胡文穆雜著》作「幾」字。

〔註 27〕文淵閣《四庫全書》本《胡文穆雜著》無「而」字。

〔註 28〕文淵閣《四庫全書》本《胡文穆雜著》無「後者」兩字。

既殺降，又用私意殺醉尉，欲望封侯，難矣。班固謂三代之將，道家所忌，至廣孫陵，遂亡其宗，豈不以多殺故歟？

張湯杜周有後

《語》曰：「仁者必有後。」張湯、杜周俱為酷吏，然皆有良子，爵位尊顯，繼世立朝，漢之元勳。儒林之後，乃有不如，其故何哉？班孟堅謂：「湯推賢揚善，固宜有後。考周之跡，絕無一行之可舉，其有後又何也？」史載湯決大獄，欲傳古義，乃請博士弟子治《尚書》《春秋》，補廷尉史，平亭疑法奏，獻疑必奏，先為上分別其原，上所是，受而著讞法廷尉，挈令揚主之明。湯用儒者議，疑法，豈於是而有陰惠及人者乎？其有後者，蓋由於此。周無一善之可述，但上以其盡力無私，若然，亦宜有後矣。世疑湯、周不當有後，而皆有後。故採遮其美而論之，所可見者，如此而已。不然，湯之子安世，周之子延年，見其父行之繆，修德礪行，為漢名臣，足以蓋其父之惡。安世之子延壽，延年之子欽，又能世濟其美。後之繼降，或不繫於湯、周而本於此歟？

張騫

張騫貪一身之利，為漢使月氏，經大夏，復事西南夷，通烏孫，鑿空西域，啟武帝窮兵之欲者，實騫之過也。班固於其《贊》略無一語及之，但云禹《本紀》言河出崑崙，崑崙高二千五百餘里，日月所相避隱為光明也。自張騫使大夏之後，窮河原，惡睹所謂崑崙者乎？斯言於騫何有哉？豈責其遠使，詳於卬〔註29〕竹杖、蜀布，而遺於其大者乎？抑豈不責騫而為漢諱乎？不然，騫不足責耳。

漢重乘車

漢重乘車，以垂騎為非。韋玄成以列侯侍祀孝惠廟，當晨入廟，天雨淖，不駕駟馬車，而騎至廟下。有司劾奏等輩數人，皆〔註30〕削爵為關內侯〔註31〕。鮑宣遷豫州牧，郭欽奏宣，行部乘傳去法駕，駕一馬，舍宿鄉亭，為眾所非。宣坐免。大抵車服本以別貴賤，明上下，先王之制，不可以廢。故君子在車，則聞鸞和之聲，行則鳴佩玉，所以昭德行，示威儀也。漢去古未遠，猶以乘車

〔註29〕「卬」，文淵閣《四庫全書》本《胡文穆雜著》作「邛」字。
〔註30〕文淵閣《四庫全書》本《胡文穆雜著》無「皆」字。
〔註31〕「侯」，文淵閣《四庫全書》本《胡文穆雜著》作「侯」字。

為禮，不尚乘騎。三國以後，人多趨簡便，雖不乘車，而人亦不以為非矣。

公孫弘節儉

汲黯謂，公孫弘位在三公，奉祿甚多，然為布被，此詐也。以本傳觀之，弘常稱人主病不廣大，人臣病不節儉。又其身食一肉，脫粟飯，其躬行節儉，蓋亦素性然也。年八十，終於相位。漢之公卿，多由奢縱取敗，有如弘之節儉，必能保其富貴。弘之行，亦可以厲俗。故元始中，修功臣後，下詔曰：「漢興以來，股肱在位，身行儉約，輕財重義，未有若公孫弘者。」位在宰相封侯，而為布被脫粟之飯，奉祿以給，故人賓客，無有所餘，可謂减於制度，而率下篤俗者也，與內富厚而外為詭服，以釣虛譽者殊科。夫表德章義，所以率世厲俗，聖王之制也。其賜弘後子孫之次見為適者，爵關內侯。此又可見漢之重節儉，而薄奢靡，故特表章弘，以敦厲風俗。厥後若唐尊，失身以仕王莽，封侯貴重，位歷公卿，衣敝履空，以瓦器飲食，被虛偽名，其亦與弘異矣，何足道哉！

翟義李敬業

王莽居攝，丞相翟方進之子青州牧義，謀舉兵誅莽，當時郡國皆震，比至山陽，眾十餘萬。莽遣孫建等七將軍，將關東甲卒擊之，義敗，磔屍東市，污池其宅，發其父祖冢在汝南者，燒其棺柩，夷滅三族，誅及種嗣。

唐武后既廢中宗，又立睿宗，實亦囚之。諸武擅命，誅戮唐子孫，天下憤之。李英公之孫敬業謀起兵，旬日之間，眾十餘萬，傳檄州縣，疏武氏過惡，復廬陵王天子位。武后遣左玉鈐衛太將軍孝逸，將兵三十萬擊之，敬業敗，迯於海陵，其將王那相斬之，傳首東都，夷滅其家，並削其祖父官爵，毀冢藏，除屬籍。

此二事甚相類。史謂義不量友，懷忠憤發，以隕其家；謂敬業不通學術，昧乎臨大節不可奪之義。竊觀二人之心，忠則忠矣，惜其志大謀疏，舉事無成，身忘家滅，戮及其先，亦可悼也。

東坡祖黃先生說

東坡《武王非聖人》之說，蓋本於漢儒黃生。黃生曰：「湯、武非受命，乃弒也。」轅固曰：「不然。夫桀紂荒亂，天下之心皆歸湯武，湯武因天下之心而誅桀紂，桀紂之民弗為使而歸湯武，湯武不得已而立，非受命而何？」黃生曰：「冠雖敝，必加於首；履雖新，必貫〔註32〕於足。何者？上下之分也。今桀紂雖失道，然君上也。湯武雖聖，〔註33〕臣下也。夫主有失行，臣不正言匡〔註34〕過，以尊天子，反因過而誅之，代立南面，非殺而何？故東坡曰：『武王非聖人也。』孔子蓋罪湯武，歷稱堯舜禹，有不足於湯武也。又云孟軻始亂之，曰：『吾聞誅獨夫紂，未聞弒君也。』自是學者以湯武為聖人之正，皆孔子之罪人也。」斯言竊為未當。

《論語》於篇，終歷序堯舜禹以及湯武，孔子何嘗不稱湯武？觀《易》〔註35〕革之彖，曰：「湯武革命，順乎天而應乎人。」孔子何嘗不足於湯武，所謂順天應人者，豈虛言乎？又謂武王伐紂，誅其君，夷其社稷，諸侯必有不悅者，故封武庚以慰之，有不得已焉耳。此蓋戰國相傾之術，曾謂武王而為之乎？當牧野之誓，諸侯不期而會者八百，天下固已叛紂歸武王矣。雖賢如三仁，知殷之必〔註36〕淪喪，紂之必亡，亦末如之何也已矣。苟使天命未改，人心不去，雖封百武庚，又何足以慰悅殷之故家遺民哉？封武庚者，蓋武王公天下之心，非為私也。湯武之跡，孔孟言之盡矣，不待辨而明。第蘇東坡之論如此，恐後來學者惑於其言，故累舉其概，以破其說。黃生不師孔孟，而〔註37〕立異端，東坡何為而師其說歟？或曰：「東坡假此以彰荀彧之美，甚曹操之惡。以武王為非聖人，則曹操其鬼蜮矣。」雖然，操何足論？以彧身為漢臣，為操畫謀，以贊其業，及纂奪之形已著，方詭異論以自釋，其自殺也，宜矣，何足取哉？

龔遂實對

人臣有功而不伐，能容人之短，而不隱人之長，最是美事。龔遂為渤海太守，有治效。宣帝徵之，議曹王生願從。功曹以為王生素嗜酒亡節度，不可使。遂不忍逆，從至京師。王生日飲酒，不視太守。會遂引入宮，王生醉，從後呼曰：「明府且止，願有所白。」遂還問其故，王生曰：「天子即問君何以治渤海，君不可有所陳對，宜曰：『皆聖主之德，非小臣之力也。』」遂受其言。既至前，上果問以治狀，遂對如王生言。天子說其有讓，笑曰：「君安得長者

〔註32〕「貫」，文淵閣《四庫全書》本《胡文穆雜著》作「加」字。
〔註33〕文淵閣《四庫全書》本《胡文穆雜著》此處有「然」字。
〔註34〕「匡」，文淵閣《四庫全書》本《胡文穆雜著》作「臣」字。
〔註35〕文淵閣《四庫全書》本《胡文穆雜著》無「易」字。
〔註36〕此處，文淵閣《四庫全書》本《胡文穆雜著》多「有」字。
〔註37〕此處，文淵閣《四庫全書》本《胡文穆雜著》多「意」字。

之言而稱之？」遂因前曰：「臣非知此，乃臣議曹教戒臣也。」

宋曹彬平江南，及入見，刺稱奉敕江南幹事回。初，彬之行也，太祖謂曰：「俟克李煜，當以卿為使相。」副帥潘美預以為賀，彬曰：「不然，是行仗天威，遵廟謨，乃能成事，吾何功哉？」其謙恭不乏如此。蓋亦聞王生之言歟？唐馬周初入長安，舍中郎將常何家。貞觀五年，詔百官言得失，周為條二十餘事，皆當世所切。初，太宗怪問何，何曰：「此非臣所能，家客馬周教臣言之」。何，武人，不涉學，能不隱周之長。如遂之於王生，皆可稱也，故並記之。

三王生

漢有三王生：其一，善為黃老言，處士也。嘗召居廷中，公卿盡會立。王生顧謂張釋之曰：「吾襪解，為我結襪。」釋之跪而結之。既已，人或讓王生：「獨奈何廷辱張廷尉如此？」王生曰：「吾老且賤，自度終無益於張廷尉。廷尉方天下名臣，吾故聊使結襪，欲以重之。」諸公聞之，賢王生而重釋之。

其一，宣帝時，為太子庶子。時蓋寬饒為司隸，不得遷。自以行清能高，有益於國，而為凡庸所〔註38〕越，失意不快。王生予寬饒書曰：「明主知君潔白公正，不畏彊禦，故命君以司察之位，擅君以奉使之權。尊官厚祿，已施於君矣。君宜〔註39〕夙夜惟思當世之務，〔註40〕奉法宣化，憂勞天下，雖日有益，月有功，猶未足以稱職而報恩也。自古之治，三王之術，各有制度。今君不〔註41〕務循職而已，乃欲以太古久遠之事，匡拂天子。數進不用，難聽之語，以摩切左右，非所以揚令名、全壽命者也。方今用事之人，皆明習法令，言足以飾君之辭，文足以〔註42〕成君之過。君不惟蘧氏之高蹤，而慕子胥之末行。用不訾之軀，臨不測之險，竊為君痛之。夫君子直而不挺，曲而不詘。《大雅》云：『既明且哲，以保其身。狂夫之言，聖人擇焉。』惟裁省覽。」寬饒不納其言。

其一為渤海議曹，教龔遂曰：「天子即問君何以治渤海，君不可有所陳對。宜曰：『皆聖主之德，非小臣之力也。』」既至前，上果問，遂對如王生言。天

〔註38〕「所」，文淵閣《四庫全書》本《胡文穆雜著》作「使」字。

〔註39〕文淵閣《四庫全書》本《胡文穆雜著》無「矣。君宜」三字。

〔註40〕文淵閣《四庫全書》本《胡文穆雜著》此處有「必其」二字。

〔註41〕文淵閣《四庫全書》本《胡文穆雜著》此處有「過」字。

〔註42〕「文足以」三字，原文漫蕪不清。此處據文淵閣《四庫全書》本《胡文穆雜著》校補。

子說其有讓。

觀三王生皆賢者，其屈張廷尉者，有以為廷尉用也。蓋圯上老人之倫歟？釋之為公車令時，景帝為太子，與梁王共車入朝，不下司馬門。釋之追止太子梁王毋入殿門。及景帝即位，釋之恐誅，稱疾，欲免去。欲見，則未知如何用王生計。卒見，謝景帝不過也，此王生所以報釋之者也。其告龔遂者，使遂不聞其言，則必自陳渤海之功，焉得有長者之褒？釋之與遂，俱能用二王生之言，故能保身成名。獨一王生之言不見納於寬饒〔註43〕，能採王生之言，則必終其身而無患。噫！賢者之言，亦何負於人哉？

啄啄不同

《東方朔傳》：尻益高者，鶴俛啄也。啄即咮字，竹救反。東坡《韓幹馬》詩云：「前者既濟出林鶴，後者欲涉鶴俛啄。」以啄為啄，協鶴字韻〔註44〕。啄、啄，字音不同，豈公之意？不本《朔傳》而自為說耶？不然，亦用之誤耳。

漢書記事不同

《漢書》一事兩出不同者。

《季布傳》：單于嘗為書嫚呂太后，太后怒，召諸將議之。上將軍樊噲曰：「臣願得十萬眾，橫行匈奴中。」諸將皆阿呂太后，以噲言為然。布曰：「樊噲可斬也。夫以高帝兵三十餘萬，困於平城，噲時亦在其中，今噲奈何以十萬眾橫行匈奴中，面謾，且秦以事胡，陳勝等起。今瘡痍未瘳，噲又面諛，欲搖動天下。」是時殿上皆恐，太后罷朝，遂不復議擊匈奴事。

《匈奴傳》：高后時，冒頓浸驕，乃為書使使遺高后曰：「孤僨之君，生〔註45〕於沮澤之中，長於平野牛馬之域，數至邊境，願遊中國。陛下獨立，孤僨獨居，兩主不樂，無以自虞。願以所有，易其所無。」高后大怒，召丞相平及樊噲、季布等，議斬其使者，發兵而擊之。樊噲曰：「臣願得十萬眾，橫行匈奴中。」問季布，布曰：「樊噲可斬也。前陳豨反於代漢兵三十二萬，噲為上將軍。時匈奴圍高帝於平城，噲不能解圍。天下歌之曰：『平城之下亦誠苦，七日不食，不能彀弩。』今歌唫之聲未絕，傷痍者甫起，而噲欲搖動天下，妄

〔註43〕文淵閣《四庫全書》本《胡文穆雜著》此處後有「使寬饒」三字。

〔註44〕「韻」，文淵閣《四庫全書》本《胡文穆雜著》作「韶」字。

〔註45〕「生」，文淵閣《四庫全書》本《胡文穆雜著》作「主」字。

言以十萬眾橫行，是面謾也。且夷狄如禽獸，得其善言不足喜，惡言不足怒也。」高后曰：「善。」令大謁者張澤報書曰：「單于不忘敝邑，賜之以書。敝邑恐懼，退日自圖，年老氣衰，齒髮墮落，行步失度。單于過聽，不足以自污。敝邑無罪，宜在見赦。」

以布一人言，兩處所載不同。前說本於《史記》，後說不知〔註46〕何從出也。中間二書，媟褻尤甚，在班固所〔註47〕當刊削，不宜留污簡牘。《史記》於《匈奴傳》，但書冒頓乃為書遺高后，妄言高后欲擊之，諸將曰：「以高帝賢武，尚困於平城。」於是高后乃止，數語而足，斯為得體於此，亦可見《史記》《漢書》之優劣也。

駝封

大月氏國，出一封橐駝，顏師古謂，脊上有一封也。封，言其隆高，若封土也。杜子美詩「紫駝之峰出翠釜」，亦言其肉高如峰。然則封峰不同，二說孰是？但封字尤古，而峰字亦明白〔註48〕，要之無害於義。

易卦

《周易》爻辭，凡吉凶悔吝，皆戒占者。人能反求諸己，則其應驗有如影響。第占者，以吉為在已，凶為在人，往往不應，則歸咎於蓍龜，誤矣。昔漢武帝伐匈奴，《易》之卦得大過，爻在九五，其繇曰：「枯楊生華。」象曰：「枯楊生花，何可久也。」太卜謂匈奴破不久也，皆以為吉。乃遣貳師將軍李廣利伐匈奴，軍敗而降。武帝歸咎於卦兆反繆〔註49〕，當初〔註50〕，時使太卜〔註51〕能云所兆在已阻，武帝不遣貳師，則〔註52〕必無喪師降將〔註53〕之恥，而卦為可徵矣。噫！蓍龜斷之明矣，而用之者失其意，往往如斯。

〔註46〕此處文淵閣《四庫全書》本《胡文穆雜著》多「有」字。

〔註47〕「所」，文淵閣《四庫全書》本《胡文穆雜著》作「史」字。

〔註48〕「明白」二字，文淵閣《四庫全書》本《胡文穆雜著》作「別」字。

〔註49〕「繆」，文淵閣《四庫全書》本《胡文穆雜著》作「緣」字。

〔註50〕「初」，文淵閣《四庫全書》本《胡文穆雜著》作「是」字。

〔註51〕「使太卜」三字，原文被塗抹遮蓋，此處從文淵閣《四庫全書》本《胡文穆雜著》校補。

〔註52〕「兆在已阻武帝不遣，貳師則」數字，原文被塗抹遮蓋，此處從文淵閣《四庫全書》本《胡文穆雜著》校補。

〔註53〕「降將」二字，原文被塗抹遮蓋，此處從文淵閣《四庫全書》本《胡文穆雜著》校補。

張闢彊

惠帝崩，呂后發喪，哭而泣不下。留候子張闢彊年十五，為侍中，謂丞相陳平曰：「太后獨有帝，今哭而不悲，君知其解未？」平曰：「何解？」闢彊曰：「帝無壯子，太后畏君等。今請拜呂臺、呂產為將，將兵居南北軍，及諸呂皆官居中用事，如此則太后心安，君等幸脫禍矣。」丞相如闢彊計，請之。太后說，其哭乃哀。呂氏權由此起。

觀闢彊所言，為陳平一身之謀，而不思為漢社稷之計。當是時，使諸呂將兵居中用事，苟有豪傑〔註54〕之志，視去絳侯朱虛輩〔註55〕如薙草芥〔註56〕，易置劉氏如反掌耳乎，亦豈能自安哉！諸呂本皆庸才、無能為者，故一旦得而禽獮之，漢之不為呂氏者幸爾。闢彊年幼，好謀如此，無乃擾習其父風，使留侯而在，其肯為此計乎？陳平佐高祖定天下，秘計滿懷，何以輕聽其言，卒啟王諸呂之議，猶且阿諛順旨，而莫知止，果何為者？厥後雖有安劉氏之功，僅足以贖前過。

記李白帖

「乘興踏月，西入酒家，不覺人物兩忘，身在世外。」右《高齋謾錄》記夏噩〔註57〕家藏太白墨蹟十六字。又太白《象耳山留題》云：「夜來月下臥醒花，影零亂滿人襟袖」，疑如濯魄於冰壺也。

此帖在雅州郡齋，未知今存否，然皆不可得見。今視其詞，超出物表，要自是太白口中語，他人不能道也。又「樓虛月白，秋宇物化，於斯憑闌，身勢飛動，非把酒自忘，此興何極」，此亦太白語也。

記古詩

「夜飯減一口，活得九十九。」此古樂府三叟詩也。「菖蒲花，難見面」，古語也。見施肩吾詩。然此語人之常道，及問所出，則莫能對。因筆記以備遺忘。

〔註54〕「豪傑」二字，原文脫落不清，處從文淵閣《四庫全書》本《胡文穆雜著》補正。

〔註55〕「輩」，原文漫蕪不清，處從文淵閣《四庫全書》本《胡文穆雜著》校補。

〔註56〕「芥」，原文作「芬」字，此處從文淵閣《四庫全書》本《胡文穆雜著》校正。

〔註57〕「噩」，原文漫蕪不清，此處從文淵閣《四庫全書》本《胡文穆雜著》校正。

記鸜鵒布穀

《考工記》云：「橘踰淮北而為枳，鸜鵒不踰濟貉〔註 58〕，踰汶則死，此地氣然也。」《春秋書》：「鸜鵒來巢，所以紀異也。」今踰濟之北而多鸜鵒，豈亦地氣使然歟〔註 59〕？康節於天津橋，聞杜鵑，以地氣自南而北，比至漠北，多聞布穀，則南方之氣益遠矣。

記漢高王莽

漢高祖初入關，秦王子嬰降於軹道，奉上始王璽。後即位，因御服其璽，世世傳受，號曰漢傳國璽。及王莽篡漢，漢失天下，亦以孺子嬰，莽乃協取傳國璽。

高祖得天下甚明白，何其受傳相似？莽雖不足道，所謂亦天時，非人力之致矣。自曹魏下至趙宋，得失報復，往往皆然。敵劉因詩曰「臥榻而今又屬誰？江南回首見旌旗。路人遙指降王道，好似周家七歲兒。」此言甚有深意。

通鑒提綱

朱子云，《通鑒提綱》例，「凡逆臣之死，皆書曰死。至狄仁傑，則甚疑之。李氏之復，雖出於仁傑，然畢竟是死於周之大臣，不奈何也。」敦相隨入，死例書某年月日，狄仁杰死也。今鋼目則書曰：「司空梁文惠，公仁杰卒」，與前說異，豈後來有所更改歟？

唐太宗征高麗

唐太宗初征高麗，諫議大夫褚遂良曰：「陛下指麾則中原清晏，顧盼則四夷讋服，威望大矣。今乃渡海遠征小夷，若指期克捷，猶可也；萬一蹉跌，傷損威望，更興忿兵，則安危難測矣。」及上欲自征，遂良復上疏，以為：「天下譬猶一身，兩京心腹也，州縣四肢也，四夷身外之物也。高麗罪大，誠當致討。但命二三猛將，將四五萬之眾，仗陛下威靈，取之如反掌耳。今太子新立，年尚幼稚，自余藩屏，陛下所知。一旦棄金湯之全，逾遼海之險，以天下之君，輕行遠舉，皆愚臣之所甚憂也。」上不聽。時群臣多諫征高麗者，尉遲敬德亦上言：「陛下親征遼東，太子在定州，長安、洛陽，心腹空虛，恐有玄

〔註 58〕「貉」，原文漫蕪不清，此處從文淵閣《四庫全書》本《胡文穆雜著》校正。
〔註 59〕「歟」，文淵閣《四庫全書》本《胡文穆雜著》作「與」字。

感之變。且邊隅小夷，不足以動萬乘，願遣偏師征之，指期可殄。」上不從。及後出師無功，乃深悔歎曰：「魏徵若在，不使我有是〔註60〕行也。」命使祀徵，復立所僕碑。

觀遂良、敬德之諫如此，太宗苟能聽之，未必不善，又何必魏徵之言是思乎？竊謂使魏徵若在，太宗亦必不能從其言。方遂良初諫時，李世勣即曰：「間者薛延陀入寇，陛下欲發兵窮討，魏徵諫而止，使至今為患。曏〔註61〕用陛下之策，此鄙安矣。」上曰：「然。此誠徵之失，朕尋悔之而不欲言。」以是知徵雖在，太宗必不從其言也。范氏謂帝知過能〔註62〕悔，此其所以為賢。使果為悔過，賞遂良、敬德之言，何必更思魏徵？所以為此說者，帝於徵報之薄矣，中心豈無慚忸？故藉此以樹僕碑，撫其妻子耳，豈真思其言乎？若帝真有悔心，自當斬然決絕於東征之念矣。何故連年不已，啟房玄齡臨終之諫，與徐充容閨闥之疏乎？由此觀之，曷嘗〔註63〕有悔過之實，積釁蓄忿，久而不解，至於高宗，累歲用師，方始平之。然小夷雖衰，而中國之經費亦不可勝計矣，何足補哉？或曰太宗之思魏徵，玄宗之思九齡，事異而情同。曰：「是不然。玄宗之思九齡，蓋出乎中情；太宗之思魏徵，蓋矯情耳。」

橫渠所言

橫渠張先生云：「某平生於公勇，於私怯，於公道有義，真是無所懼。」此雖先生所行之實，而自云爾者，似覺有矜氣。然孟子曰「我知言，我善養吾浩然之氣」，豈亦矜乎？要之，大賢、君子躬行之實，不如此則道不見。其自言如此者，所以誘進學者，在大賢則可，學者未造其域，則不可也。

義禮難信

或問程子：《義禮》中，禮制可考而信否？程子曰：「信其可信，如言昏禮云問名、納吉、納幣，皆須卜，豈有問名了而又卜？苟卜不吉，事可已耶？若此等難信也。」

愚謂問名之後而卜者，非卜婚姻之吉凶，蓋卜納吉、納幣之日也。未知是否？因筆記之，以俟博禮者。

〔註60〕「是」，文淵閣《四庫全書》本《胡文穆雜著》作「此」字。
〔註61〕「曏」，文淵閣《四庫全書》本《胡文穆雜著》作「鄉」字。
〔註62〕「能」，文淵閣《四庫全書》本《胡文穆雜著》作「必」字。
〔註63〕「曷嘗」，文淵閣《四庫全書》本《胡文穆雜著》作「曷」字。

李若水何㮚

靖康之難，金師入汴京，欽宗往金師而還。及再邀帝至營，帝有難色。尚書右僕射何㮚、吏部侍郎李若水，以為無虞，勸帝行。及帝至虜〔註 64〕營，虜〔註 65〕逼帝易衣，若水方抱持而哭。方〔註 66〕詆罵虜〔註 67〕後竟死。雖然，若水區區之死，豈足以贖勸帝再行之罪？當是時，三尺童子皆知其不可去，而㮚與若水獨以為可，然則陷帝者，㮚與若水也。使其行時能〔註 68〕如唐恪〔註 69〕之言曰〔註 70〕「一之已甚，豈可再乎」，則帝必不往，帝不往，則無播遷之辱。噫！如若水輩，乃宋之賊，又豈可以列之《忠義》乎？此《宋史》失討賊之公也。

天曆甲辰之符

元文宗至順二年，司徒香山言陶弘景《胡笳曲》有負扆飛天曆，終是甲辰君。今陛下生年、紀號實與之合，此受命之符，乞錄付史館，頒告中外，詔令翰林、集賢、奎章、禮部雜議之。議者謂，唐開元間，太子賓客薛謙光，進武后鼎，銘云:「上玄降鑒」，方建〔註 71〕隆基為玄宗受命之符。姚崇表賀，請宣示史官，頒告中外。而宋儒司馬光斥其採偶就之文，以為符瑞，乃小臣之諂，而宰相實之，是侮其君也。今弘景之曲，雖於生年、紀號，若偶合者，然陛下應天順人，紹隆正統，於今四年，薄海內外，罔不歸心，固無待於旁引曲說，以為符命。從其所言，恐啟讖緯之端，非所以定民志。事遂寢。

按：此議引據甚正。蓋當時虞、揭諸公在朝，故有此議，是能引其君以當道者也。使其遇諂諛者，附會以成其說，則必貽後世之笑矣。故凡論事者，必當援古以證今，折衷於理而後可也。

江上漁父京口舟人

伍胥奔吳至江，追者在後。江上有一漁父乘船，知伍胥之急，乃渡。伍胥

〔註 64〕此處文淵閣《四庫全書》本《胡文穆雜著》無「虜」字。
〔註 65〕「虜」，文淵閣《四庫全書》本《胡文穆雜著》作「金人」。
〔註 66〕此處文淵閣《四庫全書》本《胡文穆雜著》無「方」字。
〔註 67〕「虜」，文淵閣《四庫全書》本《胡文穆雜著》作「金人」。
〔註 68〕此處文淵閣《四庫全書》本《胡文穆雜著》無「能」字。
〔註 69〕「恪」，文淵閣《四庫全書》本《胡文穆雜著》作「格」字。
〔註 70〕此處文淵閣《四庫全書》本《胡文穆雜著》無「曰」字。
〔註 71〕「建」，文淵閣《四庫全書》本《胡文穆雜著》作「逮」字。

既渡，解其劍曰：「此劍直百金，以與父。」父曰：「楚國之法，得伍胥，賜粟五萬石，爵執陛〔註72〕，豈徒百金劍耶？」不受。

宋文丞相脫京口，趨真州，余元慶求舟，許以白金千兩。其人云：「吾為大宋脫一丞相，事成，豈止白金千兩哉！」不受。

夫伍子胥遁跡以報父仇，文丞相脫身以圖存國。當間關危險之際，而遇濟若此，千古之下，事有相類。蓋辭劍漁父與辭金舟人，其志皆賢，俱隱晦無名，惜哉！

鄭子皮

襄公三十一年，鄭子皮欲使尹何為邑，子產不可，以操刀、棟折、製錦、射御四事，反覆曉譬之。子皮善之，曰：「微子之言，吾不知也。今而後知不足。自今雖吾家，聽子而行。」子產曰：「人心之不同，如其面焉。吾豈敢謂子面如吾面乎？抑心所謂危，亦以告也。」子皮以為忠，故委政焉。

昭公十年，晉平公卒，子皮如晉，葬平公也，將以幣行。子產止之曰：「喪焉用幣？不行，必盡用之。」子皮固請以行。既葬，諸侯之大夫欲見新君，叔向辭之，皆無辭以見。子皮盡用其幣，歸謂子羽曰：「非知之實難，將在行之。夫子知之矣，我則不足。《書》曰：『欲敗度，縱敗禮』，我之謂矣。夫子知度與禮矣，我實縱慾而不能自克也。」

按：子皮始言雖家事，亦必聽於子產，子產知其難也，故曰「人心不同，有如其面。」及是如晉，將以幣行，子產言之，豈非抑心？所謂危亦告也，而子皮不從，卒如子產必盡用之，之說是何？與昔之言相戾乎？及其反也，雖有悔過，自訟之辭，而亦不足以償拒言自用之責。

噫！觀此可見，從善之為難也。或曰：「子皮之事，與季文子使晉求遭喪之禮以行同乎？」曰：「其事雖不同，論其私心，則一也。」先儒曰：「君子務窮理而貴果斷。」二子俱不知此矣。

蕭何聽計

漢三年，漢王與項羽相距京、索間，上數使使勞苦丞相何。鮑生謂何曰：「今王暴衣露蓋，數勞苦君者，有疑君心。為君計，莫若遣君子孫昆弟能勝兵者，悉詣軍所。」上益信君。於是何從其計，漢王大說。

五年陳豨反，上自將至邯鄲，而韓信謀反關中，呂后、何計誅信。上聞，

〔註72〕「陛」，文淵閣《四庫全書》本《胡文穆雜著》作「珪」字。

使使拜丞相為相國，益封五千戶，令卒五百人、一都尉為相國衛。諸君皆賀，召平獨弔，謂何曰：「禍自此始矣。上暴露於外，而君守於內，非被矢石之難，而益君封置衛者，以淮陰新反於中，有疑君心。夫置衛，衛君非以寵君也。願君讓封，勿受，悉以家私財佐軍。」何從其計，上說。

其秋，黥布反，上自將擊之，數使使問：「相國何為？」曰：「為上在軍，拊循勉百姓，悉所有佐軍，如陳豨時。」客又說。何曰：「君滅族不久矣，夫君位為相國，功第一，不可復加。然君初入本關，本得百姓心十餘年矣，皆附。君尚猶孳，孳得民和。上所謂數問君，畏君傾動關中。今君胡不貴〔註73〕買田地，賤貰貣以自污，上心必安。」於是何從其計，上乃大說。

按：何處危疑之地，岌岌乎殆哉！賴鮑生、召平之言，易危為安，易疑為信。不然，則何之禍可立而待矣。使韓淮陰有此二客，則必不至於夷滅。惜乎！獻計以斬鍾離昧，與夫蒯生三分天下之計，皆不及此。然則二客者，亦豪士哉！

子產對問疾

春秋昭公元年，晉侯有疾，鄭伯使子產如晉聘且問疾。叔向問曰：「寡君之疾病，卜人曰『實沈臺、臺駘為祟。』史莫之知，敢問此何神也？」子產歷舉以對，謂：「實沈參神，臺駘汾神，抑此二者，不及君身。山川之神，則水旱，癘疫之災，於是乎禜之；日月星辰之神，則雪霜，風雨之不時，於是乎禜之。若君身，則亦出入飲食哀樂之事也。山川星辰之神，又何為焉？晉侯以子產博物君子也，重賂之。

七年，子產復聘於晉。晉侯有疾，韓宣子迎客，私焉曰：「寡君寢疾，於今三月矣，並走群望，有加而無瘳。今夢黃熊入寢門，其何厲鬼也？」對曰：「以君之明，子為大政，何厲之有？昔堯殛鯀於羽山，其神化為黃熊，以入於羽淵，實為夏郊，三代祀之，其或者未之祀也乎？」韓子祀夏郊，晉侯有間，賜子產莒之二方鼎。

按：子產前說，病不在於山川星辰之神，在君身出入飲食哀樂，斯言甚正大。後說又惑於夏郊，無乃迂遠而近於怪乎？與前說相戾。及韓子祀於夏郊，而晉侯有間，蓋亦偶然中耳，豈真媚於鯀之神而致然乎？啟後世信妄喜怪者，不能無責於是也。

〔註73〕「貴」，文淵閣《四庫全書》本《胡文穆雜著》作「多」字。

韓信為將

韓信擊魏，問酈生：「魏得無用？周叔為大將軍」，曰：「栢直也。」信曰：「豎子耳」。遂進軍擊魏，虜魏王豹，定河東。

觀此，則知信之善為將矣。何也？夫兵力不患不敵，惟患將之與吾敵也。兵法曰：「凡戰之要，必先占其將而察其才，因形用權，則不勞而功舉。」信知栢直為將，始輕其無能，遂進兵成功。使魏當時用周叔為大將，則信必不敢輕進，又必思所以敵之，縱〔註74〕能破魏亦必費力，不止若此之易。周叔雖不見其事蹟，蓋必能將也。雖然，信雖輕栢直，猶用疑兵設伏以計襲破之，其肯真易栢直為豎子，徑前而與之搏鬥乎？始而問將，繼而用計，終而破敵成功，審彼審己而後動。及其破趙，窺知趙王成安君不用廣武君之策，乃敢引兵遂下。使成安君能用廣武君之策，則信必不敢輕度井陘之險，又安能有泜水知勝乎？觀其戰勝攻取，鮮不用計，此之所以為善將也。後之人舉知信之為善將，而不知求其所以為善將之道，往往不能如信之必勝而多取敗也。

記高昌碑〔註75〕

近年，朝使往西域回，摹打高昌舊碑六本來進。其一《重光寺銘》，大魏員外散騎常侍、冠軍將軍、廣平司空仲豫為鎮西將軍，交河麴子糧作，謂子糧為昭武王第五子，今上之親弟。後有章和二年出臨交河郡之語。其二《記寺田園》，刊之碑背，首云：「和平九年辛未歲八月二十九日」，有子糧官爵。末云：「延昌十年庚寅歲，謹樹玄碑，用傳不朽。」其三《石衛將軍領宿衛事麴叡芝追遠寺銘》，大周麟趾殿學士、普國弟侍讀朱幹撰。中云：「叡芝，今上之從兄，祖鎮京將軍、橫截公、鎮衛等將軍、田地宣穆公沖、考建武等將軍、開定鄢耆龍驤等將軍、橫截太守孝真，世父左衛將軍、田地太守孝亮，親執玉帛，朝於京師。」末云：「延昌八年，歲次玄枵，律中太簇，上旬刊訖。」其四《無量壽窟銘》，太學博士、明威將軍令狐京伯撰，中云：「麴氏元臺公主，獻文王之女，張太妃所生，今上之親妹。」末云：「延壽七年庚寅七月下旬刊訖。」

右前四碑，皆用俳體，蓋高昌之文，非中國之作。中間事有可疑，字間有異，故知其然。高昌本車師前王之故地，漢之前部地也。自拓跋魏以來，金城

〔註74〕「縱」，原文漫蕪不清，此處從文淵閣《四庫全書》本《胡文穆雜著》校正。
〔註75〕本文文淵閣《四庫全書》本《胡文穆雜著》闕載。

人麴嘉奉命為王，表請經史子籍，並請國子助教劉爕以為博士，集學官子弟教授，故其人多能文，染習華風。麴氏立國數世，私署官職，有令尹、公、左右衛、八長史、五將軍、八司馬、侍郎、校郎、主簿、從事等官。要之，不但此也，亦必自稱尊紀年。何以見之？其《重光寺銘》為麴子糙作，稱昭武王第五子，今上之親弟，與後《追遠寺銘》稱叡芝為今上之從兄，及後《無量壽窟銘》稱公主，今上之親妹者，知其為稱尊也。所謂「章和二年」者，非魏之年號。章和，漢章帝紀年。所謂「和平九年辛未」者，「和平」雖為魏文成帝紀年，起庚子，終甲辰，止五年，而無九年辛未。所謂「延昌八年」「十年」者，延昌雖魏宣武紀年，起壬辰，終乙未，僅四年。明年丙申，為魏孝明帝熙平元年，延昌無八年、十年。所謂「延壽」者，亦非魏周紀年。然尋章和、和平、延昌、延壽者，豈非其自紀年乎？所謂「大魏」、「大馬」者，不過暫假中國之號耳。其《右衛將軍領宿衛事麴叡芝追遠寺銘》，謂考建武將軍、開定鄢耆世父、左衛將軍、田地太守孝亮，親執玉帛，朝於京師，未獲反命，仍徂洛■■■■〔註 76〕。前部胡人，悉為高車所徙，入於鄢耆。又為嚈噠■■■■〔註 77〕人分散，眾不自立，請王於嘉。嘉遣第二子為鄢耆王以主之。熙平元年，嘉遣兄子私署左衛將軍、田地太守孝亮朝京師，仍求內徙，乞軍迎授。於是，遣龍驤將軍孟威發涼州兵三千迎之，至伊吾，失期而返。

二事略與碑合。曲氏自嘉為王，再世而下，漸習僭擬，馴至文泰，驕橫誕妄，敢抗上國。貞觀十四年，太宗命侯君集討平之，於西州置安西都護府，治交河城並立郡縣，徙其子及其豪傑於中國。由魏暨唐，傳國九世，百三十四年而亡。至文泰孫崇裕永徽中，為右武衛翊府中郎將，封交河郡王，終鎮軍大將軍，封爵遂絕。麴氏既泯沒澌盡，獨此碑居荒漠之外，由魏至今八九百年，字畫尚存，不為風沙磨滅，亦可喜也。

後二碑乃唐碑也，亦用俳體。其一，《西州四面精舍記》，隨軍守左金吾衛兵曹參軍張玠為節度，觀察處置副相李公述。末云：「唐大曆十五年，歲在庚申六月日，攝西州柳中縣令、給事郎、守太子司議郎、楊淡然書。」其二，《大唐故伊西庭節度使開府儀同三司刑部尚書寧塞郡王李公神道碑》，攝支度判官、間掌書記、朝散大夫（慶）王友朱震述。李公名元忠，前碑稱李公而不名者，疑即元忠也。元忠名略見於《唐史》，未有列傳。觀此碑可得其概，遂撮

〔註 76〕此處原文被塗抹遮蓋 4 字。
〔註 77〕此處原文被塗抹遮蓋 4 字。

其事蹟於後，聊備《唐史》之闕云。

李元忠，河東人也。本姓曹，字令忠，後以功賜姓改名。祖考以上，皆負名稱。元忠，天資傑出，年幼狎諸童兒，好為戰陣之形，綴幡旗以為樂。及弱冠從軍，蓄氣厲節，嘗抗臂言曰：「大丈夫必當驅戎狄，掃氛祲，建號立功，皆■■■■〔註78〕能昏腐齒落而為博士者乎？」故恒遇戰，勇冠■■■■■〔註79〕西伊西庭節度使、工部尚書、弘農楊公之亞將。及弘農公被屠害，元忠誓報酬，乃以師五千，梟周逸，戮強顒，雪江由之恥，報長泉之禍，義感四海，聞於九重，解褐授京兆涯道府折衝都尉。大曆二年，遣中使焦庭玉授伊西庭節度，兼衛尉卿、瀚海軍蕃落等使。大曆五年九月，中使將軍劉全璧至，加御史中丞。大曆八年四月，中使內寺伯衛朝琎至，加御史大夫，賜姓改名，賜衣一襲。元忠勇於濟時，急於周物，不矜不傲，儉約從下，辛勤玉塞，斬將褰旗，摧堅陷敵，以成厥功。大張權宜，廣設方略，峻城深池，勸課畊桑，政令嚴明，邊庭肅靖。雖在戎旅之間，輕裘緩帶，志閒心逸，故能使葛祿葉護稽顙歸仁，拔汗那王屈膝飲義。值邊境有災，民艱於食，盡發廩以振之，不足，傾竭其資，又不足，解玉帶■■〔註80〕金鞍駿馬以易粟，遠近□來者以萬計。恩施絕幕，惠被。〔註81〕三年二月廿七日，中使〔註82〕年，土蕃圍涼州，走保幕□□□□□□□否？碑云：「建中三年二月廿七日，如刑部尚書、寧塞郡王。」《會要》云：「建中二年七月，加伊西北庭節度使」，李元忠，北庭大都護，與碑不合。豈二年為遣使之日，三年乃至塞之日也？所加官爵不同，不審何者為是。《會要》云：「此時蕃虜所隔，元忠奉表，數輩不達，信問不至者十餘年。及是，遣使自回紇歷諸蕃始達，故有是命」。

按碑：大曆二年、五年、八年、建中三年，俱有中使加官之命，安得十餘年不相通問耶？《唐書．回鶻傳》云：「貞元二年，元忠等所遣假道回鶻，乃得至長安。帝進元忠為北庭大都護。」此史之失也。碑云：「建中五年五月五日，公薨於北庭之廨宇。六年，葬前庭東北，原火山南面。」然建中止四年，明年為興元元年，又明年，為貞元元年，無五年六年，則是沒於興元而葬於貞元，豈建中以後，使路阻絕，惟知有建中而不知興元貞元也？竊觀唐自太宗好

〔註78〕此處原文被塗抹遮蓋4字。
〔註79〕此處原文被塗抹遮蓋5字。
〔註80〕此處原文被塗抹遮蓋2字。
〔註81〕此處原文缺13字。
〔註82〕原文注：此處闕四百廿九字。

勤遠略，拓地置戍，控制■■■■■〔註 83〕國，以資戎狄。及其後也，全軍覆沒，使雄將勇卒■■■■〔註 84〕恨無窮。若李元忠者，寥寥史籍，泯然無聞，獨賴此碑之存，不與塵土俱腐，幸遇我國家德化廣遠，際天所覆，極地所載，皆為臣妾。高昌特近地耳，故俾遺跡傳流中國，使見之者，猶可考見一二，而元忠遂得以顯著於後世，無復埋沒風沙之憾矣。

今高昌為畏吾兒之地。虞邵庵序《高昌王世家》云：「畏吾兒之地，有和林山，二水出焉。一夕，天光降於樹，在兩河之間。國人即而候之，樹生瘿，若人妊身然。自是光恒見者。越九月又十日而瘿裂，得嬰兒五，收養之。」其最穉者曰「卜古可罕」，既壯，遂能有其民，人而為之君長。傳三十餘君，是為玉倫的斤，數與唐人相攻戰。久之，乃議和親，以息民罷兵。於是唐以金蓮公主妻的斤之子葛勵的斤，居和林。有山曰天靈山，又有石山曰福山。唐使與相地者至其國，曰：「和林之強，以有此山，盍壞其山以弱之？」乃告諸的斤曰：「既為婚姻，將有求於爾，其與之乎？福山之石，於上國無所用，而唐人願見。」遂與之，石大不能動。唐人使烈而焚之，沃以醇酢，碎而輦去。國中鳥獸為之悲號。後七日，玉倫的斤薨。自是國多災異，民弗安居，傳位者數七，乃遷居交州，今火州也。凡居是者，百七十餘載。至元太祖初年，率國歸附。嘗問諸譯者曰：「畏吾兒，突厥種也。」然考之《唐史》，突厥自唐開元中已滅之，其地盡入回紇。唐未嘗以公主妻突厥者，以公主下嫁諸蕃者，亦無金蓮之名。惟西突厥後七有蘇祿者，突騎施別種也。玄宗立史懷道女為金河公主，以妻之，豈即此乎？或者以金河而■■■■■〔註 85〕蓋北庭自唐楊襲古沒後，為土蕃葛祿所有，■■■■■〔註 86〕祿於北庭勝而有之。西突厥為諸蕃所侵，部族微弱，餘部有附回紇者，唐末常來朝貢，至晉天福間始絕，而高昌為回鶻之地矣。

宋建隆、乾德間，西州回鶻可汗遣使來貢。太平興國中，西州外生獅子王阿斯蘭漢遣使來獻，宋遣供奉王延德等面使高昌，即其處也。至於熙寧間，通貢不絕。宣和中，疑其與西夏通，始禁絕之，後無所考也。今以畏吾兒遷居交州，稱高昌，至元太祖時，凡百七十餘載。推而上之，當在宋天聖、明道之間，契丹太平、重熙之際。此時，高昌為回鶻之地。畏吾兒為突厥，又安得有之？

〔註 83〕此處原文被塗抹遮蓋 5 字。

〔註 84〕此處原文被塗抹遮蓋 4 字。

〔註 85〕此處原文被塗抹遮蓋 5 字。

〔註 86〕此處原文被塗抹遮蓋 5 字。

豈其先微弱時，相與雜處其地，其後回鶻衰弱，而畏吾兒乃大乎？是皆不可知也。不然，亦相傳之誤耳。其輦石之事，用役浩大，史當有之，何故不傳見歟？樹瘿產兒事皆神怪，豈其國書所載云？然虞公特從其言而書之，所謂傳疑云耳。嘗以遼、金、元史，不與西北諸蕃國立傳。今無所據，可為恨也。因識此數碑，並考其事著於後，尚俟博古君子以質正焉。

永樂十三年十二月初十日，廬陵胡廣記。

記徐元張旺史整

紹興十九年冬，完顏亮戕其主亶。明年，營都燕山。二十九年，又治汴京，漸謀南侵。三十年春，東海民徐元、張旺、史整共起義師，以帛書求援於宋。宋守盟約，不敢報。元等嬰城半年，虜〔註87〕師水陸夾攻，破之，誅戮極其慘酷。亮由是益疑宋得中原心，決策入寇，起蕃漢兵二十七萬，傔人不預焉。放〔註88〕唐制，分二十七軍。明年自將巡洛，至汝，遣高景山、王全來〔註89〕求釁，此周益公文集所載，而《宋史》「紀」〔註90〕不見陳。

桱《通鑒續編》〔註91〕載，金東海民張旺作亂，使徐文率舟師平之。常慨宋失中原，忠義之士，嬰城固守，力竭城陷，並遭屠戮者何限。如徐元、張旺、史整之徒，志本為宋，乃不能救；又不得一書於史，以見其起義之忠，而乃書曰「金民作亂」，使千古之下負冤受抑，何由獲伸？桱之書法大抵若此，有不可憑，要當以益公所記為定。因表著其事，以雪元輩之枉。

灌嬰井

潯陽城內有井，謂與江通。江有風浪，井水輒漂動，土人名之曰浪井。《寰宇記》以為漢高帝六年，潁陰侯灌嬰所開。太白詩云：「浪動灌嬰井，潯陽江上風。」胡祭酒若思云：「灌嬰井當是陳嬰井。」以《漢書·功臣表》考之，陳嬰嘗定豫章，灌嬰未嘗至豫章，太白蓋誤用之。此若思見功臣表，即以為疑。然獨不觀之《灌嬰傳》，蓋自明白。嬰以御史大夫將車騎別追項籍至東城，

〔註87〕「虜」，文淵閣《四庫全書》本《胡文穆雜著》作「金」字。

〔註88〕「放」，文淵閣《四庫全書》本《胡文穆雜著》作「倣」字。

〔註89〕「景山王全來」數字，原文被塗抹遮蓋，此處從文淵閣《四庫全書》本《胡文穆雜著》補。

〔註90〕「紀」，文淵閣《四庫全書》本《胡文穆雜著》作「記」字。

〔註91〕「桱《通鑒續編》」數字，原文被塗抹遮蓋，此處從文淵閣《四庫全書》本《胡文穆雜著》補。

破之，下東城、歷陽，度江破吳，遂定吳。豫章、會稽還，定淮北。《高帝紀》云：「灌嬰追斬羽東城，楚地悉定。」事在高帝五年。陳嬰歸漢，雖在四年，正漢楚相持之秋，未有豫章之役。五年既平項羽，楚地悉定，後亦無事於楚矣。不知陳嬰之定豫章又在何年也？《表》言其有定豫章之功，或者從灌嬰耳，非獨將也。并以灌嬰得名，而非陳嬰明矣。太白必有所據，豈敢輕議其誤。若思堅執初論，予恐聽者之惑，遂筆記之，俟博雅君子質正其說。

召平

召平姓名見《漢書》者有三：其一，廣陵人，為陳勝狥廣陵未〔註 92〕能下。聞陳王敗走，秦兵且至，乃渡江，矯陳王，命拜項梁為〔註 93〕楚王上柱國。其一故秦東陵侯，秦破，為布衣，種瓜東陵，教蕭何讓封者。其一為齊相，齊王陰謀發兵，召平聞之，乃發兵入衛王宮。中尉魏勃紿平曰：「王欲發兵，非有漢虎符驗也。而相君圍王固善，勃請為君將兵衛衛王。」召平信之，乃使勃將。既將，以兵圍相府。召平曰：「嗟乎！道家之言，當斷不斷，乃受其亂。」乃自殺。

以三人論之，廣陵者，蓋機謀變詐人也。為齊相者，匹夫之諒，婦人之仁也。智識高邁，超出於二人者，其惟東陵侯乎！

序戲

張平子《西京賦》，其序戲曰：「烏獲扛鼎，都盧尋橦。沖狹燕濯，胸突銛鋒。跳丸劍之揮霍，走索上而相逢。華嶽峨峨，岡巒參差。神木靈草，朱實離離。總會仙倡，戲豹舞羆。白虎鼓瑟，蒼龍吹篪。女娥坐而長歌，聲清揚而蜲蛇；洪涯立而指麾，被毛羽而纖襹。度曲未終，雲起雪飛。初若飄飄，後遂霏霏。復陸重閣，轉石成雷。霹靂激而增響，磅磕象乎天威。巨獸百尋，是為蔓延。神山崔巍，欻從背見。熊虎升而拏攫，猿狖招而高援。怪獸陸梁，大雀踆踆。白象行孕，垂鼻轔輵。海鱗變而成龍，狀蜿蜿以蝹蝹。舍利颬颬，化為仙車。驪駕四鹿，芝蓋九葩。蟾蜍與龜，水人弄蛇。奇幻倏忽，易貌分形。吞刀吐火，雲霧杳冥。畫地成川，流渭通涇。東海黃公，赤刀粵祝。異厭白虎，卒

〔註 92〕原文「勝狗廣陵未」被塗抹遮蓋，此處從文淵閣《四庫全書》本《胡文穆雜著》補。

〔註 93〕原文「命拜項梁為」被塗抹遮蓋，此處從文淵閣《四庫全書》本《胡文穆雜著》補。

不能救。挾邪作蠱，於是不售。尔乃建戲，車樹脩旃。侲僮逞材，上下翩翻。突倒投而跟絓，譬殞絕而復絲。百馬同轡，騁足並馳。橦末之伎，態不可彌。彎弓射乎西羌〔註94〕，又顧乎鮮卑。」賦之所云者，大略若此。

今所見者惟「突鋒〔註95〕，跳劍走索，岡巒木果。戲豹猨援，蟾蜍與龜。易須分形，吞刀吐火，倒投跟絓」而已。所謂「白象行孕」者，今易為「獅子與牛」，其餘蓋未之見。大抵此戲本出於巴俞都盧，尋橦蔓延，其來遠矣。所未之見者，亦今之技，不能如古也。一戲尚然，況於其他乎？先儒謂太史公敘龐涓、馬陵事委曲詳盡，觀乎子之賦序事，亦曲折周至，可見古人為文章筆力妙處。

作文引援

凡作文援引經傳，雖記憶精熟，亦須檢閱，不可輕易輒書，防有差誤。東坡作《南安軍學記》，引孔子射於矍相之圃，蓋觀者如堵，使弟子揚觶而序點者三，則僅有存者，與射義不合。蓋序點者，弟子之名，如東坡所謂，則不以序點為人，而以為揚觶時事。或以序點者三，為序點三揚觶，強為之解，愈說不通。蓋初揚觶者，公罔之裘，繼之者，序點未嘗及三也。東坡文勢亦不如是，要之為誤審矣。然作此記時，自海南還，求文者相從三百餘里，亦途中或無書可考，故偶誤耳。於乎！以東坡之宏博，其失尚爾，而況於淺學謏聞者乎？漫錄以為警。

侯文之言

漢安元年，選遣八使，徇〔註96〕行風俗，張綱在列，唯綱年少，官次最微。餘人受命之部，而綱獨埋輪於洛陽都亭，曰：「豺狼當道，安問狐狸！」遂奏大將軍異〔註97〕河南尹，不疑。京師震竦。綱語蓋出於西漢侯文。文剛直，不茍合。京兆尹孫寶，署為東部督郵，入見，寶曰：「今日鷹隼始擊，當順天氣，取奸惡以成嚴〔註98〕霜之誅，掾部渠有其人乎？」文曰：「無其人，

〔註94〕原文「弓射乎西羌」被塗抹遮蓋，此處從文淵閣《四庫全書》本《胡文穆雜著》補。

〔註95〕原文「見者惟突鋒」被塗抹遮蓋，此處從文淵閣《四庫全書》本《胡文穆雜著》補。

〔註96〕「徇」，文淵閣《四庫全書》本《胡文穆雜著》作「狥」字。

〔註97〕「異」，文淵閣《四庫全書》本《胡文穆雜著》作「冀」字。

〔註98〕原文「奸惡以成嚴」被塗抹遮蓋，此處從文淵閣《四庫全書》本《胡文穆雜著》補。

不敢空守職。」寶曰〔註99〕:「誰也?」文曰:「霸陵杜穉季。」寶曰:「其次?」文曰:「豺狼橫道,不宜復問狐狸。」今人但知此語出於張綱,而不知本於侯文,蓋文微而綱顯故也。

溫嶠高歡

溫太真用權以濟謀,因為〔註100〕醉,以手版擊錢,凰幘墜,雖區區小數,然深中小人之機。洪容齋謂其用袁盎眾辱趙談之策,蓋偶然相類。至若高歡之拳毆賀援允〔註101〕使爾,朱兆以為誠而委信之,則與太真事甚相合。自古英雄豪傑之士,陷身於危險之地,必思有以為全身遠害之計,故其謀之深密,使人不測。若太真、賀六渾,可謂善用其智,使敦、兆二子囿於其術中而不知,非有過人之識不能也。

記姚棲筠〔註102〕

河中府河東縣永樂鎮,唐永樂縣也,有姚孝子莊。孝子名棲筠,唐貞元中為農,當戍邊,棲筠之父語其兄曰:「兄嗣未立,弟已有子,請代兄行。」遂戰沒,時棲筠方六歲。其母再嫁,鞠於伯母。伯母死,棲筠葬之。又招魂葬其父,廬於墓側,終身哀慕不衰。縣令蘇轍以俸錢買地,開阡陌,刻石表之。河中府尹渾瑊,上其事,詔加優賜,旌表其閭,名其鄉曰孝悌,社曰節義,里曰欽愛。

棲筠生岳,岳生君儒,君儒生師正,仍世廬墓。宋慶曆中,再加旌表。元祐中,縣令王辟之狀列於朝,乞詔史官書之。蓋自唐以來,孝義之風不少變,客至其家,少長羅拜庭下,以次升堂侍立,應對有禮。自棲筠而下,義居二十餘世,世推尊長公平者。主家子弟■■■■■〔註103〕以一人守墳墓,雖度為僧,亦廬墓側。早晚■■■■■■〔註104〕子婦人各行列以坐,小兒席地,共食於木槽,飯罷即鎖廚門,無異爨者。男女之服各一架,不分彼此。有子弟新娶,私市食以遺其妻,不受,納於尊長,請杖之。望其墓林蔚然,掃灑、重藝

〔註99〕原文「空守職寶曰」被塗抹遮蓋,此處從文淵閣《四庫全書》本《胡文穆雜著》補。

〔註100〕「為」,文淵閣《四庫全書》本《胡文穆雜著》作「偽」字。

〔註101〕「允」,文淵閣《四庫全書》本《胡文穆雜著》作「兄」字。

〔註102〕本篇文淵閣《四庫全書》本《胡文穆雜著》闕載。

〔註103〕原文被人為有意遮蓋5個字。

〔註104〕原文被人為有意遮蓋6個字。

甚謹。有田十頃，謹給衣食，稅賦不待催驅，未嘗以訟至縣庭。至宋南渡三百餘年，守其家法，無異辭者。經唐末五代之亂，全家守墳不去。熙寧間，陝右歲歉，舉族□口同往唐、鄧間就食，比其反，不失一人。政和中，取粟麥於民，謂之均糴。姚氏力不給，舉家日夜號哭，欲亡去。邵伯溫聞而閔之，語縣官曰：「孝義之門，豈忍使其至此！」縣為申府，得免役。永樂陷虜，姚氏不知存亡矣。

余讀《宋史・孝義傳》，有姚宗明者，為棲筠十世孫。當慶曆初，有司以姚氏十世同居聞於朝，仁宗詔復其家。慶曆以後又五十餘年，而其家孝睦不替。史臣曰：「冠冕百行，莫大於孝；防範百為，莫大於義。」先王興孝，以教民厚，民用不薄；興義以教民睦，民用不爭。率天下而由孝，第非履信思順之世乎？

余觀先王之世，以德行教民，而民莫不從化。又有八刑以糾繩之，故世無不孝不弟之名。自世教衰，禮義廢，父子兄弟曾未易世，而分門割戶，視若途人。故孝義有傳，以人道之所嘗行者為誇美。是亦為世道計，所以扶綱常，立世教，存勸誡，使人知畏不孝不義之名，而不敢犯，以勉循夫孝與義也。尚德慕行之風，或於此乎興起？若姚氏，世為農，無為學者，初昌於棲筠之父一人之身，其後相繼，遂綿延不絕，曾■■■■■〔註 105〕。使之者，要皆出於秉彝好德之良心。蓋誠■■■■■〔註 106〕所歆羨，無所為而為之者也。此誠三代之民也歟！觀其家法，公平忠厚，渾然和氣，無毫髮之間，足以革頑狼，息暴戾。傳謂求之天下，未或有焉。信哉，斯言！昔張公藝九世同居，累朝旌表，以為異事。姚氏自唐貞元間至宋政和以後，義居已二十世，其過公藝家遠甚。雖經唐末五代之亂，其家不失一人。蓋孝義之家，天地神明固有以相之。其後陷入虜籍，無以考見其盛衰。

要之，孝義之澤必不頓竭。世之欲，擬變故而享久遠，豐亨之福者，不在他求，在於孝義而已。予謹記其事，為風化萬一之助，且以俟永樂之人詢姚氏存亡。

讀朱子語錄〔註 107〕

問：賈誼「五餌」之說如何？曰：「伊川常言，本朝正用此術。契丹分明

〔註 105〕原文被人為有意遮蓋 5 個字。
〔註 106〕此處原文被有意遮蓋 5 個字。
〔註 107〕本篇文淵閣《四庫全書》本《胡文穆雜著》闕載。

是金帛買住了，今日金虜亦是如此。」呂父曰：「交鄰國，待夷狄，固自有道。『五餌』之說，恐非仁人之用心。」曰：「固是。但虜人分明是這餌，但恐金帛盡則復來，否則『五餌』須並用。然宗室之女妻之，則大不可。如烏孫公主之類，令人傷痛，何必夷狄！齊人『婦女樂』便是如此了。如阿骨打初破遼國，勇銳無敵。及既下遼，席卷其子女而北，肆意蠱惑，行未至其國而死。」因笑謂趙曰：「頃年於呂季克處，見一畫卷，畫虜酋與一胡女並轡而語。季克苦求詩，其勉為之。末兩句云：『卻是燕姬鮮迎敵，不教行到殺胡林。』正用阿骨打事也。」

阿骨打，金太祖諱也。收國元年乙未正月壬申即帝位，改名旻。是年為宋政和五年，契丹天慶五年。■■■■〔註108〕六年六月戊子，金主旻親征契丹，是宋■■■■■■〔註109〕輔七年五月丙寅，次野狐嶺。六月壬午，追契丹主，次鴛鴦泊。八月乙未，次渾河。戊申，崩於部堵濼西行宮。此云殺胡林，用阿骨打事，恐是契丹主耶律德光事，誤也。

按：德光之滅晉也，民被其毒，遠近嗟怨。漢劉智遠起太原，所在州鎮多殺，契丹守將歸漢。相州殺，契丹守將閉城拒守。德光引兵政破之，城中男子無少長，皆屠之，歸女悉驅以北。行至灤城，得疾，卒於殺胡林。契丹破其腹，去其腸胃，實之以鹽，載而北，晉人謂之帝羓焉。疑即指此。此條門人沈僩所錄，恐一時記之不審，以致訛誤，因讀語錄，遂書以識之。

記螢火丸

螢火丸，避疾病、疫氣、百鬼虎狼、蚖蛇蜂蠆諸毒，及五兵白刃。盜賊凶害。雄黃、雌黃，各二兩，螢火、鬼箭、蒺藜，各一兩。鐵椎柄，燒令焦黑，鍛灶中灰，羧羊角，各一分半。右物各如粉面，以雞子黃並冊，雄雞冠血丸，杏仁，大三角，絳囊盛五丸，常帶左臂上，從軍者繫腰中，居家懸戶上，避諸盜賊邪毒。

此方得之於張山人，惜其死，不曾一試。然以余觀之，傷物命甚多。一兩熒光，須得數千百螢方可。假使用之果驗，尤不欲為，況不驗乎？漫錄於此，以為傷生之戒。

〔註108〕此處原文被人為有意遮蓋4個字。
〔註109〕此處原文被人為有意遮蓋6個字。

記雀錫〔註 110〕

宋杜鎬博學有識，為翰林侍讀學士時，都■■■■■■〔註 111〕日若甘露降布林，木侄輩驚喜，白於■■■■■■■〔註 112〕懌。子弟啟諸鎬曰：「此非甘露，乃雀錫，大非佳兆，吾門其衰矣。」逾年鎬薨，繼有八喪。廣謂甘露者，至和之所感召，此為上瑞。若人家有之矣，亦雀錫之類耳。

記禾絹

忠簡公為安成劉智原作《紹堂記》，中有「禾絹，蒙塵日久」之句。養吾劉先生云：「淡庵博貫奇聞，用字若事，類非耳目所近。」猶記公與安成某氏作《紹堂記》，中引「禾絹」平闕書之，茫然莫喻其所自。後十所年，因讀《南史》《宋書》，方知「禾絹」如稱六飛鸞輅，此其所以為平闕也。廣因讀養吾文集，偶識茲事。

〔註 110〕本篇文淵閣《四庫全書》本《胡文穆雜著》闕載。
〔註 111〕此處原文被人為有意遮蓋 6 個字。
〔註 112〕此處原文被人為有意遮蓋 7 個字。

卷二十・扈從詩

春日扈從幸北京

曉隨仙仗出時巡，聖主恩深四海春。萬馬藹雲開輦路，六龍扶日度天津。

陽和布德初回暖，別苑飛花不動塵。惟羨楊雄能獻賦，卻慚載筆列詞臣。

過滁州

參差樓堞見孤城，煙樹空蒙驛路平。聖主北巡經■■〔註 1〕，高皇前此駐霓旌。

澗邊幽草皆春色，馬首聞花向日榮。緩轡清流關上望，■■■〔註 2〕遙接神京。

夜發紅心驛

期門鼓角鳴，乘騎月中行。雲壑暝煙色，風林亂葉聲。

辭■〔註 3〕千里遠，報國一身輕。且喜驅馳慣，應知侍從榮。

陪祀皇陵

聖主春巡日，皇陵曉祀時。千官陪玉輦，萬騎擁龍旗。

嚴肅陳明薦，焄蒿重孝思。成周深德澤，瓜瓞此攸基。

〔註 1〕原文被人為有意遮蓋 2 字。

〔註 2〕原文被人為有意遮蓋 3 字。

〔註 3〕原文被人為有意遮蓋 1 字。

過鳳陽

高皇發跡自濠梁，萬古中都建鳳陽。山勢西來臨海盡，河流東合接天長。
九霄日月旋丹殿，五色雲霞衛帝鄉。聖主北巡因駐蹕，靈泉石室重輝光。

靈壁道中

荒原衰草入霏微，茅屋人家處處稀。杳杳長途迷去騎，蕭細雨濕征衣。
身依仙仗隨龍馭，目送飛雲上帝畿。自是宸遊敷德澤，陽春花柳正芳菲。

過隋堤

清晨騎馬度隋堤，荒草微茫望欲迷。往日繁華遺舊跡，當年歌舞竟黃泥。
猶疑殘錦成花發，無復垂楊聽鳥啼。已有人家來上住，麥苗新長綠萋萋。

到宿州入城見徐氏姊

離京喜到宿州城，旅寓相看骨肉情。一夜■■■〔註4〕不■〔註5〕，百年為客念平生。愁心寂寞空齋冷，別思■■■〔註6〕月明。莫怪臨岐俱忍淚，他鄉沾灑易成傾。

出宿州

馬上看山出宿州，暖雲晴日路悠悠。□□□□□□□，□盡符離是夾溝。

過徐州

形勝由來古九州，經過此地思悠悠。九嶷山近環寒翠，百步洪深湧急流。
乘興有情尋白鶴，登高無處賦黃樓。明朝擬訪英雄跡，扈從鸞輿不敢留。

沛縣道中

風雲還睹舊山河，赤帝興劉用策多。父老猶能談往事，蚤因主進識蕭何。

過滕縣

寂寞孤城接草萊，馬前黃霧起塵埃。幾家茅屋依林住，一樹梅花近路開。
謬忝詞臣班玉署，遠隨仙蹕上金臺，和風麗日行時令，聖主恩波遍九垓。

〔註4〕原文被人為有意遮蓋3字。
〔註5〕原文被人為有意遮蓋1字。
〔註6〕原文被人為有意遮蓋3字。

過鄒縣

往日欲觀鄒魯地，而今鞍馬歷修程。已從鳧繹山前過，還在龜蒙境上行。
闕里古祠瞻亞聖，禮儀綿蕝憶諸生。壯遊喜遂龍門志，況是時巡扈蹕榮。

過濟寧

翠輦辭鄒嶧，霓旌度濟寧。花迎人意發，車萬馬蹄青。
水落孟諸澤，雲迷甲父亭。平生慕奇賞，安得歎飄零。

至汶上暮召至便殿賜坐上論治道夜分乃罷

聖主從容論治道，承宣催召到行宮。夜深賜坐令前席，道合推心邁古風。
自愧譾才非稷卨，幸逢盛世在羲農。明朝號令宵逾肅，語罷歸來漏正中。

三月朔早發東平上望祭泰山

泰山遙隔五雲邊，青嶂岧嶢遠接天。聖主齊明嚴祀事，侍臣陪從肅精虔。
虞廷望秩修常典，漢武登封禮上玄。自是時巡宣雨露，只期四海盡豐年。

銅城驛

路傍細柳綠參差，芳草霏微去馬遲。父老焚香迎御輦，遙瞻霄漢望龍旗。

茌平

古城蕭索接榆林，滿路飛沙蔽夕陰。好是詞臣兼扈從，莊遊已稱昔年心。

過高唐州

壯遊當盛代，扈蹕過高唐。野曠多榆柳，城卑半堵牆。
避塵官道外，飲馬古河傍。又聽南歸雁，聯翩向北翔。

發恩縣

強半春光翠柳枝，清水猶自上吟髭。北來已說寒都減，還似江南臘月時。

德州隨駕觀獵

聖皇巡幸來北京，六龍馭駕中天行。和風駘蕩清輦路，武雲冉冉懸霓旌。
古城茫茫煙漠漠，牛牧野田未東作。雉肥獸腯可充庖，小獵平原共行樂。
虎賁列圍分兩行，金戈耀日銀甲光。雕弓彎月響鳴鏑，一發已殪雙白狼。

羽林猛士材官手，捻矢爭言多中髃。蒼鷹低拂草頭飛，狐兔翻來馬前走。
紫髯胡兒飼玄豹，攫拏捷疾好牙瓜。錦裀馱得不動塵，過眼應空東郭兔。
吾皇仁聖有深澤，鮮祝遠繼成湯跡。大開三面非掩群，聊向此中觀騎射。
歸來帳殿日欲曛，頒禽賜酒恩波均。從臣擬獻《長揚賦》，卻乏雄才似子雲。

過景州

孤塔亭亭對夕曛，荒原去雁不堪聞。百家市井空無水，一片風沙遠接雲。
故壘高低基半廢，古河湮沒路中分。鑾輿巡幸當春日，令肅行勞按六軍。

阜城即事

一夜狂風響怒濤，飛沙如雪上征袍。帳中聽角渾無寐，臥看轅門月色高。

過滹沱河

輕塵不動暖風和，一片旌旗水上多。已喜北京看漸近，淡雲無雨度滹沱。

同金諭德遊河間城

古城寂寞皆臨水，舊郡猶存漢國名。文廟有碑基半在，瀛臺無路草偏生。
道傍問俗經行樂，馬上吟詩感慨情。獨有金君同逸興，肯尋故壘訪毛精。

過任邱

茅苔古樹兩三家，滿地輕紅落杏花。不是惜春憐物色，只因尋路避風沙。

過雄縣

孤城春色裏，煙樹綠參差。前代此為險，今來始見之。
山川連薊北，鴻雁到天涯。忽聽江南曲，行人歌竹枝。

過白溝河

十載艱難此用兵，敗戈折戟想縱橫。猶餘戰骨埋荒草，已有新桑長舊營。
山色遙連襄國迴，河流遠落薊門清。輿圖一統歸真主，巡狩於今屬盛平。

過涿州

涿鹿古名郡，城堞列參差。山連獨鳴澤，水落督亢陂。
下馬尋古蹟，近郊多故碑。欲為征北拜，不見侍中祠。

度盧溝橋〔註 7〕

危橋高架度渾河，清曉從鑾萬騎過。飛蓋已凌雲影近，行人偏聽水聲多。
銀潢不用傳成鵲，金璟猶能念涉波。聞道盧師曾泛此，至今樓跡在平坡。

永樂癸巳再扈從北京首出都城

聖皇巡狩出江東，翰苑詞臣載筆從。滿路菲花迎過輦，九霄晴日馭飛龍。
旌旗遙映川原靜，雨露深含草木濃。共荷太平無以報，只期四海盡年豐。

登清流關望琅琊峰

策馬上故關，回望琅琊峰。秀□□千仞，白雲連數重。
蔚□見林壑，蒼翠入空蒙。徘徊□□□，浩歌懷醉翁。
清風邈難攀，賢達杳莫逢。欲訪豐樂亭，醉心窮遺蹤。
漱齒釀泉流，枕石蔭喬松。茲興不可得，幽抱蔚忡忡。
去去下長阪，袞袞隨飛龍。

發紅心驛過鹿塘嶺望風滁州

過盡長亭過短亭，垂揚飛絮草青青。數叢粉蝶穿花見，幾樹黃鸝駐馬聽。
冉冉雲霞環帝里，陰陰松柏近皇陵。自慚淺薄隨仙蹕，淮水淮山又重經。

馬上

南地春光先北地，時巡日從六龍行。東風次第開桃李，一路看花到北京。

渡淮

五年三度過淮流，十里平橋駕造舟。山勢北連渦口堰，水聲東下邵陽洲。
煙花淡蕩迎鑾輅，雲樹蒼茫隱郡樓。誰羨枚皋偏寵渥，也因載筆扈宸遊。

固鎮遇雨

大雨漲平陸，春泥沒行路。疲馬怯修程，望望不能去。
畏滑踐短草，野水時屢度。征裘已沾濕，漸漬及褥袴。
所念在僕夫，據鞍數回顧。蹇予騎驅策，嗟彼方棘步。

〔註 7〕原注：「作於金大定二十九年六月。是年，世宗沒，章宗即位。成於明昌三年三月。」

煙火睇遠村，微茫隔雲樹。綠疇散耕犢，新桑鳴早扈。
但欣農事足，豈復歎途污。發生本天意，膏澤順時序。
豐年歌匪且，吾願靡逋負。

過隋堤

長堤邈千里，迢遞接揚州。遙想璚花發，空聞煬帝遊。
宮羅裝綺樹，錦纜拽龍舟。過此頻惆悵，萋萋芳草愁。

宿州見徐氏姊

一見一回別，一別一傷悲。依依骨肉情，戀戀庭闈思。
同氣五六人，契闊成乖離。伯兄客幽薊，長姊歐江涯，
仲姊居故鄉，已說鬢如絲。季姊戍山海，死生殊未知。
姊隨官宿州，我宦在京師。旅寓偶相會，惻然淚先垂。
喜我榮扈從，念我恒驅馳。酌酒慰羈懷，勸我以盈巵。
剪燭到夜闌，雖倦已忘疲，欵欵意難盡。拂曙復言辭，
問我幾時還。約我重見期，再拜出門去，行道意遲遲。

雨中過徐州

孤城黯黯埋煙雨，四皇淒然一懷古。馬嘶駕度古戰場，共說彭城是西楚。
劉爭項蹙竟成空，往事荒涼在眼中。水聲日夜還如昔，汴泗交流百步洪。

利國監逢沛縣教諭劉鐔

天營下馬喜相逢，客路鄉情覺轉濃。問事立談難得盡，暫時分手且從容。

滕縣隨獵觀犬齧虎

隨獵入深山，山深多乳虎。虎見人來卻負嵎，人一向之□而怒，群犬聞虎聲竟趨。至虎傍下口亂咋。虎莫當犬視，齧虎如齧羊。須臾犬散虎即死，虎本啗犬犬乃爾。駮食虎豹貍伏獅子，吁嗟猛悍不可恃，失水鱣鯨制螻螘。昔聞泰山麓，有虎相馳逐，尼父駐遊車下問，婦人哭。嗚呼！安得此犬在當時，盡驅猛虎食其肉，更啗貪殘噬苛酷。

鄒嶧山

馬上看鄒驛，嶙峋幾千丈。鴻蒙壘嵌岩，屹為鄒魯望。

連山亘海遙，秀色出雲上。中原渺空闊，東南限平曠。
三峰露奇崛，千里見雄壯。秦碑有遺刻，孤桐絕餘響。
我時欲登覽，乘風訪前賞。弔古豁遠懷，決眥窮跌蕩。
去去不可留，回眄重惆悵。

謁亞聖公廟就拜孟母祠

春樹綠參差，川原麗日遲。肅瞻亞聖廟，仰拜斷機祠。
泮水三遷教，明王百世師。千年有遺跡，拂蘚讀殘碑。

濟寧道中

驛程修且長，周道坦如砥。近郊阡帶畛，連郭樹如薺。
浮山接碻磝，鉅野匯瀰瀰。鳲鳩鳴新桑，行蔕方苞體。
感時念前邁，迢迢望千里。訇轂擊清塵，烏章映寒水。
緬懷王伯宗，更憶仲公理。斯人不可見，芳躅永清濟。

汶上遇東平太守楊季琛

前年相見頭仍黑，今年相見髭鬢白。人生年少能幾時，可惜朱顏易得衰。
君為太守當劇郡，已有清名傳古鄆。自是忠襄之子孫，時人不識何須問。
汶水城南忽遇君，落花飛絮晴紛紛。未把羈懷論契闊，且呼斗酒慰殷勤。
日斜上馬別我去，為道明朝候城墅。馬蹄已遠望不見，官驛塵沙隔春樹。
春樹離離翠接天，相思一夜共嬋娟。東平王墓青山下，準擬經過弔昔賢。

登東平

曉隨萬乘發東平，飛騎翩翩過古城。滿路流鶯春欲暮，近郊芳草雨初晴。
看碑猶識隋朝寺，適墓重經漢代塋。惟見彩雲低翠巘，也因來往候龍旌。

過冬阿

扈蹕深蒙聖主恩，看山看水勝桃源。行尋別徑風沙少，坐愛喬林樹草繁。
幾處人家村帶郭，千峰煙景縣當門。經過亦有關心事，難向空城弔舊魂。

銅城

計程強半過，今日至銅城。草樹看新發，風沙憶舊行。
彩雲迎輦路，紅日麗天營。已覺征裘重，將更白氎輕。

茌平

青林遙接縣城幽，三從鑾輿此地遊。春草微茫連北望，暮雲迢遰向南愁。

布衣何處尋張鎬，魯酒無緣酹馬周。往日名賢俱寂寞，只今懷古思悠悠。

高塘城

高塘城城邊，榆柳何青青。往時榛翳人不耕，只今墾闢經界成。往時一州僅數里，只今煙火連雲起。東屯咫尺接西屯，茅屋陰陰桑柘裡。我時扈從來北狩，載筆忝在詞臣後。觀風問俗非吾事，閒愛村村看花柳。道傍少婦賣粉餐，樹下老翁沽甕酒。幸逢四海太平年，雞犬不驚人晏眠。齊地魯兒更莫懶，驅犢乘春好種田。

採桑女

青裾陌上女，遲遲行採桑。徘徊桑樹間，攀條折遠揚。

東風夜來寒，零露忽凝霜。新葉已凋瘁，采采不盈筐。

苦憂桑葉乏，復恐蠶事忙。鳲鳩待食甚，鳴鶪亦翱翔。

天時有乖違，發生成殺傷。豈望充私篋，願足公子裳。

造物秉至仁，滋息回春陽。繁柯蔭濃綠，我績載玄黃。

女心勿孔悲，天監誠昭彰。努力慎厥職，良以戒怠荒。

西鄰有豔婦，蛾眉理紅妝。不事紅女勤，反以矜年芳。

日立秋韆下，羅衣滿笥箱。

過高唐州與幼孜入榆林，中避風沙，漸行入夏津縣古河屯遇一田家，邀予二人飲，意甚勤厚。幼孜飲少，僕為飲數杯，上馬而去。

策馬度榆林，行次古河曲，河堤隱若城，河流已不復。

下馬飲古河，逢人問鄉俗。田家有好懷，邀我坐茅屋。

為言家登萊，分丁屯茲陸。居此成聚落，歲久遂生育。

公家幸少事，衣食恒自足。所欣達官至，閉甕酒初熟。

呼婦洗尊罍，旋芻春分醁。馨香忽出戶，浮蟻泛糟曲。

雖無殽羞味，羅案具蔬蔌。野人性真率，酬勸情轉篤。

殷勤慰饑渴，餘以及童僕。一見意氣豁，豈能更拘束。

質僕存古風，不知禮繁縟。興闌出門巷，老少罄蹌踽。

相送河上村，徘徊佇延目。

早發恩縣

曉起星月輝，車聲雜人語。茅屋燈火明，家家憩行旅。
深林暗煙霧，遠戍寂鍾鼓。飛鳥繞故巢，冥鴻度寒渚。
去程尚迢迢，千里獨延佇。旭日麗海色，彤霞光拂曙。
計傳及舍餘，下馬暫容與。

過德州超然有懷

平原喉襟郡，城堞亦何雄。地控齊魯闊，路當幽薊衝。
古河忘舊名，故壘有遺蹤。我頻扈仙蹕，來往經山東。
到此懷宿昔，望遠臺已空。談諧失方朔，聰明無管公。
高詡詩不傳，稱衡賦徒工。若人俱寂寞，蔓草起淒風。
偉哉顏大師，矯矯人中龍。智明炳機先，芽蘖防奸凶。
豺虎方哮噬，於以折其鋒。霜雪瘁百卉，挺然見孤松。
高名懸日月，壯節凌蒼穹。悠悠英烈氣，尚見成長虹。

德州遇鄉人

下馬南關一問津，河邊喜遇故鄉人。便留買酒船頭飲，客裏鄉情轉覺親。

別平原將至景州有作

朝辭平原甸，午望弓高城。曠野垂天闊，古道如砥平。
微雨夜來過，振轂遊坌清。新屯居相帶，宛若郭中行。
萬騎隨鑾輅，六龍導霓旌。飛鳥避輦路，慶雲麗天營。
軍容固嚴肅，扈從多寵榮。我愧非枚馬，詞賦乏頌聲。
所經求古蹟，兼得詢物情。故壘見龍額，舊河迷犢鳴。
風俗尚質樸，強暴無欺凌。更聞州守賢，安靖能不攖？
草萊悉墾闢，民獲力田畊。淳源復遂初，千載仰聖明。

景州逢劉仲戩

一官遙謫景州屯，旋築茅廬郭外村。行客經過勞慰藉，蹇驅載得酒盈樽。
暫薅荊棘種桑麻，樂土經營即是家。君看陶朱緣底富，多因客裏作生涯。

發阜城道間寫懷

曉隨萬騎發天營，日炫霜花劍戟明。龍額城邊春欲盡，胡盧河上雨初晴。

圖經已出齊封侯，沿革今仍漢縣名。劉晝閉門空不達，可憐白首作書生。

過滹沱河

載筆扈萬乘，三度滹沱河。春風如舊日，暖水浮新波。

張幟揚飛隼，伐鼓喧鳴鼉。氣榤貔虎士，光炫金銀戈。

前茅闢道路，大車鎗鸞和。野曠芳草合，塗縈積漲多。

濟權孰王霸，轉滄疇蕭何。報主乏長策，美德亡頌歌。

幾時理歸旆，秣馬重經過。

獻縣逢故人

獻王城邑古時州，此日逢君憶舊遊。蒲筍切菹堪薦溈，鯉魚斫鱠可充羞。

山連恒嶽侵霄出，水落滹沱到海流。此地從來多慷慨，明朝相別思悠悠。

過河間柬一二同志

城門寂寂水邊開，四顧荒涼盡草萊。劉輔上書空不見，琴高乘鯉竟長回。

昔年駐馬曾經覽，此日從龍卻又來。便欲與君重弔古，高陽臺上望瀛臺。

經過鄚城將至任邱

鄚城有遺址，過此是任邱。紅杏開初落，青林憶舊遊。

莫亭連夕霽，滱水帶春流。來往頻為客，風沙滿故裘。

過莫州

西登虞邱臺，北望莫州郭。曠野入莽蒼，古城亘蕭索。

城隅駐我馬，欲往仍復卻。千載興遠懷，逝者何揮霍。

已無長桑君，安得遇扁鵲。故宅有遺址，祠廟日牢落。

嗟予有深癖，疇能為爪幕。渴思上池水，飲以懷中藥。

視見垣一方，悉以祛疢瘼。茲意諒不愜，呼酒聊復酌。

去矣難滯留，高情寄寥廓。

過雄縣

長堤數十里，遙接瓦橋關。流水繞城去，歸鴉向堞還。

過河驚白鷺，下馬見青山。千載英雄跡，蒼茫落照間。

獵後蒙恩賜鹿

萬馬翩翩看合圍，旌旗閃閃近雲飛。侍臣賜得中庖鹿，正是吾皇祝網歸。

度白溝河

白溝河邊沙浩蕩，傳是去年山水漲。決堤潰堰走平原，高者成窪卑者填。
河邊人家盡茅屋，漂沒多因近來築。漫說麻姑見海塵，目閱桑田變深谷。
我時扈蹕重經過，馬蹄上下隨坡陀。麥苗青青黍將種，今年旱澇知如何。
吁嗟岷江猶可導，小流壅閼能為暴。但願司空尋禹跡，疏濬九河循故道。
九河下流滄海清，河邊處處人樂畊。年年種穀秋有成，歲歲歡娛樂太平。

新城縣

南接雄州北涿州，紫泉出郭向東流。來時記得歸時路，一半春光一半秋。

過樓桑經先主廟

先主帝室胄，生胡丁季時。中原遭板蕩，豺虎罹交逵。
經營圖漢業，中興力支持。志期芟僭偽，豈復論艱危。
蛟龍失雲雨，顛倒在污池。天運嗟不久，炎精屬已衰。
君臣雖契合，事機竟參差。三分成鼎峙，一統乃瓜披。
正閏自有定，所繫則於茲。彼哉鬼域操，苞蘖滋奸欺。
公議誅漢賊，難掩直筆辭。峩峩銅雀臺，夷沒為人嗤。
清歌委蔓草，冷風惟臭遺。我來扈萬乘，重拜樓桑祠。
雲霞護寢廟，香靄依靈檁。陟降儼猶在，肹蠁昄龍旗。
豈必云巴蜀，神明無不之。悠悠千古下，永繫人心思。

過涿州訪軒轅邱偶然作

天上軒轅自有星，彗作蚩尤旗亦名。軒轅豈是黃帝靈，蚩尤焉得為妖精？
憶昔黃帝擒蚩尤，大戰涿鹿征諸侯。豕磔貔猸無停留，敺民之害除民憂。
黃帝端拱垂冕旒，風後力牧相以猷。衣裳而治百物修，弦弧剡矢作車舟。
書契律歷發隱幽，萬世永賴緊鴻休。吁嗟三皇自神聖，繼天立機民立命。
日月同明天地並，崆峒之說誠繭倀。往事荒唐奚足問，鄭聲亂雅何由正？
鼎胡飛龍若可乘，會見海竭荊山平。

良鄉遇家僮來候

三載重遊從翠華，經過此地足風沙。山僮寄寓來相候，強道明朝是到家。

到北京

三更已渡桑乾水，曙色熏征到北京。雙闕雲霞浮瑞氣，萬家煙柳映春晴。

香風徐引鸞輿度，仙樂遙聞鳳管聲。載筆詞臣今又到，秖將詞賦頌升平。

春日扈從北征初發北京

胡虜潛千紀，邊烽徹塞城。君王奉天討，車駕出神京。

萬騎飛塵暗，千山積雪明。指麾憑上將，號令肅行營。

日落旌旗動，風高鼓角鳴。轅門無夜警，驛路喜春晴。

壯氣凌遙漠，蒼旻貫至誠。報恩在弓劍，卻悔作書生。

過居庸關

連營亘山谷，駐蹕龍虎臺。車馬候晨發，關門徹夜開。

旭日照龍旗，長轂轟如雷。扈從侍萬乘，屢荷重瞳回。

疊磴歷崎嶇，飛岩墮崔嵬。前行人轉塞，後騎迭相催。

仰視雙闕高，下見孤雲來。千崖互出沒，湍抱喧㕒陰。

險壑雪未消，絕澗冰欲積。壯遊志萬里，撫景何雄哉。

擊劍出遠戍，長歎盻崇隈。明當縛胡雛，歸旆凌浮埃。

過懷來

一片孤城雉堞齊，亂山積雪影高低。飛塵不斷征車過，芳草無窮戰馬嘶。

大旆滿川營向北，小橋流水日亭西。經過此地隨丹輦，已有天書降紫泥。

雞鳴山〔註 8〕

石壁千尋上，河流一峽通。路危岩欲墮，地滑雪初融。

扈蹕來關外，看山勝畫中。每勞天語問，論古興無窮。

過宣府

烽戍依青峰，雲山入壯觀。川明殘雪在，野迴北風寒。

玉帳行春曉，金鉦響夜闌。燕然碑不沒，乘興也須看。

〔註 8〕原句後注：桑乾水經其下。

營中晚望

暝煙起山麓，遠岫入微茫。野燒連營闊，陰雲接塞長。

悲笳吹上月，畫戟炫飛霜。廟算空驕虜，應看獵犬羊。

途中逢清明

朝來馬上值清明，風景蕭蕭向遠征。邊氣未回春草色，河流猶帶臘澌聲。

十年夢繞江南路，萬里身經塞北城。把酒看花懷舊賞，亂山高下正含情。

過宣平

積雪緣沙白，平山返照紅。嶺雲連塞北，川路接雲中。

行役敵所懍，從戎擬建功。羯胡須膽落，方識後車雄。

度德勝關

重關壯天塹，石壁與雲齊。危磴回車輻，層冰裂馬蹄。

淒風寒刮骨，陰雪踐成泥。已覺狐裘薄，黃塵路轉迷。

過墅狐嶺

山回阪路長，川合冰成梁。北風吹沙大如指，擊面敲鞍不墮地。馬毛如蝟行不前，黃塵飛霧暗塞天。古原蕭索惟荒草，空山過盡無人煙。陰岩積雪石火冷，隨駕還登野狐嶺。遠峰遙落馬蹄邊，前麾才到摩雲頂，關門阨塞僅容車。謾道秦關已不如，此處由來天設險，千秋萬歲壯皇圖。

興和偶作

疾風偃荒草，飛沙暗胡天。孤城臨古窴，落日下窮邊。

氣寒弓角勁，雲拂劍光鮮。皇威震萬里，虜運無百年。

秉鉞行弔伐，去凶拯顛連。旄頭忽催滅，太白正高懸。

坐見大漠靜，佇縛小丑還。武庫戢戈盾，烽戍絕狼煙。

關門夜不閉，將士長晏眠。

興和得老母家書

北出興和道，關山萬里餘。忽逢南國使，寄得老親書。

跪讀依行帳，臨緘想倚閭。無窮游子念，歸計問何如。

直行帳蒙恩賜食黃羊

聖恩日優渥，侍從念儒臣。賜食黃羊美，兼嘗綠蟻醇。
上軍嚴虎旅，禁衛列鉤陳。夜久依帷帳，更休轉北辰。

出塞寄玉堂諸友

扈蹕從戎事武勳，虎頭誰識漢將軍。曾聞車騎空沙漠，又逐嫖姚度塞雲。
馬上抽毫時草檄，帳前對月夜論文。故人若問封侯事，直斬樓蘭報聖君。

興和駐兵

落日照邊城，城邊駐大兵。陰風騰殺氣，飛鳥避連營。
驃騎今無敵，膺揚舊有名。成功在萬里，破虜重橫行。

塞垣即事

三月邊頭未見春，茫茫衰草正迷人。數聲塞雁遙沖雪，一片沙場暗起塵。
帳殿頻煩天語問，轅門又見月華新。自慚報國渾無補，不憚驅馳萬里身。

營門暮立

極目望無窮，天垂四面空。暮煙漫地白，野燒上雲紅。
用武經營際，平胡指畫中。兵行在席卷，計日可成功。

過鳳凰山

仙蹕移清曉，鳴車出漢關。陣分貔虎士，旗拂鳳凰山。
雲氣晴猶濕，笳聲晝自閒。南風掃沙漠，待侍六龍還。

侍從閱武鳴鑾戍

四海自混一，小醜乃不庭。聖皇肅遠討，車馬戒嚴征。
羽旆春出塞，連岡駐天營。士卒在精練，號令貴簡明。
陳師誓牧野，整旅篤周慶。煌煌揚幟文，淵淵伐鼓聲。
步騎相錯綜，部伍互縱橫。變合入神妙，驤騰若流星。
堂堂山嶽堅，赫赫雷霆訇。破虜見揮霍，窮裔靜羶腥。
桓桓六將軍，疇勳誰衛青。天子方倚注，勖哉圖令名。
歸來麒麟閣，畫史有晶瑩。

侍從登凌霄峰望大漠

宸遊曠遐矚，回駕登崇巒。雲連大漠回，風吹荒草寒。
大影無端倪，四顧浩漫漫。陂陀亙綿邈，隱若瀚海瀾。
未涉道里遠，焉知霄壤寬。幸此扈仙蹕，登陟令縱觀。
高懷凌紫塞，壯氣橫烏桓。茲行殄凶醜，一使反側安。
載筆紀功德，萬世垂不刊。

駐營值雪喜暖

隨征萬里向交河，歲月頻於馬上過。南望漸離鄉國遠，北來偏遇雪霜多。
沙場風急回蒼隼，塞草春寒吼紫駝。已喜陽和消虜氣，邊頭從此息干戈。

馬上作

儒冠暫脫事兜鍪，萬里關山是壯遊。意氣已橫鵝鸛陣，風霜渾上鸕鷀裘。
文章不用誇班史，勳業還需讓霍侯。早晚黃塵清塞北，會看飲馬月支頭。

關山月

關山月，影團團，初升紫塞外，忽上青雲端。
素娥照鏡清光潔，流輝下映陰山雪。何人見月傷別離，我獨見月如家時。
家中見月趨朝早，此日從征看更好。朝朝暮暮侍龍顏，遙隨月明度關山。
胡塵掃盡胡天闊，萬里關山看月還。

駐兵凌霄峰

沙場一去靜妖氛，笳鼓聲恬語不聞。暖氣欲消深塞雪，晴日猶礙遠空雲。
雅歌惟重祭征虜，方略何如霍冠軍。指日武成歸受脹，華山牧馬自成群。

塞外寄胡祭酒兼柬玉堂諸公

為報南州胡祭酒，別來相憶思紛紛。鴛鴦濼裏無青草，鴻雁沙邊少白雲。
春夢幾回和月到，舊情千里寄詩聞。相應退食多清暇，日與諸公細論文。

塞外早行

早行馬上吟詩倦，遙對西山落月斜。霜氣欲微煙外火，人聲渾雜路旁車。
但平北虜成功業，肯於東風競歲華。莫道書生無長策，試看談笑掃胡沙。

早行同金諭德迷道入山中

從征來塞外，與子惑多岐。空谷影□寂，寒風聲正悲。

心懸馳虎旅，目極望龍旗。忽聽孤飛雁，哀鳴北去遲。

與楊庶子、金諭德塞外尋五雲關歸大營，日暮迷道，入山間遂相失。僕同金侍郎奔馳一宵，倦宿草間，黎明與二友遇，午至錦水磧大營

曉行看月落，暮行看月升。月出雲掩翳，山深路欹傾。

度岡復下壑，攀緣入嶺嶝。嶠首五雲關，極目盼天營。

去去亦何險，石壁高崢嶸。下有千仞壓，側足重嶺塀。

策馬履巉岩，危石墮硃砰。野燒騰欻錟，疾風吼悲聲。

中途失儔侶，形影尤孤惸。彷徨不能去，趑趄赴前征。

邂逅少秋官，繾綣發衷誠。藹然篤友道，意氣和且平。

相呼復相逐，殷勤見主伻。逶迤轉盤麓，迢遞得平陵。

煙草遠微茫，豺狼正縱橫。寸心戀行在，耿耿惟憂嬰。

遲遲度曠幕，悅悅踰殘庚。力倦解羸驂，藉莞聊枕肱。

目交神魂眩，惻惻寐不成。塞雁背人飛，穴鼯近我鳴。

旅況自蕭條，聞此心趨趨。倉皇四顧靜，昒爽東方明。

忽與同袍遇，砉然脫煩縈。並轡趨幽谷，回望東南行。

饑渴食慘淡，雨雪更飄零。衮褐濕滲肌，寒氣入凌兢。

對此發長吁，誰能慰羈情。路逢孫驃騎，部領左掖兵。

導我還前去，緩我中怦怦。遙過錦水磧，九仞睹鸞旌。

玉帳拜天子，撫問深見矜。愁懷頓祛遣，陽和釋曾冰。

微勞焉足卹，所志掃欃搶。由來賢達士，辛苦樹功名。

駐師環瓊圃

日出見山低，日入望山高。四山宛如環，層踏湧秋濤。

天兵駐連營，雲霞護鉞旄。春陽披野草，暖氣回征袍。

司馬用九伐，廟略全六韜。師行貴神速，令肅無歡囂。

勇士一敵百，太山壓秋毫。上軍先伐謀，小丑焉能逃？

漢將伊吾捷，漢兵臯蘭鏖。何如仁義師，一舉靜腥臊。

過壓虜川

征騎遙過壓虜川，黃塵白草遠連天。莫言邊塞多風雪，且喜沙場足水泉。
皂纛正臨玄武上，彩雲長繞翠華前。出車今見歌行役，六月應看又勞還。

次金剛阜

日落風蕭蕭，胡天遠寂寥。虜塵須靜掃，邊祲已全消。
縱獵還馳豹，彎弧慣墮雕。將軍倍勇氣，肯數霍票姚。

大風帳中作

連日狂風聲呼號，飛沙擊面如刺刀。胡天昏黑晝漠漠，胡兒暝走膽堪落。
凌空殺氣何紛紜，大旆高牙駐六軍。陣橫紫塞山邊雨，勢卷黃沙磧裏雲。
鐵騎嘶鳴銀甲炫，漢兵賈勇奮欲戰。天威震盪胡無人，旄頭夜落如飛霰。

早行度小甘泉

蓐食星月曉，秣馬風霜寒。長驅度塞外，遠眺凌雲端。
短褐載行囊，乾餱係征鞍。功名在萬里，辛苦不辭難。

過沙磧

策馬度沙磧，沙深沒馬蹄。小穴隱沙鼠，短草飛沙雞。
黃沙漠漠迷行路，四望蒼茫不知處。惟有胡兒識水泉，往來沙裏度長年。
彎弓逐獵本胡俗，渴飲馬湩饑餐肉。禦寒只是重皮裘，馳射何曾愛綺縠。
胡人恃此以為強，破胡之策用胡長。縱使沙場一萬里，馬蹄到處胡人死。

立夏前一日風霜甚寒，水皆結冰，賬下偶成

虜運衰微已有徵，眼空沙漠氣憑陵。談兵晝靜雲橫陣，草檄霜寒硯作冰。
不道平胡無策獻，已看破敵有機乘。夜深長得參帷幄，仰見中天轉玉繩。

次大甘泉

承恩在禁禦，扈從度關山。日月隨仙蹕，風霜變旅顏。
飛塵雙目眯，彪鬢一莖斑。破虜宣丹詔，高秋奏凱還。

至清水源

絕暮風塵迥，沙坨去路長。雪明鹽海白，日淡塞雲黃。

入夏方春早，凌晨尚肅霜。征裘看已敝，髭髮亦成蒼。

感興

大鈞播二氣，我獨握其清。遨遊天地間，豁落無所嬰。
睥睨萬物表，幽顯洞其情。高卑殊貴賤，巨微同衰榮。
小草競秀色，叢蘭揚芳馨。春陽發華滋，秋霜萎以零。
大椿與蟪蛄，時至枯朽幷。四季不云朒，千載豈為贏。
寸長尺有短，孰壽等籛鏗。愚者好自欺，達士矜令名。
所以獨逍遙，行歌盻八紘。無心獻機巧，有酒率然傾。
遇事隨應酬，往來無將迎。瑣□奚足論，且以崇高明。

長城曲

長城莽蒼天北隅，秦人築此遠備胡。秦人一去胡來牧，城邊春草年年綠。
禦胡無策徒爾為，亡秦者胡高與斯。可憐長城猶突兀，誰知下有秦人骨。
陰燐飛走夜不滅，可憐還是秦人血。秦人不用悲辛苦，長城歲歲磨風雨。
當時若去桃花源，至今不葬長城土。往事蕭條莫歎嗟，單于已死空黃沙。
漢家舊道無人跡，冷落寒雲野草花。

馬上口號

山川行欲盡，又復有山川。大漠沙如雪，長途日似年。
迷雲雁影斷，度磧馬蹄穿。惟有丹心壯，長倚玉帳前。

塞垣即事

塞垣逢首夏，霜氣曉凝寒。手足猶皸瘃，風沙益渺漫。
望塵靈眼暗，報國寸心丹。吟得詩盈帙，閒時一展看。

次屯雲谷望玉雪岡

行盡關山路渺茫，北來沙漠飽風霜。袖中兔穎時生彩，腰下龍泉自吐光。
鷙鳥摩空歸紫塞，胡兒走馬射黃羊。連營已駐屯雲谷，明發遙過玉雪岡。

發玉雪岡

曉行初日淡，長路浩漫漫。拂面霜華重，凌風馬色寒。
塵沙仍不減，饘粥強加餐。未慰東山望，低頭愧謝安。

馬上望賽罕山〔註9〕

三峰直上與雲齊，煙霧空蒙望欲迷。絕頂常風留積雪，陰崖無路引丹梯。
孤高遙見胡天闊，蒼翠平臨塞嶺低。聞道有靈長閉護，每教雷雨阻輪蹄。

玄石坡見山桃花二首

地底寒冰夏不融，山頭晴日起淒風。窮邊四月如春半，才見開花一兩叢。
山桃何事不知寒，偏向風霜發細丹。蕭條獨自憐春色，下馬摘來手裏看。

承旨書「玄石坡立馬峰」六大字勒於石，並書御製玄石坡銘及紀行石刻

山巔岩石聳嶙峋，把筆書題若有神。漫道仲將頭盡白，卻慚揮灑墨盈身。

玄石坡乏水地忽出泉足飲人馬敕賜名曰天賜泉

陰山乏水地凍厚，枯腸得水如飲酒。往時患癖忌冷飲，此日數杯方潤口。
我時得水猶不難，旁人無水日未餐。沙場掘井地斥鹵，東邊水淡西邊苦。
苦水少汲淡水枯，井邊爭水人喧呼。山君一夜效靈□，忽遣溪泉深出地。
六軍鼓舞騰歡聲，三邊胡虜焉足平？山頭勒石紀奇蹟，萬古長流天賜名。

鳴轂鎮早發

東方欲曙鼓鼙聲，天外殘星數點明。輦路風清塵不動，馬蹄常從六龍行。

營中早朝

日華初映襄龍袞，雲罕高懸十二斿。侍衛千官環彩仗，嫖姚萬騎擁青虬。
香飄帳殿爐煙上，山繞天營御氣浮。不羨陳琳能草檄，只歌大武頌成周。

次歸化甸

營屯四山合，塵起驚飄風。虜塞寒溫異，胡雲聚散同。
水泉回地底，斗極過天中。謬忝隨清蹕，丹心貫白虹。

征途遇大風

北風卷山地欲動，滿磧奔沙如浪湧。將軍鐵騎吹倒行，猛士雕弓不得控。
紛紛塵土撲征衣，狐裘不暖寒侵肌。凳上清水拂還凍，滿川亂石隨風飛。

〔註9〕原文後注：傳聞此山人跡少至。其頂至側有大風雷雨。

胡天氣候本殊惡，萬里茫茫入荒漠。蕭條古塞少人行，但見黃雲日西落。
我車轔轔我馬鳴，戈頭相撥聲鏦錚。□□風靜塵沙息，天街淨掃無攙槍。

次楊林戍

度磧更踰陸，行川復過山。路長憐馬瘦，天闊羨雲閒。
車轂轟霆震，旌旗映日殷。胡雛負深澤，天討殄凶頑。

至擒胡山，廣承旨往營外十五里山峰書石勒銘，夜宿山中。金諭德留直行營，有詩見憶，情見乎辭，和韻酬之

與君扈蹕踰沙塞，馬上論文到隱微。華髮數莖添鬢雪，新詩滿卷晃珠璣。
每同行帳看月明，獨向空山伴落暉。暫去相思猶繾綣，不須遠別各依依。

香泉戍

榆柳蕭條映白沙，賬房高下似人家。近泉野馬能知水，向磧山桃自著花。
塵起南風隨去騎，川明返照炫晴霞。茫茫大漠行無盡，何處天涯是海崖。

早發廣武鎮陪駕登靈顯翠秀峰

曉隨仙蹕度中峰，曠望陰山極萬重。雲外登臨心廣漠，馬前顧問語從容。
風鳴天籟和雙角，日炫鸞旗引六龍。從此煙塵清虜塞，北窮瀚海書皇封。

和金諭德

兼官同翰苑，扈蹕向遐方。誼重金蘭契，賦裁雲錦章。
新詩頻慰藉，舊學已蕪荒。報國嗟無補，應慚執戟郎。
並轡隨丹輦，吟成每共談。臂弓便武袂，走馬愧儒衫。
淺薄渾無補，趨馳本自甘。鯤鵬九萬里，斥鷃笑圖南。

登高平陸望懷遠塞

一程未斷一程來，漠漠黃沙去路催。胡雁數聲緣客聽，野花幾處為誰開。
莫驚蓬鬢隨年改，待斬天驕向日回。卻笑賓生何似業，空將名姓勒莓苔。

捷勝岡〔註10〕

群山奔走接天長，把筆書題捷勝岡。雲母石開明晃日，野桃花發冷經霜。

〔註10〕原注：山多雲母石，勒令書「雲母石捷勝岡」六字刻於石。

蕭條雞麓惟芳草，渺漭龍堆自夕陽。共道胡雛難竄跡，天戈一掃淨窮荒。

清泠泊

獵獵風吹髩，蕭蕭塵滿衣。野煙橫絕塞，疏雨淡斜暉。
舉目山川異，逢時氣候非。班超早投筆，壯志願無違。

登雙秀峰望威虜鎮

雙峰高出眾山低，細草茸茸長未齊。莫雨欲來寒已至，昏塵遙起望還迷。
浮雲似染參差色，野鳥如歌婉轉啼。扈從巡遊來遠塞，石崖碑碣侍鐫題。

陪駕登紫霞峰望玄雲谷

畫戟連青靄，霓旌拂紫霞。逶迤望雲谷，迢遞見天涯。
草沒單于壘，川迷破訥沙。壯遊未覺遠，四海正為家。

發古梵場

去路行難盡，迢迢尚肅正。殘星深塞曉，翠黛遠山晴。
感遇風雲會，蹉跎歲月更。故人應見憶，數日計歸程。

晚宿長清塞

深谷何逶迤，群山相鬱盤。地凍水泉澀，風多塞草寒。
夕陽忽西下，北斗漸南看。車馬驟長阪，煙火綿崇巒。
空蒙霧靄合，錯落劍戟攢。悲笳聲激烈，壯士淚泛瀾。
平生懷耿介，遠別無辛酸。赤心事明主，浪跡叨從官。
志期滅匈奴，兼欲靖樓蘭。一舉在兩得，外攘則內安。
沙漠永蕭條，戍烽消焰煓。基圖鞏磐石，萬古洗胡豻。

發順安鎮望白雲山

塞垣一雨洗塵氛，面面青山起白雲。身在王維圖畫裏，翠華旖旎從明君。

臚朐河〔註11〕

臚朐之河水如線，百折東流疾於箭。河邊地曠芳草深，從來此處多征戰。
漢家煙塵西北起，漢將成功曾度此。雄兵夜走左賢王，前騎先驅右谷蠡。

〔註11〕原注：今名飲馬河。

一朝館置呼韓邪，郅支遠去誅旋加。塞上防秋令行急，匈奴遙望陰山泣。只向河邊循故道，逐牧年年趁水草。聖明天子御八荒，四夷遠邇皆來王。獨有胡兒負恩德，逆天之罪干天章。天兵萬里從天下，卻向此中來飲馬。胡塵一掃大漠平，河邊草綠山空青。

臚朐河逢端午下馬小睡夢見仲熙侍講

臚朐河上值端陽，芳草萋萋塞日黃。翰院故人遙入夢，楚江舊俗苦思鄉。野花啼鳥離心遠，濁酒新蒲引興長。卻憶紫宸朝退早，宮衣賜出被恩光。

別馬歎

紫騮賜騎出天廄，錦韉銀鞍絲絡首。四蹄踣鐵露蘭筋，細步都門不動塵。浪傳赤驃畫不得，要使花驄空歎息。時時剪拂向階除，肯與駑駘共槽櫪。幾回送我早朝天，雪裏驕行不用鞭。晚來緩轡度金水，昂昂獨出凡馬前。回風轉鬣生光彩，傍人見者誰不愛。當時若遇九方皋，應知不在驪黃外。一朝胡虜忽干紀，天子親征來萬里。叨誰清蹕到臚朐，紫騮踏遍沙坨裏。四蹄蹀躞縱六龍，常依天仗嘶長風。誓將猛氣懾驕虜，一心與我期成功。北來水草非土性，飲食失宜輒生病。廋骨稜層似堵牆，彭鬉慘淡垂顴頷。我重躊躇憐此馬，朝看暮看來帳下。寧甘裹足走征途，忍使低頭棄中野。故人勸我休烏邑，破敵乘機有緩急。且將此馬送還官，飽食天閒勝羈縶。我聞此語增歔欷，健用其力羸棄之。紫騮別我出門去，風沙淅瀝雲參差。

度臚朐河〔註 12〕

天兵向晚度臚朐，河水才深數尺餘。徑涉不須投馬箠，虛名浪說是龍居。三邊虜氣空蕭索，五月寒風尚凜如。無限野花開滿地，爛煸鋪錦薦鑾輿。

廣與勉仁扈從逐虜西行，幼孜承旨留大營，馬上送別

子留依將幕，我更向前征。臨別一忍淚，相對各吞聲。丁寧慎起處，懇欵見深情。語竟意難盡，雨中為送行。

次平虜塞懷幼孜

相別才三日，相疏若十年。長途覺我廋，知己有君憐。

〔註 12〕原注：元泰定時名曰龍居河。

明月千里共，離心兩處懸。遙知極盼望，目斷五雲邊。

追虜至斡難河〔註 13〕

從征度深塞，逐虜斡難河。青山蔚蔥蒨，綠水生盤渦。
山回蒼松深，水曲白楊多。佳境有奇趣，豈意得經過。
孰知荒漠中，有此好岩阿。鳥韻出林薄，牛羊下重坡。
雲散遠峰霽，日淡清飆和。平生躭逸興，對茲忘幽遐。
舉首四顧問，擊節一高歌。虜跡已蕭條，萬里空塵沙。
歸流遠朝宗，連岫自嵯峨。息馬茂樹蔭，濯足東逝波。
俛仰思千古，忼慨夫如何。

紀夢

予於翠雲谷營中倦息，夢入一僧寺，緣階修竹千竿，蒼翠可愛。予獨吟其下，意甚適，成詩二句云「捲簾看遠岫，倚竹度清風」，及覺則在塞外荒寂之中。此夢殊非想而有也。因憶此二句足成一詩。

寂寥荒塞外，夢入梵王宮。花徑鳥聲靜，禪房僧影空。
捲簾看遠岫，倚竹度清風。對此興頗適，悠然孰與同。

輕行逐虜，以柳枝數條作窩鋪，用氈衫覆其上。夜臥其中，聊蔽風露，宛如一小舟，強名曰「蓬窩」。

旅結蓬窩似小船，翠茵藉草覆青氈。不叫風雨驚殘夢，長見星河對倦眠。
大幕無雲山疊浪，碧空如水月涵天。滄浪鼓枻歌聲遠，思繞吳舫越艇邊。

自玄冥河回次殺胡城喜見幼孜

睽離常入夢，相見復清歡。共訴別情苦，休歌行路難。
馬蹄穿遠道，胡褐敝征鞍。且喜平驕虜，窮荒走可汗。

征途值雨

長途連日沖風雨，濕地通宵睡不成。愁對空山仍悵惘，倦騎羸馬尚遙征。
炊煙低聚凝雲色，河水交流繞樹聲。征戰由來勳業事，也圖青史為垂名。

回度飲馬河

輕兵逐窮虜，歸馬度河流。橫槊賦詩處，揚鞭得意秋。

〔註 13〕原注：今賜名玄冥河。

暮雲深古塞，宿雨洗荒邱。忽見有疲役，翻然動客愁。

經舊戰場

古塞臨河水，連峰帶夕曛。雨菭埋箭鏃，沙葦臥戈穳。

戰骨纏青草，歸魂慘白雲。漢廷憐衛霍，誰惜李將軍。

復度臚朐河

五月逐驕虜，四度臚朐河。濃雲深欲雨，流水急增波。

解衣騎散馬，跛足踏青莎。歷涉從今慣，驅馳將奈何。

玄冥池〔註14〕

瀦流成大澤，浩蕩回無涯。疊浪排銀雪，倚空倒盆池。

飛遊鳧雁逸，荏苒柳蒲滋。予匪乘槎者，觀瀾有所思。

塞外對月

離京五見月華圓，關塞蕭條易惘然。目斷飛雲思故土，身隨北斗望南天。

已平胡虜回車騎，久歷風塵忘簡編。行盡沙場千萬里，歸來誰信馬蹄穿。

玉帶河

河邊楊柳年年綠，岸上雲山面面青。胡虜已空麋鹿下，水聲嗚咽少人聽。

雄武鎮

塞草迷人眼，山風蕩客衣。路遙征馬疾，沙遠落鴻微。

古道留車軏，雄師振武威。胡天轉蕭索，慘淡暮雲飛。

青楊戍

向晚度河水，臨流駐六軍。煙籠蒼峽樹，雨漲黑山雲。

嚴警時傳報，清笳夜不聞。抱鞍候晨發，豈敢畏辛勤。

蒼松峽

絕塞少人跡，沙陀草樹深。岡巒如見畫，松柏自為林。

空谷生晴籟，流雲下夕陰。據鞍思敵愾，敲鐙一長吟。

〔註14〕原注：舊名闊灤海子。

過黑松林

遠岫晴雲斂夕陰，晚來還度黑松林。飛鴻向日胡天迴，征馬嘶風塞草深。
觱栗一聲堪下淚，燕支萬里最關心。彎弧早射天狼滅，聖主神功照古今。

逐胡寇至靜虜鎮大戰敗之

窮荒倍道逐驕虜，壯士奮兵鬪遞虎。障前殺氣高入雲，夜半妖星墮如雨。
塞上橫行五月餘，萬里蕭條邊月孤。霜華拂劍弓角勁，只欲斬射諸胡奴。
胡兒無知來格鬥，出沒山間若鼯鼬。猛將材官一敵百，徑斮胡胸斬胡首。
紛紛白羽急流星，馬蹄亂蹀胡血腥。群胡奔哭淚交落，漢軍大呼滅山傾。
氈車棄野紫駝逸，牛羊散漫豺悲鳴。百日沉光雲似墨，燕支慘淡無顏色。
票姚轉戰不肯休，飛旆窮追勦殘賊。
天子勅將士，予匪黷干戈。所以伐有罪，罪弗及於他。
但使匈奴怛威武，不欲禽獮皆虞羅，拊循降附釋俘縛，頓令寒谷回春和。
沙場自此少征戰，邊將高眠安富縣，冠軍車騎浪成名。九重廟算先余衍，
漢家禦虜無中策。選練年年為防敵，五原秋高綠草腓。胡騎猖狂姿充斥，
漢武出巡空待邊。單于依舊遮燕然，只今大幕淨如洗，天子神功高萬年。

營中夜值同金諭德

曉聯征騎先元戎，夜值天營處處同。火影遠搖山色裏，角聲孤起月明中。
鄉心迢遞瞻南斗，胡雁淒涼唳北風。共喜皇威清絕漠，蕭條萬里虜塵空。

過長秀川

兩山迢遞白雲屯，一水西流百折渾。舊路草深迷轍跡，平沙雨漲失蹄痕。
吹人盡日陰風冷，破虜連朝殺氣昏。馬革裹屍終不厭，誓將丹悃報君恩。

過蔚藍山

群山如龍走復蟠，或如列戟森相攢。濕雲黯慘半川暝，陰雨霏微六月寒。
壯志由來懷耿介，長途何得有悲歡。破虜慚無一劍補，徒勞報國寸心丹。

次紫雲谷

龍旗駐深谷，落日下青阪。童僕暮不來，糲粢夜方飯。
野火照連營，石道響輕棧。四海今一家，河山孰為限。

度紫薇崗

回車聿言邁，旌旆何煌煌。我弓亦已櫜，我馬亦已襄。
白露霑野草，鴻雁紛南翔。感兹時物遷，征途悠且長。
迢迢度遠磧，靡靡逾重岡。虜塞日蕭條，浮雲自飛揚。
但見空山邱，榛莽盈道傍。成功在廟算，一一由聖皇。
嗟我之遠猷，謬忝侍從行。曷以報素餐？懷思不能忘。
操觚載紀述，萬古有耿光。

次青華原

歸路正迢迢，空山已寂寥。連營横紫塞，飛旆拂丹霄。
萬里胡塵淨，三邊虜氣消。成功在天子，不是霍嫖姚。

次秀水溪

昨宿純化鎮，今次秀水溪。來日苦相促，去日不可稽。
晴嵐散餘練，流雲映虹霓。迢迢川途永，矗矗群峰齊。
遊鹿忽雙下，饑鳶時一啼。散馬憩平原，廣陸漸成蹊。
試目盡一眺，徂見煙草萋。涼風吹旅鬢，颯然思故綈。
所嗟寒暑乘，越鄉易棲棲。願言堅苦節，庶以寡忸怩。

淙流峽

峽路阻且長，一水瀉其中。千崖互排戟，兩山列崇墉。
歸馬日屢涉，陟降無安蹤。跨岩路欹危，臨險戈相舂。
盤回若羊腸，歷塊覆巃嵸。羸驂蹄欲踣，前望復高峰。
行行未能已，羈抱益忡忡。岡轉逕猶塞，川遙雲疊重。
野花浥涼露，茂草偃疾風。愴怳心如醉，感激情疇同。
秉志矢弗移，庶以竭愚衷。

錦雲峰望應昌

歸路亦何長，逢人問應昌。計程須數日，下馬又斜陽。
容鬢驅馳改，詩書背誦忘。慚疏文武略，無以答吾皇。

過通川甸

山徑高低度，川流婉轉通。故鄉南斗下，濺跡北溟中。

歸羨孤雲疾，行看二友同。應昌西在望，一水隔營東。

次金沙苑

歸馬度沙磧，風寒霧滿林。高低綠野路，坦率任予心。
日月隨馳逐，山川自古今。故鄉有音信，誰寄塞垣深。

武平鎮得羅修撰寄書

半年扈蹕塞垣深，苦憶交遊滿翰林。多情獨有羅修撰，寄得書來抵萬金。
邊城蕭索雁聲遲，一紙書來慰所思。末後數行題不盡，殷勤更為寫新詩。
渴心無那久塵埃，苦憶金莖露一杯。滿城春酒香如許，有待新豐濯足來。

至開平

城上蕭條半野蒿，滿溪清水泛鳧毛。轅門落日旌旗動，雲裏青山斥侯高。
芳草微茫歸戰馬，冷風蕭瑟襲征袍。只今胡虜消亡盡，邊城長閒矢載櫜。

開平經元宮故址

百年遺跡草煙空，一代繁華感慨中。往事已隨流水去，青山還與舊時同。
花明錦繡閒秋日，鳥美絃歌向晚風。卻憶年年來避暑，九重深鎖翠微宮。

過李陵臺〔註 15〕

少小馳名譽，乃有國士風。早拜騎都尉，召見武臺宮。
貳師伐天山，欲使將輜重。稽首謝武皇，願以少擊眾。
所將荊楚士，一一皆劍客。始出遮虜障，遂抵居延北。
值虜三萬騎，格鬥兩山間。轉戰日不息，壯士血流殷。
矢盡五十萬，創殘斬車輻。軍吏持尺刀，蒼黃入陘谷。
勢窮力不競，陣敗鼓不鳴。踟躇長太息，死亦寧無生。
丈夫貴果決，臨難毋苟免。天命雖弗遂，一降顏有靦。
居胡二十載，咄嗟不再回。至今荒澤裏，徒有望鄉臺。
扈從破虜還，裵回重延佇。懷哉蘇子卿，與君不同語。

登西涼亭故基

零落宮牆墮粉泥，水聲東去日亭西。重門久廢無人到，□樹猶存但鳥啼。

〔註 15〕原注：今名威虜驛。

桂殿椒房山寂寂，畫闌雕砌草萋萋。從來值此多傷感，不獨咸陽易慘淒。

龍門

兩崖如擊破，一水界中流。浪激魚龍險，天空猿狖愁。

奔岩常礙日，古木易驚秋。安得乘鵬翼，凌虛到上頭。

過雲門

清旦策歸騎，隨駕度雲門。山旋隱長谷，雲深藏朝暾。

岩竇瀉寒溜，野草浥露蕃。青松亞濃翠，幽鳥近啁喧。

石棧亙曲折，大車聲哼哼。馬蹄欲蹩躠，飛鞚時騰騫。

轉顧向來途，掩抱蔽回轅。群峰削劍芒，欹压勢若奔。

由來此為險，天作千仞垣。一丸諒可塞，永矣固維藩。

度燕然關逢金尚書

行行入故關，婉轉度重陘。河傾流欲瀉，山險勢將壓。

林薄深掩翳，車馬紛雜沓。天籟萬竅鳴，凱歌互相答。

試目盱前峰，浮雲正交晻。所欣征路近，香醪有餘榼。

況乃逢故交，慰問情款洽。藉草坐行帳，倒囊示書札。

為羨本縫掖，而乃事弓甲。雖云肉消髀，跨鞍亦便狎。

維時屬孟秋，淒風時颯颯。殊方氣候非，久客多茸闒。

明當解重裘，清涼堪衣袷。

過長安嶺〔註16〕

重關斥堠與雲連，雲際諸峰上倚天。繞峽水流通礀石，盤崖路轉接燕然。

棄繻去後思當日，破虜歸來已半年。侍從鑾輿承顧問，書題仍許此中鐫。

歸至懷來

入關已喜到懷來，雲散群山巀嶪開。百雉曾城遙帶水，滿川歸馬動飛埃。

因思故友傳書札，暫把新詞勸酒杯。南望居庸應咫尺，明朝瓊島見蓬萊。

入居庸關

昔出春未半，積雪盈關路。今還屬秋初，白雲滿關樹。

〔註16〕原注：即搶竿嶺。

關門亦何險，飛鳥諒難度。石罅響暗泉，嵌岩宿晴霧。
千崖別嵩崒，環峰互回互。危矼矗矗愁，鬥淙雄虎怒。
仰瞰天宇窄，下鑰坤維固。朝見日光遲，向晚倏先暮。
惟此勢獨雄，中原奠後戶。一夫但當關，萬騎須卻顧。
欣逢盛明時，攘狄去蟊蠹。大漠淨胡塵，六龍回輦輅。
風雲感際會，千載始一遇。太平無戰伐，將士安邊戍。
韜戈日正閒，惟以趣農務。

次龍虎臺

龍虎臺前駐六師，千官迎駕盡威儀。青山繞澗圍黃幄，落日連營照大旗。
濁酒喜逢京國醉，清笳不似塞垣吹。征裘準擬明朝脫，便著朝衣拜赤墀。

歸至北京

曉隨彩仗入都城，雲散扶桑旭日晴。萬國衣冠迎玉輦，九天仙樂度韶英。
華夷混一歸真主，宇宙弘開屬大明。燕薊河山誠壯麗，閭閻歌舞樂升平。
神功自是超三代，武庫從今戢五兵。紫塞已空胡虜跡，丹山長有鳳凰鳴。
風煙寂靜無宵警，邊戍常閒只歲耕。歸馬放牛秋野回，逐禽校獵內廄盈。
從戎適見征車出，獻馘旋看告禮成。預報明朝行大饗，百僚同此沐恩榮。

永樂甲午扈從征北虜初出北京

聖皇肅天威，萬里征驕虜。三月出薊門，六軍鬮虓虎。
晴日炫戈鋋，和風揚毛羽。行人歌采芑，烈士奮心膂。
嗟予淺薄資，謬添玉堂署。載筆兩扈從，才愧乏文武。
雖非傅介子，壯志終自許。策馬向前邁，委身報明主。

出居庸關過飛狐口

北度居庸關，西出飛狐口。行雲逐征騎，微雨滋新柳。
春風增曉寒，邊境異氣候。清霄動霜角，嚴警傳刁斗。
萬里掃胡塵，報恩誠愧負。此身誓許國，兒女應知否？

屯保安州

河流東繞萬山重，殘雪遙凝仗外峰。一道春風吹草木，五雲冉冉從飛龍。

經故花園

繁華百歲竟成塵，惆悵東風易愴神。幽鳥似言興廢事，閒花猶媚往來人。
空山落日蕭蕭莫，野草寒煙寂寂春。惟有桑乾河上水，年年流恨下通津。

過宣府見解十三文夫

粉堞參差杳靄間，平川遙接雁門關。雲遮趙女磨笄嶺，雨暗班生勒石山。
舊路重經懷往跡，故人一見解愁顏。再隨萬乘平胡虜，擬待清秋奏凱還。

三月二十五日過野狐嶺

颯颯邊風冷，蕭蕭塞草黃。重關連雪嶠，萬里度冰梁。
絕漠胡塵遠，窮荒道路長。悠悠馳峻坂，應重愧王陽。

出興和

邊上風景惡，終日多暴變。揚沙暗中營，咫尺不可見。
胡天旦暮寒無夏，四月嚴霜冷中夜。厲氣偏於玉塞深，春光不過長城下。
長城蕭條愁殺人，漢家衛霍成功勳。自非六郡良家子，兩從征車度磧雲。

出塞偶然作

胡地邈萬里，師行日踰舍。屯雲掘水泉，剪芻飼征馬。
勁弧逐飛走，拂羽急控射。奇兵利神速，廟算貴閑暇。
三時易氣候，草木見榮謝。全軍戒成危，決勝籌一借。
蕩滌淨腥膻，永以寧中夏。豺狼自異類，鼠雀恒遷化。
熏穴必殄滅，焉謂匿旁罅。用機妙潛運，龜筴安所藉。
堂堂熊虎師，蕭蕭風霆駕。旌旗炫白日，鼓角警嚴夜。
誰為第一功？早入麟閣畫。

過長城

北度長城外，重經又五年。寒雲低接塞，荒草遠連天。
扈從乘時出，驅馳計日還。男兒事功業，應不羨張騫。

飲馬長城窟

下馬長城邊，飲馬長城窟。長城多悲風，蕭蕭動毛髮。
借問長城窟，此為誰所掘？云是秦人掘，築城備胡羯。

暴師十餘年，中原困驅役。上有未招魂，下有久埋骨。
噫秦昧遠籌，薄伐惡如周。孰知邊戍者，睥睨起草頭。
可憐阿房宮，一旦為荒丘。惟餘故長城，蒼茫使人愁。
照水可鑒影，水濁泉不流。向來嗟李廣，迄死不封侯。
摐金度天山，悠悠踰萬里。陣橫高闕雲，氣蕩單于壘。
神謨制金策，伐暴綏邊鄙。慚無汗馬功，筆硯徒為爾。

營中感疾偶成

出塞異氣候，起居難適時。蓐食凌冰霜，風寒砭骨肌。
孔竅忽閉窒，手足如榜笞。三焦苦煩爵，逆欬多涕洟。
夜眠不成寐，晝坐強力持。服藥解腠理，如旱掘枯池。
得汗忌觸風，曠幕無重帷。輾轉將及旬，靦顏問醫師。
一劑亟宣疏，灑然脫如褫。一下固云好，再下恐不宜。
所慎耗元氣，支體成尫羸。雖有盧扁工，神巧何由施。

次凌霄峰遇風雨是夕僕不得餐馬不得芻

斜風吹急雨，荒塞晚生寒。征馬色慘栗，僕衣濕不乾。
泥深妨夜臥，煙冷未晨餐。報國慚無補，驅馳不憚難。

重經清水源

昔時曾此隨仙蹕，今日重經又五年。荒草茫茫連鹵海，平沙漠漠有靈泉。
塞雲荏苒迎丹輦，邊日蒼涼下遠天。漫說陳湯多計略，虜中遙斬郅支還。

重過玄石坡登立馬峰

立馬峰前一回盻，荒山野草正萋萋。黃沙漠漠寒雲杳，紫塞迢迢落日低。
萬里烽煙騰殺氣，九霄旌旆拂虹蜺。重來五載尋前跡，玄石鐫銘看舊題。

重過擒胡山

冰磧蕭條舊路微，青山寂寂繞龍旗。三更玉壘遙吹角，五月霜風冷襲衣。
塞下已看禨祲沒，帳前閒睹陣雲飛。殘胡何用干天紀，四海歸仁孰敢違。

重經廣武鎮遇雪慨然有賦

上磧復下磧，度原更踰隰。師行先前茅，部伍各有什。

得水即屯營，人讙井爭汲。青山帶寒色，霰雪夜來集。
力倦雜坐眠，□□□□□。僕夫困刈芻，壯士瘁荷鈒。
晨駕慎裝束，夕馬戒絆縶。道遠日悠悠，行橐苦羞澀。
乾餱無異珍，薄味聊以給。飲啗久自便，勞逸在練習。
左臂挽角弓，右手佽決拾。兜鍪結朱纓，茜褐披袴褶。
戎裝雜行隊，扈從仍兩及。載筆傳號令，插羽流星急。
握機妙神變，指揮在呼吸。堂堂天王師，而不在掩襲。
揚旌駭飛隼，訇轟啟寒蟄。威武震北庭，先聲懾奚霫。
甌脫空寂寥，殘虜氣嗚唈。桓桓衛霍徒，漢史光昭熠。
諸將懋策勳，書名超等級。燕然有遺蹤，紀石奇功立。
御煩本在簡，眾心乃由輯。曉度廣武水，磨刀水聲泣。
一鼓淨荒裔，振旅凱歌入。文德肆時夏，干戈頌載戢。

重過懷遠塞

兩乘征騎出關門，萬里沙場扈至尊。玉塞行兵嚴號令，天營待詔奉皇言。
盡驅當戶歸中土，生繫單于淨五原。獨有筆鋒堪掃敵，也勝一劍報君恩。

發玉帶川馬上口號與楊庶子金諭德

車馬填川谷，悠悠萬里行。塞雲隨武帳，邊日照戎旌。
飲馬冰泉冷，開弓骲箭鳴。代言文事簡，韜筆共談兵。

發至喜川

曙角催晨發，陰山道轉賒。炊煙漲晴霧，馬跡遍寒沙。
絕澗危猶度，長驅靜不譁。捐軀心獨許，報國乃忘家。

至飲馬河駐師數日始獲虜人訊知聲息

數日水泉竭，喜到臚朐河。河邊草青青，眾柳郁成科。
征人見水如到家，馬嘶芳草苜蓿花。胡地蕭條易慘愴，茫茫大幕飛黃沙。
河邊屯營廉數夕，伐柳汲水爭吹淅。柳盡草竭更移營，旋加長橋度河北。
過橋車馬湊如雲，騎馬渡河河水渾。水深沒鞍濕兩胯，結囊救得乾餱存。
到營曬衣仍值雨，童僕淒涼色消沮。回風嫋嫋動旌旗，落日沉沉響鉦鼓。
忽報前鋒哨騎回，成群驅得胡馬來。玉帳氤氳軒喜氣，頓令於邑愁懷開。

發飲馬北是日凡五度河至河南築城屯糧午次三峰山下營

築城臚朐河上頭，城邊水繞青山流。城中貯糧城外住，馬驢散牧夜不收。
前征嚴令選勇銳，羸弱疲病俱存留。我雇僕夫腳力健，步行猶得相追求。
緣山度壑履崎嶇，北望程途且復修。忽看飛鞚塵沙起，邏兵生致兩虜酋。
索情鉤計獲委曲，鼠黠狙狡寧無譸。亟傳號令肅機警，下馬雖劬不敢休。
大軍深入臨重地，審形決勝防虜周。胡兵出沒好豨突，只憑弓馬無戈矛。
以我之長制彼短，用有神捷安足憂。將士人人懷敵愾，磨刀礪戟風颯颼。
獨愧無能報天子，明當披甲筆應投。

別飲馬河取捷徑入崇山塢夜宿無水

一別河流更入山，行迷古道覺尤艱。地當險處偏防敵，愁到窮時自解顏。
萬里黃雲天接塞，數聲畫角月臨關。和林此去無多遠，待斬胡雛卻早還。

入長山峽馬上與楊庶子金諭德言志

寧挽一石弧，不掉三寸舌。寧投班生筆，不握蘇卿節。
曾聞三箭定天山，萬里封侯異域間。塞下牧羝成底事，節旄落盡始能還。
世人莫浪輕儒服，豈識禁中有頗牧。可能譏笑淨胡塵，不使風沙眯人目。

出長三峽至雙泉海〔註 17〕

塞路悠且長，行行未能已。縈回度修峽，犖角逾石觜。
塵昏白日暗，天窄連峰峙。反厭據鞍勞，釋轡徒數里。
三旬不櫛發，幾旦未盥頮。青泥溷米泉，踐踏還成滓。
僕疲行且睡，裝橐被攘褫。深悲吾道窮，憂來慎所止。
朝餐不宿飽，午炊望煙起。然烓馬通濕，烹糜淅舂毀。
斯須更前邁，轉折歷碨礧。薄暮及雙泉，涵天見白水。
奔騰萬騎嘶，歡噪六軍喜。遙山矗層雲，曠甸平如砥。
下馬詢故老，云此元跡始。寒暑易所居，旃車成朝市。
向來氣輝赫，消鑠隨波靡。空原亙煙草，舊殿無遺址。
臨風發慨歎，經過得所以。採掇靡遷筆，聊可備逸史。

〔註 17〕原文後注：虜名「撇里怯兒」，華言「斜皮甸子」。元太祖發跡之地，每歲與此度冬。舊禁人於此取土。

虜兵黠如鼠，出沒騁驕詭。弔伐仁義師，麾戈在一指。
齊旅載明誓，稱矛比弓矢。集勳撫方夏，奮伐頌天子。

入蒼崖峽

入峽山谷深，路長馬無力。陟巇道彌惡，冒險逾絕域。
陰雲暮慘淡，隱見日光白。風寒氣候殊，山高影易夕。
仰望萬里天，蒼茫眩南北。憂來對弓劍，卻悔事翰墨。
丈夫輕喪元，此身矢酬國。死即膏野草，焉用裹馬革？
敵愾怒肝膽，乘機獻篇策。薄計苟可售？亦足蕩匈敗。
諸將晞茅土，勉旃樹勳績。

六月七日遇虜於忽蘭忽失溫與戰敗之名其地曰殺胡鎮

前年殺虜斡難河上流，今年殺虜土剌河東頭。
追奔逐北無停留，殺氣凜凜橫清秋。駕前勇士最雄猛，十千鐵騎皆貔貅。
當先摧鋒一敵百，愁胡亂哭聲啾啾。別有健兒誇好手，挺身生捽兩虜首。
矯如疾鶻搏孤鳥，萬人辟易皆凝眸。黃旌蔽山鼓霆震，連營比列摐戈矛。
昆吾寶刀龍吼躍，叱吒生風蕩荒幕。皇威倏振瀚海清，忽然夜半旄頭落。
起輦谷邊衰草寒，天靈山下晴雲薄。會看談笑取封侯，將軍空多誰衛霍？
帳前草詔飛捷書，錦衣給使左右趨。中原不日聞天語，萬國歡情仰垂譽。
關山徐度凱歌入，戰馬皆騎汗血駒。三更絕塞聞吹笛，五月霜風墮古榆。
蕭條邊地少人跡，但見鼠穴饑鳶呼。從茲一掃胡塵淨，盡道此功絕世無。
用兵本自不得已，由來征伐惟匈奴。繼陳大武頌於鑠，載櫜弓矢還皇都。

回師出三山峽

已平驕虜出重關，閃閃旌旗照碧山。夾道彩雲迎日馭，連營喜氣動天顏。
掃除毒螫千年後，洗滌腥膻萬里還。勝敵更應嚴紀律，六師齊肅凱歌閒。

發雙泉海至平山鎮

扈從來深塞，修程及大刀。風雲依帳殿，日月麗旌旄。
秋入南天遠，星移北斗高。指揮諸將逸，頗覺聖心勞。

度山至飲馬河清源峽

鼓角旌旗動塞雲，連山高下度轒轀。師行九地形難露，陣列方城勢不分。

韜筆勿煩重草檄，據鞍且復細論文。喜看飲馬河源近，日暮屯營伴水濆。

飲馬河聞布穀〔註 18〕

布穀何為者，遙來塞北鳴。此中無種藝，不用爾催耕。

氣候異南北，物情應亦殊。數聲馬上聽，令我久無愉。

勇氣威沙幕，兒郎唱凱歌。飛鳴當遠去，莫傍陣雲過。

發清楊□望三峰山

崎嶇絕塞歷修程，歸路偏憐馬足輕。芳草正深迷望處，野花爭發不知名。

關山倏忽看新月，井灶依然過舊營。喜見三峰雲外出，青青數點落霞明。

回至平胡城

邊城目極望歸程，烽戍孤高一礮鳴。殺氣已消騰喜氣，鼓聲不斷雜鉦聲。

向來從事寧論命，別後逢人各慰情。自幸為儒睹武略，也勝白首作書生。

度飲馬河駐營河北

環城十里馨青草，渡河下營河水深。馬蹄一蹴流欲斷，旌旗四合天為陰。

窮荒無人晚寂寂，愁雲低塞秋沉沉。報導降胡掃境至，豺狼狡黠非真心。

駐飲馬河北移師東行

河邊足水草，飲馬連數日。樵蘇不遠求，僕夫稍休逸。

汲流始浴身，臨風發重櫛。連旬不解帶，衣袖生蟣虱。

倦來藉草臥，肌膚不遑恤。我矢已載服，我刀已藏鞬。

軍事希簡書，終不離紙筆。號令難刻畫，機變在神一。

猶未出敵境，慎須防懈失。師行貴有律，況乃親警蹕。

敢謂達經濟，顧豈但文術。片言應可庸，焉能忘怭怭。

夕陽下荒塞，涼飆起蕭瑟。連營卷旌旗，壯士吹觱栗。

歸心對關月，孤鳥南飛疾。明發別河流，策馬度峭崒。

掃石載勒名，功成在呵叱。

渡飲馬河東行離河南行入山

涉河南行歸路長，胡天漠漠雲茫茫。登陵歷陸逾高崗，步騎參伍森成行。

〔註 18〕原後自注：三絕。

連雲畫戟流電光，寶刀耀日飛寒芒。掃清妖穴無豺狼，陣前逐獵射黃羊。
一箭得雋歡聲揚，馬上馳來獻御傍。割肝生與胡兒嘗，胡兒飲血如飲湯。
饑啗燒肉充餱糧，露居草宿乃其常。旃車為屋皮為裳，習性粗鄙能雪霜。
撫巡此輩皆循良，衝堅披銳疇敢當。花門勇決徒誇強，見賊身輕氣益張。
剖心輸膽報吾皇，誓以弓劍淨朔方，坐令四海歌時康。

回次青山夾遇雨

陰雲如墨暗前山，急雨訇雷黯慘間。為洗塵埃清輦路，更消氛祲淨邊關。
六軍敵愾乘時出，萬里平胡奏凱還。躍馬報恩終自許，長驅寧得有愁顏。

次蒙山海

歸程喜得循故道，轍跡荒涼見遺笱。窮邊氣候本自殊，六月新霜殺青草。
馬齕焦枯行且嘶，路遠翻愁穿四蹄。已有水泉盈舊井，不勞畚鍤掘沙泥。

次野馬泉

師行久塞外，歸路日兼程。過午聊休馬，因餐更起營。
膽懋神劍舞，心折暮笳鳴。見月臨關塞，誰能念遠征。

回次環秀岡

策馬行且馳，迢迢度山岡。倏朝忽已暮，塞路亦何長。
路長各有思，游子望故鄉。故鄉道雲遠，舉首但蒼茫。
達人宏大觀，志士多慷慨。一身願許國，偷安矢弗遑。
生當著功勳，死即隨沙揚。誰能久不化，何用徒悲傷。

次至喜川晚再行十里下營

去日草青青，歸來成赤地。疲馬饑且嘶，橫奔駘銜轡。
下營炊午餐，倚帳聊息憩。日斜更前邁，神倦心如醉。
行忘歷危險，據鞍忽成寐。徒旅競奔趨，塵沙欲填背。
辛苦何足論，委致乃吾事。功名非所期，耿耿懷忠義。

遇黑山峪

春去秋還又幾時，故園應是數歸期。無端塞北江南思，撩亂西風兩鬢絲。

六月晦日晨發翠幕甸晚至富平鎮

千山行盡草萋萋，萬里黃沙踣馬蹄。細數歸程將及半，不須惆悵夕陽西。

將至玉帶川道旁小卒數曹皆能識予遂賦一絕

兩伐匈奴出玉京，弓刀筆墨載同行。馬前顧問頻呼召，因得人人識姓名。

將至懷遠塞路遇老將話舊

老將沙場每慣經，曾隨征虜掃邊庭。相逢細說前時事，馬上無情倦與聽。

次廣武鎮

萬里胡天闊，歸期已及秋。草緣行處綠，山積去時愁。
學武慚無術，攻文不濟謀。惟應班定遠，投筆取封侯。

經香泉戍

黃沙磧裏路漫漫，榆柳蕭蕭野草寒。蘇武澤邊雲自去，李陵臺下月誰看。
金戈玉節迎回輦，白馬辭弓列從官。慚愧獨為周柱史，筆鋒無力報恩難。

七月五日至擒胡山頒誥

綸音頒玉帳，萬里赴中原。下土聆天語，丹心仰至尊。
彩雲低塞路，喜氣滿營門。視草皆親授，無能可代言。

營中夜坐偶成

塞下胡塵已掃清，壯心自許欲橫行。吹笳一夜邊風冷，獨倚營門看月明。

塞下秋夕

銀河淡淡流月色，北風吹樹聲摵摵。聽笳竟夜不成眠，草頭寒露如霜白。
可憐四序迭奔馳，遠行倏已逾三時。人生幾何易衰老，萬里功名那得知。

將至清風壑途中遇雨

長途無日不棲棲，風雨何堪更慘淒。疲馬不前沙磧遠，壯心翻作數行啼。

鳴轂鎮午憩偶成

萬古流沙北，千秋征戰場。草深迷塞綠，塵起接雲黃。
馬跡經秦趙，車輪蹸漢唐。悠悠懷往事，彈劍倚蒼茫。

暮至玄石坡書懷

還家頻有夢，出塞久無音。未展經綸志，徒懷報國心。

路窮光祿障，日落殺胡林。煙樹蒼茫外，愁雲萬里深。

過玉雪岡

陰山磧北草紛紛，渺渺塵沙上接雲。日暮無雲來射獵，黃羊野馬自成群。

次屯雲谷無水

六師雜番漢，勞逸竟如何。騎士竊乘馬，步兵行荷戈。

有糧餘萬斛，無水載千馳。日暮傳鉦鼓，連雲唱凱歌。

次清水源下營

白翎鵲飛邊日斜，行人唱歌喜還家。兼程遙進不知遠，馬蹄蹴踏饒塵沙。

塵沙茫茫飛滿面，相看咫尺不相見。塞垣風景愁殺人，長笛一聲淚如線。

營中偶成

驅馳鞍馬敝征袍，萬里功名不憚勞。彩筆已磨毚兔穎，劍光仍淬鸊鵜膏。

歸次大甘泉

去時桃杏正飄殘，歸日枝頭實半乾。莫怪驅馳容易久，胡天漠漠路漫漫。

次小甘泉

群山四抱宛如垣，草實垂黃葉正繁。絕似江南三四月，麥雲晴漲萬家村。

經鴛鴦泊

亂山高下師齊渡，沙磧茫茫迷舊路。元戎小隊先啟行，昨日旌麾向南去。

輕裘肥馬馳揮霍，無人不道從軍樂。我曹緩轡行且吟，晚晴已過鴛鴦濼。

次錦雲磧蒙恩賜食燒羊

日落陰山晚漸涼，大官封合進炰牂。聖主恩深欲同味，帳前先賜侍臣嘗。

早發錦雲磧途中喪馬

驄馬青絲韁，雙瞳明月光。

四蹄蹀躞超乘黃，躡雲踏霧輕騰驤，騎來萬里扈聖皇。

淨掃胡虜清沙場，急難憑仗相周防。皸鞍日久背生瘡，汗血模糊骨骼張。
剪毛拂洗重彷徨，愛惜不使侵風霜。兼旬廝養良已康，追群逐隊乃昂昂。
時復相從鵷鷺行，功成擬放華山陽。飲眠齕走姿徜徉，豈意沙陀歸路長。
須臾得疾在轉韁，五更秣飼曉忽亡。無力瘞汝棄道旁，終惠深慚田子方。
我心惻惻徒悲傷，敝帷未展何有償？空原落日何茫茫，多少白骨橫山崗。
志士溝壑應不忘，思汝用力裂中傷。臨歧反袂涕泣滂，為招汝魂歸故鄉。

龍沙甸即事

北風吹送雨兼纖，忽覺輕寒向晚添。行人便作還家計，沙海茫茫競採鹽。

歸次殺虜欣然有作

到關日漸近，下馬氣垂蘇。有客傳生信，無人識故吾。
敝裘思補綴，廋骨厭馳驅。去路今多穩，因蹉歲易徂。

駐興和

興和城下留三日，歸馬蕭蕭向晚風。殺氣已隨禊祲盡，風煙並與陣雲空。
關門不閉宵無警，弓矢仍櫜歲已豐。自是聖人用神武，功成應不仗元戎。

度野狐嶺入德勝關

山路崎嶇下，重關次第開。六軍從北伐，萬里向南回。
日炫旌旗動，風喧鼓角催。嚴程毋太急，立馬且徘徊。

次萬全晚大雷雨晨發喜晴

一夜風雷雨洗兵，曉行山路喜開晴。滿疇禾黍高地熟，夾道香花次第迎。
日下萬全回玉輦，雲邊五色擁霓旌。放牛牧馬於今事，載簡應須紀武成。

歸次宣府遇大雨早行泥潦中午晴次泥河

高城何迢迢，城北多青草。下營俯荒郊，驟雨漲行潦。
暮吹向寂寥，夜坐成懊惱。曉發望東南，漫漫迷故道。
徒步有顛躓，據鞍畏欹倒。日宴及泥河，群山雲灝灝。
憂來悲萬里，不覺中慅慅。功名非所期，且用釋憂抱。
誰能守蓬篳，汩沒以終老。君恩報無極，兢兢恒自保。
嶠首對歸鴻，長鳴戾秋旻。

次雞鳴山賜酒殽桃李

雞鳴山下路，征馬屢經過。古寺殘碑在，遺橋古蹟訛。
分桃嘗味美，賜酒醉顏酡。飲馬桑乾水，毋勞歎逝波。

次懷來

一入飛狐道，雲山四望稠。地名經統幕〔註19〕，河水渡媯流。
古戍斜陽暮，荒原野草秋。到關應不遠，咫尺是神州。

入居庸關遇雨出關逢家僮來候

山盤阪路遙，歸馬紛爭馳。前麾塞中道，後伍雜遝隨。
側徑俯窮厓，況乃多險巇。大雨漲岩谷，氈裘重濡滋。
奔驅不少停，我馬亦已疲。翻憂墮千仞，攬轡強力持。
危途懷戰兢，周行思坦夷。悠悠出重關，耿耿望故知。
親戚候征人，佇目臨路岐。見者各心歡，不見中慘悲。
生還始自憐，聊誦拾遺詩。家僮挈壺觴，對之情頗怡。
殽馨酒清冽，一飲當百卮。存亡固有命，焉用苦歎為。
吾徒保忠義，惟以報恩私。班生千古名，待勒燕然碑。

夜宿田家

聖恩先賜出天營，夜宿田家厭雨聲。坐過三更渾不寐，起持燈火度昌平。

廿九日早至沙河歇馬田家

下馬田家坐土床，倦來欹枕色淒涼。窗前小婦殷勤問，為喜征人及故鄉。

至清河寺望北京城

五雲深處望京華，金闕瓊樓是帝家。明日拂衣朝玉陛，先呼斗酒濯塵沙。

入城

千官候駕出都城，紫陌香街結綵迎。瑞靄卿雲浮喜氣，茅簷蔀屋有歡聲。

到家

入門喜氣滿中閨，已見行人不用卟。舉室俱歡愁盡遣，比鄰相慰酒能攜。

〔註19〕原注：今訛為「土幕」。

且休官馬閒羈縶，便脫征衫洗滓泥。一去還家經半載，野蒿長得與牆齊。

■■■■■■■〔註 20〕

驅馳萬里慶生還，路過紅橋覺尚艱。芳草廢宮元氏壘，愁雲淒雨伯顏山。
風霜祇擬催年換，塵土何緣促鬢班。鮑照可憐才俊逸，空將詩賦老江關。

〔註 20〕原標題被塗抹刪去。

附：《四庫全書提要・胡文穆集提要》

《胡文穆集》二十卷，江西巡撫採進本。

明胡廣撰。廣有《胡文穆雜著》，已著錄。是集其裔孫張書等所刻。凡詩八卷、應制詩文一卷、各體文七卷、題跋二卷、《扈從詩》及《扈從北征日記》一卷。其第十九卷即所謂《雜著》也。朱彝尊《明詩綜》錄其《楊白花》一首，謂世傳袁景文賦此題。蓋緣讓皇遜國而作，不無故主之思。集中過顏平原、文信國、余青陽祠，輒有弔古之作。其題宋思陵所書《洛神賦》，詞意淒惋，不類牧豬奴云云，似有意為廣湔洗。又卷首米嘉績序，極論靖難之事，斥死節諸臣之非，而以廣之應降為是。然公論久定，要非可以他說解也。集中論漢高祖初入關，秦王子嬰獻傳國璽。王莽篡漢，亦從孺子嬰取傳國璽。其受傳相似，所謂天時，非人力所致。又論李若水乃宋之賊，豈可以列之《忠義》，《宋史》失討賊之公云云。持論殊為倒置。惟記《高昌碑》有稗史事，《李元忠神道碑》所載事蹟頗詳，亦足備《唐史》之闕耳。

參考文獻

1. 郭皓政：《明代狀元史料彙編》（上下冊），武漢大學出版社，2009 年版。
2. 李天白：《江西狀元全傳》，江西人民出版社，2014 年版。
3. 王離京：《大明狀元》，齊魯書社，2013 年版。
4. 張廷玉等：《明史》，中華書局，1974 年版。